Sybille Sedlăćek
Ostendstr. 1
63150 Heusenstamm
0610411596
BRD

BASTEI
LÜBBE

Phillippa Waring

Lexikon der Traumsymbole von A-Z

Aus dem Amerikanischen von
Tatjana Kruse

BASTEI LÜBBE

BASTEI-LÜBBE-TASCHENBUCH
Band 60 437

Deutsche Erstveröffentlichung

Originaltitel: OMENS FROM YOUR DREAMS.
A Dictionary of Interpretation for Everyone
Originalverlag: Souvenir Press Ltd., London

Printed in Germany, März 1997
Einbandgestaltung: K.K.K., Köln
Titelbild: Quauke & Noak, Köln
Satz: hanseatenSatz-bremen, Bremen
Druck und Bindung: Ebner Ulm
ISBN 3-404-60437-7

Der Preis dieses Bandes versteht sich einschließlich
der gesetzlichen Mehrwertsteuer.

Erzählst du am Samstag des Freitags Traum,
so wird immer er wahr, bleibt nicht nur Schaum.

Altes Sprichwort

Einführung

Wir wissen aus der Forschung, daß der Mensch ein Drittel seines Lebens schläft. Während einer durchschnittlichen Lebensdauer träumt man mindestens 50.000 Stunden. Kein Wunder, daß Träume und ihre Deutung einen der faszinierendsten Aspekte des Lebens darstellen . . . und auch einen der geheimnisvollsten.

Seit sich die Menschheit zum erstenmal für das Wesen aller Dinge interessierte, rätselt man über diese »Visionen der Nacht«. Wahrscheinlich entwickelte sich die Traumdeutung in prähistorischer Zeit; nachweislich ist sie jedoch mindestens 4.000 Jahre alt. An der anhaltenden Faszination dieses Themas kann also kein Zweifel bestehen.

Der berühmte Philosoph Platon aus Athen, einer der Pioniere der Traumdeutung, schrieb vor annähernd 2.000 Jahren: »Es existieren in jedem von uns, selbst in einigen der respektabelsten Persönlichkeiten, schreckliche, unbändige und gesetzlose Begierden, die im Schlaf zutage treten.« Ein Echo dieser Worte klang vor einem Jahrhundert bei dem deutschen Philosophen Friedrich Nietzsche wider: »Nichts enthält mehr deiner eigenen Arbeit als deine Träume. Nichts gehört so sehr dir.« Erst 1990 gab der schottische Psychiater Dr. Colin Shapiro im Anschluß an seine Untersuchung der Träume von 1.500 Patienten und Patientinnen bekannt: »Zahllose wichtige Aufgaben werden im Schlaf erledigt, von denen wir viele einfach nicht verstehen, die jedoch eine physiologische und psychologische Bedeutung haben.«

Obwohl die Forschung mit jedem Jahr, das verstreicht, einen Schleier nach dem anderen um das Geheimnis des

Schlafes lüftet, hat sich auch gezeigt, daß Träume wie Eisberge sind – sie zeigen an der Oberfläche unserer Erinnerungen nur einen Bruchteil ihrer eigentlichen Wirklichkeit. Daher kommt unser überwältigendes Verlangen, ihre unzweifelhaft vorhandene Bedeutung zu entschlüsseln.

Die jüngsten Ergebnisse der Schlafforschung deuten darauf hin, daß Kinder häufiger als Erwachsene und ältere Menschen sowie Menschen mittleren Alters, die kürzer und unruhiger schlafen, am meisten träumen. Interessanterweise unterscheiden sich die Träume der Frauen meistens von den Träumen der Männer. Ihre Träume spielen häufiger in Gebäuden als im Freien und in vertrauter Umgebung. In den Träumen der Männer geht es meist in der einen oder anderen Form um körperliche Aktionen.

Außerdem schätzen Experten, daß wir ungefähr ein Viertel der Zeit, in der wir schlafen, mit Träumen verbringen, und daß wir ohne weiteres bis zu sechs Träume pro Nacht haben können – von denen jeder wahrscheinlich maximal etwa 15 Minuten dauert. Die Wissenschaft hat darüber hinaus festgestellt, daß ein Großteil unserer Träume ziemlich langweilig und uninteressant ist, und nur jene Träume, die besonders lebhaft oder bizarr sind, eine Erinnerung in unserem Bewußtsein hinterlassen. Diese nehmen die Form von Gefühlen oder Symbolen an, und diese Symbole faszinieren und fesseln die Traumdeuter seit den Tagen der alten Ägypter und bereits davor.

Das älteste erhaltene Traumbuch ist ein ägyptischer Papyrus aus dem Britischen Museum, den man auf die zwölfte Dynastie – zwischen 2000 und 1790 vor Christus – datiert. Er wurde in der Lehmtafelbibliothek des letzten großen assyrischen Königs Asurbanipal gefunden und zeigt, daß die Kunst der Traumdeutung in dieser frühen Phase der menschlichen Geschichte bereits weit entwickelt war. Auch die Überlieferungen von Josef, dem Sohn des Jakob, der die

Träume einiger Pharaonen deutete, werden dieser Zeit zugeschrieben.

Es deutet allerdings vieles darauf hin, daß der Mensch der Frühzeit von der Annahme ausging, Träume seien Offenbarungen der Götter – eine Theorie, die durch die Schriften der alten Babylonier, Ägypter, Griechen und Römer erhärtet wird. In Homers *Ilias* erklärt Achilles: »Denn auch der Traum kommt von Zeus.« In der Bibel erklärt der HERR im vierten Buch Mose: »Ist jemand unter euch ein Prophet des HERRN, dem will ich mich kundmachen in Gesichten oder will mit ihm reden in Träumen.«

Im Lauf der Zeit wurden solche Überzeugungen natürlich revidiert, obwohl sich das Interesse an Träumen und ihrer Deutung verdoppelte. Im zweiten vorchristlichen Jahrhundert begann ein Wahrsager in Rom, Artemidor von Daldis, aus den Schriften anderer und aus volkstümlichen Überlieferungen alles zu sammeln, was er über Träume finden konnte. Er veröffentlichte ein monumentales Werk von fünf Bänden mit dem Titel *Traumkritik*. Angesichts dieser Arbeit könnte man Artemidor für den »Vater aller Traumbücher« halten, obwohl andere Schriftgelehrte in China, Indien und der arabischen Welt wahrscheinlich ebenfalls eifrig damit beschäftigt waren, die Visionen des Schlafes zu deuten.

Ein weiteres wichtiges Werk, die Abhandlung über den Traum, wurde im 4. Jahrhundert von Synesius von Kyrene verfaßt. Er übernahm zwar viel von Artemidor, drängte jedoch seine Leser, alles aufzuschreiben, an was sie sich erinnerten, dabei sorgfältig vorzugehen und keine Einzelheit zu übersehen, denn »durch diese Bilder sehen wir die Taten der Zukunft«.

Im 13. Jahrhundert ernannten die Spanier den Philosophen Arnald von Villanova zum ersten »offiziellen Traumdeuter« am Hofe von Aragon. Er sammelte die legendären *Expositiones Visionum*. Zu Beginn der Renaissance schrieb ein Italiener, Hieronymus Cardanus, eine faszinierende Abhandlung über die berühmten Träume von Kriegern und Königen, die später wichtige Entscheidungen treffen mußten.

Im Mittelalter wurden Träume zum Thema einer ständig steigenden Zahl von Traumbüchern und -tafeln, von denen viele – das muß leider gesagt werden – Träume nach groben Faustregeln deuteten. Doch das 16. Jahrhundert erlebte eine Neuerung durch die Veröffentlichung einer bahnbrechenden Arbeit, dem *Somnialia Danielis*, das zuerst in Venedig herausgegeben und später in alle wichtigen europäischen Sprachen übersetzt wurde. Das Buch unternahm den Versuch, zwischen göttlichen, natürlichen und diabolischen Träumen zu unterscheiden, und setzte dadurch ein Beispiel, dem bis zum heutigen Tag gefolgt wird.

In den nachfolgenden Jahrhunderten wurden weitere berühmte (oder – je nach Standpunkt – berüchtigte) Werke veröffentlicht, wie beispielsweise Gabdorrhachamans *Arabisches Traumbuch* (1664), *Das neue Buch des Wissens* (1767), *Das Königliche Traumbuch* (1780), *Raphaels Traumbuch* (1830) und *Napoleons Buch des Schicksals* (1880). Das Interesse an diesem Thema beschränkte sich nicht nur auf Europa: Der Veröffentlichung des ersten amerikanischen Traumbuches *The Universal Interpreter of Dreams and Visions* in Baltimore im Jahre 1795 folgte eine ganze Reihe ähnlicher Bücher.

Und natürlich brachte Sigmund Freud im Jahr 1900 sein klassisches Werk *Die Traumdeutung* heraus. Er begründete eine Schule der Traumforschung, die mit zunehmendem Eifer und Erfolg bis in die Gegenwart reicht. In diesem Buch entwickelte Freud die Theorie, daß Träume unterdrückte Triebe und emotionale Konflikte im Unterbewußtsein des Träumers darstellten, die während des Schlafs als erkennbare Symbole an die Oberfläche gelangten. Obwohl seine Theorie auch heutzutage noch von vielen Psychologen und Psychiatern akzeptiert wird, tun das nur wenige in ihrer Gesamtheit, denn es wurde zunehmend offensichtlich, daß ein Großteil der Träume zu prosaisch ist, um von irgendeiner emotionalen Bedeutung zu sein.

Es ist in einem Buch wie diesem natürlich nicht möglich, über alles zu sprechen, was in der Traumforschung in den Jahren seit Freuds Pionierarbeit erreicht wurde – eine beträchtliche Anzahl von Artikeln und Büchern hat genau das bereits versucht –, aber alle Einträge in diesem Nachschlagewerk basieren auf den Ergebnissen der jüngsten Forschungen in Großbritannien, Amerika und Europa. Sie wurden ebenso wie einige der ältesten aufgezeichneten Überlieferungen aufgenommen und zeigen die Langlebigkeit und das Interesse an diesem Thema.

Beinahe alle Traumbücher, die ich gelesen haben, nehmen bei der Interpretation jedes Traums eine ganz unmißverständliche Haltung ein. Ich dagegen habe mich dafür entschieden, die angesammelte Weisheit der Jahrhunderte mit den Entdeckungen der jüngsten Forschung zu verbinden, um den Lesern und Leserinnen eine große Bandbreite an Interpretationsmöglichkeiten an die Hand zu geben. Anstatt zu versuchen, Abertausende von Punkten zu behandeln, habe ich mich auf nicht ganz 600 der häufigsten und weitverbreitetsten Träume konzentriert.

Die Forschung hat mittlerweile zweifelsfrei erwiesen, daß Traum-»Geschichten« normalerweise derart verzerrt sind, daß sie nur wenig Sinn ergeben. Infolgedessen versuchen die meisten Träumenden, wenn sie erwachen, in das, was sie erlebt haben, einen Sinn hineinzulegen. Vielleicht versuchen sie sogar, den Traum zu »beenden«. Viel wichtiger bei der Suche nach der Bedeutung eines Traums ist es jedoch, seinen Schauplatz und seine Atmosphäre zu bestimmen – waren die Gefühle glücklich oder feindselig? – und sich an alle besonderen Symbole oder Motive zu erinnern, die einen lebhaften Eindruck hinterlassen haben. Da die natürliche Sprache des Gehirns angeblich symbolisch ist, besteht die Wahrscheinlichkeit, daß der Traum jenseits der offensichtlichen Deutung eine Bedeutung hat, obwohl ich betonen sollte, daß eine buchstäbliche Interpretation stets als erste Möglichkeit in Betracht gezogen werden sollte. Sobald man diese grundlegende Information gesammelt hat, sollte man in diesem Buch unter dem entsprechenden Stichwort nachschlagen.

Während meiner Nachforschungen für dieses Buch stellte ich mit großem Interesse fest, daß Unglück, Niederlage und Versagen in Träumen häufiger vorkommen als Zufriedenheit und Erfolg, feindselige und aggressive Begegnungen häufiger als freundliche Kontakte. Von all den verschiedenen Traumarten sind vier offenbar verbreiteter als alle anderen, zumindest in der westlichen Gesellschaft: das sind Träume von Sex, von Nacktheit, vom Fallen und vom Fliegen. Warum das so ist, bleibt ein weiteres der Geheimnisse des Schlafes.

Vor einigen Jahren schrieb der englische Dichter und Philosoph W. H. Auden – zweifelsohne nachdem er gerade einen lebhaften Traum gehabt hatte: »Lerne aus deinen Träumen, an was es dir mangelt.« Auf den folgenden Seiten beziehe ich mich auf 4.000 Jahre an Forschungen und Deutungen bei dem Versuch, jedem neugierigen Träumenden gerade solch eine Lösung zu bieten.

Ich wünsche Ihnen angenehme Träume!

Suffolk, England *Philippa Waring*

Abenteuer

(→ Forschungsreisen)

Das Träumen an sich ist ein Abenteuer des Geistes, aber wenn in Ihnen der Eindruck entsteht, Ihre Erlebnisse im Schlaf seien ein Abenteuer des wirklichen Lebens gewesen, dann ist Ihr emotionaler Zustand beim Erwachen richtungsweisend für die Deutung des Traums. Wenn Sie sich glücklich und beschwingt fühlen, stehen Ihnen gute Zeiten mit Ihrer Familie und Ihren Freunden bevor; sind Sie jedoch niedergeschlagen und unglücklich, dann sollten Sie sich mit den Menschen, die Ihnen am nächsten stehen, besonders viel Mühe geben und Ihre geschäftlichen Angelegenheiten scharf im Auge behalten. In einigen alten Traumdeutungsbücher wird davon ausgegangen, daß jemand, der in seinen Träumen Opfer eines Abenteurers wird, leicht Schmeicheleien zum Opfer fällt, und junge Frauen, die sich selbst als bezaubernde Abenteurerinnen sehen, wachsam gegenüber den Kniffen eines herzlosen Verführers sein sollten. Neueste Forschungen in Großbritannien und Amerika lassen den Schluß zu, daß ein solcher Traum das Bedürfnis nach einer drastischen Veränderung der Alltagsroutine symbolisiert.

Abgrund

(→ Fallen, Loch)

Es gehört zu den beängstigendsten Traumerfahrungen, in einen Abgrund oder eine tiefe Grube zu stürzen. Sowohl frühe griechische als auch römische Quellen erwähnen diesen Traum und sind sich darin einig, daß er das Symbol für kommende Probleme ist. Im Osten stand dieser Traum speziell mit geschäftlichen und finanziellen Sorgen in Verbindung – je länger der Fall dauert, desto mehr Geld wird man verlieren. Frauen müssen bei diesem Traum mit Sorgen und schlechter Gesundheit rechnen. In neueren amerikanischen Traumbüchern heißt es, der Traum sei eine Warnung an die Männer, kein Geld zu verleihen, da es wahrscheinlich nicht zurückgezahlt wird, und für die Frauen sei er ein Hinweis auf Gleichgültigkeit in der Liebe. Britische Quellen besagen wiederum, daß die Ursache ein Mangel an Selbstvertrauen angesichts schwieriger Entscheidungen sein kann.

Aborigines

Die australischen Aborigines haben in der Traumdeutung eine lange Tradition, die zu den ältesten der Welt gehört. Neueste Forschungen haben gezeigt, daß eine Reihe ihrer Auslegungen mit denen anderer Rassen und Völker übereinstimmen. Träume von Aborigines – oder von Ureinwohnern überhaupt – tauchen seit den letzten beiden Jahrhunderten in Traumführern auf. Einige europäische Experten des 19. Jahrhunderts warnten ihre weiblichen Leser beispielsweise, daß Träume von »Wilden« ein Symbol für sexuelle Versuchung seien. Ein noch größeres Vorurteil zeigte sich in bestimmten amerikanischen Traumführern der Jahrhundertwende, in denen erklärt wurde, Träume von schwarzen Frauen seien ein Symbol für »unnatürliche Leidenschaft«! Heute sind sich die Experten einig, daß alle Träume dieser Art symptomatisch sind für das Verlangen nach einem einfacheren, glücklicheren und weniger von Technik bestimmten Leben.

Abtreibung

Träume über eine Abtreibung wurden in den letzten 50 Jahren häufig verzeichnet; frühere Berichte sind dagegen selten und liegen zeitlich weit auseinander. So gibt es beispielsweise nur einzige viktorianische Quelle, in der es heißt, daß ein solcher Traum auf »drohende Schwierigkeiten« hindeute, während ein französischer Almanach zu Beginn des 20.

Jahrhunderts behauptete, er kündige das Ende einer Liebesaffäre an. Jüngere amerikanische Forschungen zeigen, daß der Traum gleichermaßen bei Männern und Frauen auftritt und Einsamkeit und Versagen vorhersagt. Ein britischer Experte ist der Ansicht, der Traum von einer Abtreibung symbolisiere die Weigerung, sich einem tiefverwurzelten sexuellen Problem zu stellen.

Adler

Der Adler gilt in der Traumdeutung als der »König der Lüfte«, und man zollt ihm denselben Respekt wie dem Löwen. Im alten Ägypten hielt man den Adler für das Symbol von Königtum und Göttlichkeit, in späteren Zeiten wurde er für mehrere Nationen, einschließlich der alten Römer und der Franzosen unter Napoleon, zum Zeichen kaiserlicher Eroberung. Heute genießt der Adler hohes Ansehen als Staatssymbol der Vereinigten Staaten von Amerika. Daher verrät ein Traum von diesem Vogel den Wunsch nach Eroberung, Macht und Herrschaft. Ein fliegender Adler ist ein gutes Zeichen für berufliche Angelegenheiten, und ein Adler, der sich auf einem Berggipfel niedergelassen hat, kündet von der Verwirklichung ehrgeiziger Pläne. Wenn man allerdings von einem Adler angegriffen wird, weist das auf Probleme hin, und der Anblick eines verletzten Adlers symbolisiert Schwierigkeiten in der Liebe. Seit mehreren Jahrhunderten behaupten Traumbücher, daß eine schwangere Frau, die von einem Adler träumt, einen berühmten Sohn zur Welt bringen wird.

Adoption

Ein Traum, in dem es auf irgendeine Weise um eine Adoption geht, hat mit diesem Thema in Wirklichkeit wenig zu tun. Wenn man beispielsweise träumt, ein Kind zu adoptieren, so ist das ein Hinweis darauf, daß man mit einem baldigen Umzug schlecht beraten wäre. Eine alte Überlieferung besagt, wenn man im Traum jemanden sieht, von dem man weiß, daß er adoptiert wurde, wird dieser Mensch von jemandem, der ihm nahesteht, einen Hilferuf erhalten. In einem amerikanischen Traumbuch ist zu lesen, wenn man von adoptierten Kindern träumt, weist das auf ein Problem in der Liebe hin, während eine britische Quelle angibt, daß dieser Traum ein Symbol dafür ist, daß man in seinem Leben einen Menschen vermißt, den man mit Liebe und Zuneigung überschütten kann.

Affe

Es ist nicht gerade nett, aber Affen gelten als Symbol für Täuschung, und wenn man im Traum einen Affen sieht, ist das eine Warnung vor Täuschungsversuchen durch Menschen, die ihre eigenen Interessen auf Gedeih und Verderb durchsetzen wollen. Laut einer französischen Quelle wird eine Frau, die im Traum einen Affen füttert, von Schmeicheleien verführt, während ein amerikanischer Experte behauptet, wenn man Affen im Käfig sieht, das auf eine Enttäuschung in Liebesdingen hinweist. Ein britisches Traumdeutungsbuch, das vor 50 Jahren veröffentlicht wurde, fügt merkwürdigerweise hinzu, daß eine junge Frau, die von einem Affen träumt, »auf einer frühen Heirat bestehen sollte, da ihr Liebster sie ansonsten der Untreue bezichtigen wird«.

Akrobat

Akrobaten oder Artisten sind seit dem Mittelalter fester Bestandteil der Traumdeutung. Damals galt ein Traum von einem Akrobaten als Warnung davor, in den nachfolgenden Wochen nicht zu verreisen. Später wurde in Westeuropa derselbe Traum zu einer Ankündigung vom Sieg über seine Feinde, während er in Rußland »das Scheitern von Plänen durch die Dummheit anderer« bedeutete. Ein bezauberndes viktorianisches Traumbuch behauptete, ein junges Mädchen, das von einem Akrobaten träumt, würde »sich um die Gunst der Männer bemühen«. Neuere Untersuchungen deuten darauf hin, daß es sich hierbei um einen Gegenteiltraum handelt. Von einem Akrobaten zu träumen, der einen Unfall hat, wird dazu führen, daß der Träumende knapp einem solchen entgeht. Wenn man an diesem Unfall allerdings persönlich beteiligt ist, besteht das dringende Bedürfnis, bei einem besonders schwierigen Vorhaben erfolgreich zu sein.

Alptraum

Eine ganze Reihe der Träume, die in diesem Buch gedeutet werden, können dazu führen, daß man schreiend und zitternd erwacht, doch kommt es vergleichsweise selten vor, im Traum selbst einen Alptraum zu haben, obwohl dieser Fall seit Jahrhunderten in Kalenderbüchern aufgeführt wird. Früher behaupteten die Fachleute, ein solcher Traum künde von Versagen und Enttäuschung und – vielleicht noch wichtiger – von der Notwendigkeit, ein wachsames Auge auf seine Gesundheit zu haben. Moderne Quellen glauben, Alpträume stellen tiefverwurzelte emotionale Probleme dar, die vom Träumenden unterdrückt werden, und raten dazu, psychologische Hilfe zu suchen. Wenn man im Traum in der Nacht in einem Zustand der Angst spazierengeht, wird das – ebenso wie Alpträume ganz generell – als Zeichen bevorstehender Schwierigkeiten verstanden.

Altar

Seit biblischen Zeiten wird der Altar in vielen Traumbüchern als Symbol der Ehe betrachtet, obwohl manche Quellen ihn auch als Warnung sehen, nichts Böses zu tun. Im Mittelalter hielt man den Traum von einem Altar, der entweiht wurde, für ein schreckliches Vorzeichen, das zum Tod eines Kindes führen würde. In der Nähe eines Altars auch nur leichte Verwirrung zu spüren, galt als Warnung vor feindlichen Aktivitäten. Spätere europäische Experten erklärten, ein solcher

Traum prophezeie die Verwirklichung einer »geheimen Sehnsucht«. Moderne Quellen vertreten die Ansicht, daß der Traum auf gute Nachrichten von einer unerwarteten Seite hindeutet. In einem neueren amerikanischen Almanach steht, daß ein solcher Traum zur Wiederentdeckung verlegter Geldscheine führen würde!

Alter

(→ Jugend)

Das Alter eines Menschen ist stets von Interesse, und diesbezügliche Träume finden sich schon in den frühesten Schriften zur Traumdeutung. In einem der beständigsten Träume sieht man sich selbst älter, als man wirklich ist – offensichtlich ein schlechtes Vorzeichen, das darauf hindeutet, daß man in einem bestimmten Aspekt seines Lebens scheitern wird. Die heutige Medizin geht jedoch davon aus, daß ein solcher Traum vor einer drohenden Erkrankung warnt und ein Arztbesuch angebracht sei. Merkwürdigerweise gilt es in China als Zeichen von Glück, im Traum alte Menschen zu sehen, denn das läßt darauf schließen, daß auch der Träumer ein reifes Alter erreichen wird.

Ameisen

Träume von Ameisen gibt es im Fernen Osten seit vielen Jahrhunderten. Man ist sich allgemein darin einig, daß bei diesem Traum eine unruhige Zeit bevorsteht, in der man täglich viele Stunden mit kleineren Sorgen und Ärgernissen verbringen wird. Einige Traumdeuter behaupten, daß dieser Fall nur dann eintritt, wenn die Ameisen tatsächlich auf Kleidern oder in Lebensmitteln gesehen werden. Sieht man dagegen im Traum Ameisen geschäftig ihren nimmermüden Aktivitäten nachgehen, so weist das laut südamerikanischen Traumdeutern auf eine Veränderung in der Lebensausrichtung hin – wie beispielsweise eine neue Arbeitsstelle oder ein Umzug, der Glück und Zufriedenheit bringt. Neuere amerikanische Quellen gehen davon aus, daß jeder Traum, in dem Ameisen vorkommen, ein Symbol für gute geschäftliche Aktivitäten ist.

Andenken

Ein Andenken oder ein kleines persönliches Geschenk war im viktorianischen Zeitalter jungen Damen stets sehr willkommen, und in Kalenderbüchern dieser Zeit steht zu lesen, daß ein solcher Traum Gutes prophezeie. Die besten Träume waren jene, in denen man selbst ein Andenken verschenkte, da dies Glück und Wohlstand symbolisierte. Wenn man dagegen ein Andenken erhielt, wies das auf Veränderungen im Leben hin. Heutige Fachleute vertreten die Ansicht, wenn man im Traum ein Andenken verschenkt, kommt das einer Warnung gleich: Man soll Unstimmigkeiten in der Familie nicht zu einem größeren Streit eskalieren lassen.

Angst

(→ *Alptraum*)

Wenn man im Traum tiefe Furcht verspürt, ist das nicht so besorgniserregend, wie es mitten in der Nacht vielleicht scheinen mag. Tatsächlich sind viele Fachleute davon überzeugt, ein solcher Traum prophezeie, daß der Träumende in der Lage sein wird, sich seinen Problemen zu stellen und sie zu lösen. Viktorianische Kalenderbücher behaupten, wenn man – warum auch immer – Angst hat, so sei das ein Hinweis darauf, daß künftige Unternehmungen nicht so erfolgreich wie erwartet ausfallen werden, und junge Damen sich angesichts eines solchen Traums vor einer unglücklichen Liebesaffäre hüten sollten. Wenn man ständig träumt, Angst zu haben, ist das gemäß einem amerikanischen Traumdeutungsbuch ein Zeichen dafür, daß der Träumende ein Mensch von großem Mut ist.

Anschuldigungen

(→ Beleidigung)

Träume, in denen man Anschuldigungen ausgesetzt ist, gab es bereits vor 4.000 Jahren – in der Zeit der alten Ägypter. Damals hielt man eine solche Erfahrung für ein Warnzeichen, daß gegen den Träumenden intrigiert wurde. Im Mittelalter prophezeiten solche Träume dagegen einen bevorstehenden Skandal, und nur wenn der Träumende seine Unschuld beweisen konnte, bevor er erwachte, war es ihm möglich, der Schmach zu entgehen. Später behaupteten Traumdeuter, wenn ein Mann im Traum von einer Frau beschuldigt wurde, weise das auf geschäftliche Schwierigkeiten hin, während eine Frau in der umgekehrten Situation gute Nachrichten zu erwarten habe! Wenn man wiederholt träumt, fälschlicherweise angeschuldigt zu werden, bedeutet das, daß man für die Lösung seiner Probleme unbedingt professioneller Hilfe bedarf.

Antiquitäten

Wenn man von alten Möbeln und Kunstobjekten im allgemeinen träumt, wird das meist als Hinweis gesehen, daß man sich auf eine Phase des Glücks und der finanziellen Stabilität freuen kann. In einigen Ländern, insbesondere in Großbritannien, Amerika und Australien, hält man den Traum auch für die Ankündigung eines Erbes oder zumindest eines bevorstehenden finanziellen Vorteils. In China heißt es, wenn man im Traum Antiquitäten verkauft, kündet das eine Zeit an, in der es nicht klug ist, Geld zu leihen oder zu verleihen.

Anwalt

Anwälte kommen in Träumen seit mehreren hundert Jahren oft vor, und die Deutungen variieren von ernsthaften zum nicht ganz so ernstzunehmenden. Zuerst galten Anwälte als Symbol für Sorgen und Probleme, und wenn man im Traum ihre Hilfe suchte, mußte man sich vor bösartigem Klatsch hüten. Vor einem Jahrhundert erklärte man jungen Damen, die von einem Anwalt träumten, daß sie unwissentlich eine Indiskretion begehen würden, während junge Männer mit finanziellen Schwierigkeiten zu rechnen hatten. Neuere Untersuchungen zeigen jedoch, daß jeder Traum vom Gesetz eine Warnung vor Sorglosigkeit in persönlichen Angelegenheiten ist, und wenn man im Traum einen Rechtsstreit gewinnt, weist das in Wirklichkeit auf eine Niederlage in einer entscheidenden Auseinandersetzung hin. Wird man im Traum verklagt, ist das laut einer britischen Quelle eine Warnung vor beiläufigen und oberflächlichen Liebesaffären.

Anzeigen

Laut weltweiten Berichten kommen Anzeigen in Träumen überraschend häufig vor. Liest man im Traum eine Anzeige, so ist das ein deutliches Zeichen dafür, daß bestimmte Pläne, die man geschmiedet hat, bald konkrete Formen annehmen. Wenn man sich der Illustrationen der Anzeige bewußt ist, gilt das als noch besseres Vorzeichen. In Amerika betrachtet man einen Traum, in dem man eine Anzeige in Zeitungen oder Zeitschriften schaltet, als Hinweis darauf, daß man besonders hart arbeiten wird, um seine Ziele zu erreichen. Auf der europäischen Seite des Atlantiks wird derselbe Traum als deutliche Warnung vor einem bestimmten Plan aufgefaßt. Ein britischer Experte ist der Ansicht, der Traum unterstreiche das Bedürfnis, im Leben energischer vorzugehen.

Äpfel

Äpfel in Träumen wurden in Großbritannien und Europa immer schon als gute Vorzeichen erachtet. Es kommt dabei auch nicht darauf an, ob die Äpfel einzeln oder in großen Zahlen an Bäumen hängen. In manch einem alten Almanach heißt es nachdrücklich, daß solche Träume auf eine Phase hinweisen, in der Hoffnungen verwirklicht und Anstrengungen belohnt werden. Nur große Mengen von Äpfeln, die auf dem Boden verfaulen, dienen als Warnung vor Plänen, die allzu ehrgeizig sind und die Gefahr des Scheiterns in sich tragen. Wenn man in Amerika im Traum einen süßen Apfel ißt, so steht ein glückliches Ereignis bevor, ein saurer Apfel kündigt dagegen ein unerwartetes Problem an.

Arbeit

(→ Fronarbeit)

Die Menschen haben immer schon geglaubt, daß Träume von harter Arbeit Erfolg und berufliche Leistung symbolisieren, und wenn man andere bei der Arbeit sieht, prophezeit das ebenfalls Gutes für Heim und Familie. Im 18. Jahrhundert hielt man die damals üblichen Armenhäuser mit Arbeitszwang nicht für die düsteren und abschreckenden Orte, die sie waren, vielmehr hielt man Träume von solchen Häusern für ein Paradebeispiel eines Gegenteiltraums: Der Träumende durfte großes Glück erwarten und würde außerdem zu Geld kommen! Der moderne Arbeitsplatz gilt in eben diesem Sinne als Aufforderung an den Träumenden, seine Talente und seinen Einfallsreichtum bis zur Neige auszukosten.

Arbeitsplatz

Die Sorge um den Arbeitsplatz ist vielen Männern und Frauen gemeinsam, und die Forschung hat herausgefunden, daß diese Sorge in den Träumen der vergangenen 50 Jahre immer öfter vorkam. Es herrscht jedoch Einhelligkeit darüber, daß es sich um einen Gegenteiltraum handelt, und wenn man im Traum seinen Arbeitsplatz verliert, ist das ein Hinweis auf eine Beförderung oder sogar auf einen Wechsel in eine neuere und bessere Position. Wenn man umgekehrt eine Beförderung angeboten bekommt, wird man subtil gemahnt, sich bei der Arbeit mehr anzustrengen. Bietet man dagegen selbst anderen im Traum eine Arbeit an, ist das ein Hinweis auf ein übersteigertes Selbstbewußtsein.

Armee

(→ Krieg, Schlacht)

Träume von Armeen oder Soldaten im allgemeinen wurden seit der Zeit der alten Römer genauestens untersucht. Die frühesten Traumdeuter glaubten, derlei nächtliche Visionen hätten nichts mit kriegerischen Auseinandersetzungen zu tun, sondern seien ein Zeichen dafür, daß der Träumende sich in Kürze einer Reihe von Hindernissen gegenübersehen würde, die er überwinden müsse, bevor er seine Ziele im Leben erreichen könne. Wenn die Soldaten im Traum marschieren, deutet das darauf hin, daß der Träumende eine Reise machen muß, um seine Pläne erfolgreich zu verwirklichen. Viele Jahre lang vermeldeten die Traumbücher, daß Unglück droht, wenn man von verwundeten Soldaten träumt. Eine unverheiratete Frau, die im Traum Mitglieder der Streitkräfte sieht, wird gewarnt, sich nicht in beiläufige und oberflächliche Liebesaffären zu verstricken. Mehrere amerikanische Quellen geben an, Träume von einer Armee symbolisieren »Krieg in der Familie«, wenn man allerdings die Armee seines Heimatlandes sieht, lasse das auf Geschäftserfolge schließen.

Arznei

Die frühesten Träume von Arzneien wurden schlichtweg als Vorzeichen von Krankheit gesehen, obwohl mehrere Fachleute des 19. Jahrhunderts diese Deutung umkehrten und behaupteten, es handele sich um einen Gegenteiltraum. Sie erklärten, wenn der Träumende die Arznei selbst einnähme, erfreue er sich bester Gesundheit, verabreiche er jedoch im Traum die Arznei einem anderen Menschen, würde er einem vertrauten Freund Schmerz zufügen. Die Forschungen der letzten 20 Jahre ließen einen britischen Experten aussagen, daß der Traum ein Symbol für die Notwendigkeit einer gründlichen medizinischen Untersuchung ist, bevor sich eine ernste Krankheit entwickelt.

Arzt

(→ *Quacksalber*)

Ärzte gelten weltweit als Respektspersonen und werden seit langem als gutes Zeichen in jedem Traum gedeutet. Die Art und Weise, wie man dem Arzt im Traum begegnet – ob man seine Hilfe sucht oder ihn auf gesellschaftlichem Parkett trifft –, ist entscheidend für die Deutung des Traums. Wenn man sich einer Operation unterzieht, ist das im allgemeinen ein gutes Zeichen für die zukünftige Gesundheit, und wenn man einem Arzt außerhalb seiner Praxis begegnet, bedeutet das Erfolg in mancherlei Unternehmungen. Amerikanischen Kalenderbüchern zufolge ist der Besuch eines Arztes ein Zeichen von Wohlstand. Wenn ein Arzt Kinder aufsucht, deutet das auf neue Interessen hin. Sieht man sich im Traum selbst als Arzt, ist das ebenfalls ein gutes Zeichen und kündet von Glück und einem erfüllten Leben.

Augen

Augen haben in der Traumdeutung schon viele Deutungen erfahren – insbesondere in bezug auf ihre Farbe, Form und Größe, obwohl nur wenige Träume derart genau sind. Das allgemeine Empfinden, von vielen Augen angestarrt zu werden, gilt als unterbewußte Infragestellung der Motivation des Träumenden bei seinen Aktivitäten. Sieht man dagegen lächelnde, schöne Augen, kündet das von Liebe und Glück. Jede Art von Augenverletzung ist eine Warnung, bei Geschäftsangelegenheiten in Zukunft vorsichtig zu sein, und wenn man schielende Augen sieht, prophezeit das finanziellen Erfolg. Ein spanischer Almanach fügt hinzu, wenn man von einem einzigen Auge oder einem einäugigen Menschen träumt, verliert man seinen Liebespartner an einen Rivalen.

Ausflug

(→ Reise, Weltreise)

Träume von Ausflügen wurden zuerst bei den alten Griechen verzeichnet, die erklärten, die Deutung ergebe sich aus der Landschaft, durch die der Träumende kommt – ob es eine idyllische Landschaft oder feindliches Terrain sei. Eine herrliche Landschaft kündet von einem glücklichen Familienleben, wüstes und ödes Land ist dagegen eine Warnung vor zweifelhaften Geschäftsabschlüssen. Träume, in denen man zusammen mit anderen Menschen einen Ausflug unternimmt – insbesondere mit anderen Familienmitgliedern –, sind laut europäischen Quellen ein gutes Zeichen, während ein neuerer britischer Almanach erklärt, daß ein Traum von einem vergnüglichen Ausflug einen willkommenen Anstieg des Einkommens mit sich bringt!

Ausleihen

(→ Leihen)

Träume, in denen etwas geliehen oder verliehen wird, können auf zweierlei Weise gedeutet werden. Sowohl europäische als auch amerikanische Experten glauben, daß Träume, in denen der Träumende selbst etwas ausleiht, bevorstehende Verluste ankündigen – möglicherweise den Verlust von Geld, doch eher noch den Verlust von Freunden. Wird andererseits der Träumende gebeten, einem anderen Menschen etwas zu leihen, kann er Hilfe von Freunden erwarten, sollte er einmal in eine ähnliche Situation geraten. Die Italiener glauben, daß solche Träume eine Warnung vor allzu verschwenderischer Großzügigkeit sind.

Auster

Eine der berühmtesten Traumgeschichten dreht sich um den Schriftsteller Bram Stoker, der die Idee für den schaurigen Vampirroman *Drakula* angeblich nach dem Verzehr eines Tellers mit Austern hatte! Dieses schmackhafte Schalentier wird seit langem für das Symbol sexueller Ausdauer und Sehnsüchte gehalten. Wenn man im Traum eine Auster ißt, symbolisiert das gemäß einer Quelle aus dem 18. Jahrhundert das Verlangen nach sinnlichen Vergnügungen. Ein europäischer Experte bestätigte das später und meinte, wenn man im Traum eine Auster öffne, stelle das den Wunsch nach Verführung dar, ungeachtet der Konsequenzen. Neuere Untersuchungen lehnen diese Interpretation ab: Ein britischer Autor behauptet, wenn man eine Auster ißt, sei das ein Zeichen von Glück in der Liebe, während dasselbe in Amerika erreicht werden kann, indem man im Traum einfach nur eine Auster kauft!

Auswandern

Der Traum vom Auswandern ist besonders in Europa beheimatet und erfuhr in den vergangenen zwei Jahrhunderten unterschiedliche Deutungen. Einerseits wird er als Symbol einer tiefen Unzufriedenheit gesehen, die Veränderung erfordert; andererseits kündet er davon, daß ein Freund in einem fernen Land dem Träumenden einen Brief schicken wird. In mehreren Ländern hinter dem ehemaligen »Eisernen Vorhang« verhießen Träume, in denen Schwierigkeiten mit den Auswanderungsbehörden auftraten, großes Glück für die nahe Zukunft. Ein amerikanisches Traumdeutungsbuch des frühen 20. Jahrhunderts weiß zu berichten, daß ein Traum, in dem die Einwanderungsbehörden dem Träumenden den Zutritt in ein Land verweigern, auf Gefahr aufgrund eines tiefen Geheimnisses hinweist. Ganz allgemein gesagt, kündet ein derartiger Traum von der unerwarteten Notwendigkeit neuer Ressourcen und erfordert ein sorgfältiges Wirtschaften.

Auto

(→ Kraftfahrzeug)

»Ihr Traumauto« ist eine beliebte Werbeaussage, aber wenn man im Schlaf ein Auto sieht, so ist das noch lange keine Garantie dafür, das neueste Modell auch bald zu besitzen.

Vielmehr sind sich die meisten Experten darin einig, daß ein solcher Traum keine besondere Bedeutung besitzt – außer wenn das Auto zu schnell fährt, bremst oder einen Unfall hat. Der erste Fall deutet auf eine demnächst eintreffende, unerwartete Neuigkeit hin, der zweite Fall auf eine bevorstehende peinliche Situation und der dritte Fall darauf, daß ein verlorener Gegenstand in Kürze unerwarteterweise wiedergefunden wird. Keine Spur von chromglänzendem Blech! Sitzt man im Traum selbst am Steuer eines Wagens und weicht sicher mehreren Gefahren aus, wird man bald einen langgehegten, ehrgeizigen Plan realisieren können.

Baby

(→ Kinder)

Auf Babys nehmen schon die allerersten Traumbücher bezug. Die Orakel besagen, daß eine Frau, die von einem Baby träumt, bald schwanger würde. Die Griechen waren jedoch die ersten, die zu dem Schluß gelangten, daß solche Träume nicht notwendigerweise auf Nachwuchs schließen lassen. Sie vertraten die Ansicht, wenn man im Traum sieht, wie ein Baby Milch an der Mutterbrust saugt, deutet das auf ein Leben voller Freuden hin, während das Baby, das an der Brust einer Amme saugt, Zeichen einer drohenden Erkrankung sei. Im Mittelalter war ein glückliches Baby das Symbol für gute Freundschaften, wohingegen jeder Traum, in dem ein Kleinkind seine ersten Schritte macht, als klare Aufforderung galt, hinsichtlich der Zukunft feste Entscheidungen zu treffen. Europäische Quellen vertreten darüber hinaus die Ansicht, wenn man im Traum ein Baby stillt, ist das eine Warnung, sich nicht von einem engen Freund täuschen zu lassen.

Backen

(→ Kochen)

Brot oder Kuchen zu backen kommt in der Traumdeutung seit biblischen Zeiten vor. Laut zahlreichen Experten handelt es sich hierbei um einen Gegenteiltraum: Frauen prophezeit er schwere Zeiten, Männern jedoch, zu Geld zu kommen. Eine alleinstehende Frau, die vom Backen träumt, könnte aufgrund ihrer Gereiztheit Freunde verlieren. Die Backstube oder Bäckerei findet in mehreren europäischen Kalenderbüchern Erwähnung: Kommt sie im Traum vor, ist es nicht ratsam, einen Berufswechsel vorzunehmen. Eine junge Frau, die davon träumt, in einer Bäckerei zu arbeiten, läuft Gefahr, verführt zu werden. Moderne Forscher glauben, ein solcher Traum sei ein Symbol für die Sorge um künftiges Wohlergehen. Eltern, die von einer Bäckerei träumen, sorgen sich insbesondere um die Bedürfnisse ihrer Kinder.

Baden

(→ Waschen)

Baden wird in der Traumdeutung seit frühester Zeit mit dem Wunsch nach Reinigung in Zusammenhang gebracht. Die Traumdeuter glaubten, derartige nächtliche Visionen stellten nicht den Wunsch nach körperlicher Reinlichkeit dar, sondern das Verlangen nach Vergebung für ein Vergehen – das könnte auch erklären, warum man heute glaubt, daß ein heißes Bad schlechte Aussichten symbolisiert und ein kaltes Bad gute Gesundheit. Mehrere Kalenderbücher aus dem 19. Jahrhundert führten das noch weiter aus und behaupteten, schwangere Frauen, die von einem heißen Bad träumten, riskierten eine Fehlgeburt, während ein Mann bald darauf einen Ehebruch begehen würde! Ein Bad in einer dunklen Brühe galt als Warnung vor gesundheitlichen Problemen. Die Rationalisierung im Laufe des 20. Jahrhunderts hat die Vorzeichen dieser Träume auf den Kopf gestellt: Ein warmes Bad verspricht nun die Verwirklichung eines langgehegten Planes, während ein kaltes Bad davor warnt, bei anstehenden Plänen übereilt zu handeln. Die Tatsache, überhaupt ein Bad zu nehmen, kann auch ein wachsendes sexuelles Interesse an einem Vertreter des anderen Geschlechts offenlegen, fügt eine amerikanische Quelle hinzu.

Ballett

(→ Tanzen)

Seit der großen romantischen Ära des Balletts zu Beginn des 19. Jahrhunderts ist diese Kunstform zu einem vertrauten Merkmal in der Traumforschung geworden, obwohl ein solcher Traum nur dann wirklich gut sein soll, wenn der Träumende darin selbst tanzt. Die erste Erwähnung in einem europäischen Almanach lautete, der Traum symbolisiere Untreue für eine Frau und geschäftliche Probleme für einen Mann. Mehrere viktorianische Traumdeutungsbücher behaupteten, wenn man im Traum eine professionelle Darbietung sehen würde, künde das von schlechter Gesundheit, und die moderne Forschung bestätigt diese Überzeugung. Man geht heute davon aus, daß der Traum das Bedürfnis symbolisiert, sich sportlich stärker zu betätigen und es dem Geist dadurch zu erlauben, von den Alltagsproblemen Abstand zu gewinnen.

Bank

(→ Geld)

Wer sich im Traum in einer Bank sieht, wird nicht nur hinsichtlich seiner Finanzen beraten, sondern auch hinsichtlich seiner Zukunft. Wenn man beobachtet, wie Münzen und Banknoten eingezahlt, gezählt oder im Safe verschlossen werden, ist das ein Vorzeichen dafür, daß es dem Träumenden gutgehen und er sich großen Respekt verdienen wird. Geld, das anderen gereicht wird, ist eine Warnung vor Sorglosigkeit; wenn es dagegen dem Träumenden direkt gegeben wird, darf dieser eine Glückssträhne erwarten. Eine menschenleere Bank warnt vor Geschäftsverlusten. In mehreren neueren Traumbüchern ist der Traum, bankrott zu gehen, sowohl eine Warnung vor Spekulationen als auch ein Vorzeichen finanziellen Gewinns! Im Grunde reflektieren Träume von einer Bank stets Sorgen hinsichtlich finanzieller Angelegenheiten.

Bankett

(→ Empfang, Party)

Die Mittelamerikaner kennen seit langem die Tradition, in Träumen ein Festessen zu feiern. Je verschwenderischer die Ausstattung, je wohlhabender die Gäste und je aufwendiger das Mahl, desto günstiger fällt die Deutung aus. Ein großes Bankett weist auf Glück und Zufriedenheit in der Familie des Träumenden hin. Freunde und Bekannte werden dem Träumenden nur zu gerne einen Gefallen erweisen. Die einzigen Warnzeichen sind leere Stühle am Tisch oder fremdartig aussehende Gäste: Sie sind eine Warnung vor Mißverständnissen oder Enttäuschungen, die in der Zukunft lauern. In Europa sollen leere Plätze bei einem großen Festbankett dem Träumenden als Warnung dienen, seine Streitlust mit Familienangehörigen oder Freunden zu zügeln.

Bauernhof

Ländliche Kalenderbücher aus Großbritannien beschreiben ausnahmslos jeden Traum, in dem man auf einem gut gepflegten Bauernhof mit vielen Tieren lebt, als überaus günstig, obwohl sie keinen Hehl aus der Tatsache machen, daß das Leben dort hart und erschöpfend sein kann. Wenn sich der Hof in einem ärmlichen Zustand befindet, dann muß man damit rechnen, Geld zu verlieren. Sucht man in Europa einen Bauernhof auf, so bedeutet das, daß man neue und angenehme Freundschaften schließt. Kauft man in Australien im Traum eine Farm, weist das auf einen gewinnträchtigen Abschluß für einen Geschäftsmann hin. Merkwürdigerweise heißt es in Amerika, wo all diese Vorzeichen ebenfalls ihre Gültigkeit besitzen, daß man zu beträchtlichem Wohlstand kommt, wenn man von einem Feuer auf einer Farm träumt! Laut einer neueren britischen Untersuchung ist der Bauer, der im Traum vorkommt, eine Ersatzfigur: Er ruft die Welt der Natur wach, zu der die Menschen heutzutage den Kontakt verloren haben.

Bäume

Die Deutung eines Traums von Bäumen sind wirklich universell gültig; interessanterweise bringen viele Quellen Bäume mit einem menschlichen, oft weiblichen Wesen in Verbindung. Alte Überlieferungen berichten von Bäumen, die aus der Tiefe des Bodens entspringen, bis in den Himmel ragen und die daher die höchsten Ziele und die tiefsten Wurzeln des Menschen symbolisieren, wenn man sie im Traum sieht. Bäume mit einem üppigem Laubdach sind ein Zeichen für Glück und Wohlstand, während umgefallene oder gefällte Bäume von Krankheit und Schwierigkeiten künden. Wenn man im Traum einen Baum pflanzt, symbolisiert das eine neue Liebesbeziehung, und der Anblick eines Schößlings ist ein sehr gutes Zeichen für jede Lebensveränderung – wie beispielsweise einen Umzug oder einen Arbeitsplatzwechsel. Wenn man im Traum einen Baum hochklettert, weist das auf eine neue gesellschaftliche Stellung hin, fällt man dagegen von einem Baum herunter, wird man Geld oder seinen Arbeitsplatz verlieren. Eine Umfrage aus jüngster Zeit hat bestätigt, daß der Baum eines der häufigsten aller Traumsymbole ist und im Grunde Seelenfrieden symbolisiert.

Beerdigung

(→ Friedhof, Lebendig begraben sein)

Das ist einer dieser merkwürdigen Träume, bei denen die Deutung ganz anders ist, als der Traum es vermuten läßt. Die Fachleute sind sich einig: Wer eine Beerdigung beobachtet, wird gute Nachrichten erhalten. In Großbritannien symbolisiert der Traum zum Beispiel eine Hochzeit oder eine Verlobung, in Amerika weist er auf Glück in der Liebe hin. In ganz Europa gilt die Anwesenheit bei der eigenen Beerdigung als ein Zeichen für das Ende von langandauernden Problemen, im Fernen Osten dagegen wird langes Leben und Glück prophezeit. Nur die Skandinavier glauben, wenn man im Traum bei einer Beerdigung als Sargträger dient, ist das eine Warnung vor übereilten oder törichten Entscheidungen.

Befehl

Die Römer berichteten als erste von Träumen, in denen Befehle erteilt oder empfangen werden. Wenn der Träumende ihnen gehorchte, dann konnte er eine Verbesserung seiner Lebensumstände erwarten, wenn er jedoch selbst Befehle erteilte, wies das auf Unglück in der Familie hin, insbesondere wenn der Träumende auf irgendeine Weise mit dem Militär in Verbindung stand. Mittelalterliche Quellen erklärten, wenn man Befehlen nicht Folge leistete, würde das zu Streit mit einflußreichen Freunden führen, während spätere europäische Quellen vermeldeten, daß ein Traum, in dem man Befehlen gehorchte, zu einer Vergrößerung der Familie führte – gleichgültig ob der Träumende ein Mann oder eine Frau war! Heute hält man solche Träume im allgemeinen für ein Symbol der Notwendigkeit, in seiner Entscheidungsfindung positiver vorzugehen.

Beine

(→ Füße)

Die Griechen deuteten als erste die verschiedenen Träume von Beinen. Die wichtigste Deutung besagte, wenn man ein Paar Beine sehen würde (entweder die eigenen oder die eines anderen Menschen), das verletzt oder deformiert war, symbolisiere das Armut. Dünne Beine galten als Warnung vor einer bevorstehenden peinlichen Situation, und wenn man im Traum ein Bein verlor, würde das zum Verlust eines Verwandten führen. Sah eine verheiratete Frau im Europa des 18. Jahrhunderts sich im Traum mit wunderschönen Beinen, stand sie angeblich kurz davor, sich auf eine lange Reise zu begeben. Hatte sie im Traum allerdings haarige Beine, dann dominierte sie ihren Ehemann. Moderne britische Quellen behaupten, wenn man im Traum die wohlgeformten Beine eines Angehörigen des anderen Geschlechts sieht, verspricht das eine überaus befriedigende Liebesbeziehung.

Beleidigung

(→ Anschuldigungen)

Traumdeutungsbücher beschäftigen sich seit frühester Zeit viel mit Träumen, in denen man beleidigt wird, da eine solche Erfahrung im Leben von Oberschicht und Adel sehr wichtig war. In Großbritannien wurde der Traum als Gegenteiltraum betrachtet – er symbolisierte, daß der Träumende Freunde hatte, auf die er sich verlassen konnte. Das ist bis zum heutigen Tage so geblieben. In einem Großteil von Europa wurde der Träumende vor törichten Handlungen gewarnt, während in Rußland und China die Vorzeichen auf bevorstehende Schwierigkeiten wiesen. Wenn man im Traum seine Feinde beleidigte, so kündete das jedoch in beiden Ländern von großem Glück.

Berg

(→ Felsen, Gebirge)

Alle Fachleute sind sich darin einig, daß es zu großem Glück führt, wenn man im Traum einen Berg erklimmt. Erreicht man den Gipfel allerdings nicht, sind einem mehrere Bekannte gram. Je höher der Berg, desto größer das Glück, sagen europäische Quellen – und fügen den Vorbehalt hinzu, daß das Glück mit etwas Trauer gemischt sein wird, wenn der Aufstieg sehr erschöpfend scheint. Sollten Familienangehörige ebenfalls bei Aufstieg mitgehen, erklärt ein russischer Experte, wird sich der Träumende bald eines unerwarteten Geldsegens erfreuen können.

Bergbau

Europäische Quellen der letzten 300 Jahre haben behauptet, der Traum von einer Bergmine sei ein Hinweis darauf, daß der Träumende schließlich und endlich durch eigene Anstrengung zu Geld kommen würde. Sieht man sich im Traum jedoch als Bergarbeiter, sind die Vorzeichen nicht ganz so vorteilhaft. Wenn man im Traum in eine Mine hinabsteigt, ist Vorsicht angeraten: Man sollte bei einem laufenden Projekt nur engen Freunden vertrauen. Steigt man dagegen aus einer Mine hoch, gilt das als Zeichen für die Untreue einer Ehefrau. Wenn man in Amerika im Traum eine Goldmine besitzt, diene das dem Träumenden als Hinweis darauf, daß er törichte Taten begehen wird.

Bestrafung

Im Traum bestraft oder gezüchtigt zu werden ist eine der klassischen Gegenteilerfahrungen. Im Mittelalter hieß es, wer im Traum verprügelt wird, darf sich in Wirklichkeit auf ein unerwartetes Vergnügen freuen, und wenn andere bestraft werden, symbolisiert das eine Nachricht von jemandem, der lange abwesend war. Viktorianische Quellen verhielten sich zu diesem Punkt merkwürdig still, obwohl eine behauptete, jeder Traum von einer Bestrafung sei eine Warnung vor ungerechtfertigter Eifersucht. Heute sind sich die Fachleute einig, daß der Traum von einer Bestrafung auf ein bevorstehendes Ereignis hinweist, auf das der Träumende stolz sein wird.

Besuch

Der Traum von einem Besuch ist einer jener, die ganz klar zu deuten sind: Ist er ein Vergnügen, dann darf dasselbe im wirklichen Leben erwartet werden, ist der Besuch jedoch auf irgendeine Weise unangenehm, muß man sich vor Problemen hüten, die von einem arglistigen Menschen verursacht werden. Wird man von Freunden besucht, kündet das von guten Nachrichten, gehört der Träumende selbst allerdings zu einer ganzen Gruppe von Besuchern, ist das eine Warnung, sich nicht von Schmeichlern ausnutzen zu lassen. Ein Besucher, der bleich und abgespannt ist, kündet laut einer britischen Quelle von Krankheit, insbesondere wenn es sich um eine Besucherin handelt. Wenn man in Amerika im Traum von einem Vertreter aufgesucht wird, dann weist das darauf hin, daß ein Gerichtsverfahren ins Haus steht!

Betrug

Betrug ist ein Traumelement, das in einer überraschend großen Zahl von Träumen vorkommt, und es herrscht ein allgemeiner Konsens darüber, daß der Träumende – wenn er im Traum betrogen wurde – in Kürze Glück zu erwarten hat! Für einige der ältesten Kalenderbücher ist der Betrug eine Warnung vor dubiosen Geschäften, obwohl sich alle darin einig sind, daß der Träumende überführt wird, wenn er im Traum einen Betrug begeht. Ein spanisches Traumdeutungsbuch behauptet, wenn junge Menschen im Traum beim Spiel betrogen werden, künde das vom Verlust des Partners durch Streitereien und Mißverständnisse.

Bettler

Seit dem Mittelalter sind Träume von Bettlern ein Paradebeispiel für das genaue Gegenteil: Wenn man im Traum einem Bettler begegnet, wird man unerwartete Hilfe erhalten, sieht man sich jedoch selbst als Bettler, bedeutet das eine Verbesserung der finanziellen Lage. Einige viktorianische Traumbücher nehmen bei solchen Träumen jedoch einen stark moralisierenden Tonfall an und verkünden, einen Bettler zu treffen, sei ein Zeichen schlechten Haushaltens und erfordere sofortige Sparsamkeit. Wenn man einem Bettler ein Geschenk gibt, deutet das auf Unzufriedenheit mit der bestehenden Situation. Ein neuerer amerikanischer Almanach behauptet, wenn man im Traum einem Bettler Geld gibt, ist das ein Zeichen für eine neue Liebe, die auch erwidert wird. Eine britische Quelle erklärt, ein solcher Traum symbolisiere die Scham darüber, bei drängenden Problemen um Hilfe zu bitten.

Bienen

Bienen gelten als Symbol für Glück und Erfolg, und seit undenklichen Zeiten hält man sie im Traum für ein sehr gutes Omen. Ländliche Kalenderbücher, die überall da, wo Bienen heimisch sind, erschienen sind, behaupten, daß sie auf gute geschäftliche Transaktionen hinweisen, insbesondere wenn man sieht, wie sie um den Bienenstock herumschwirren. Wenn man im Traum allerdings von einer Biene gestochen wird, führt das auf irgendeine Weise zu einem Umschwung. Amerikanische Experten vertreten die Ansicht, wenn man Bienen bei der Honigherstellung beobachtet, kündet das von finanziellen Gewinnen, und wie andere Quellen auf dieser Seite des Atlantik sind auch sie davon überzeugt, daß man gute Freunde verliert, wenn man eine Biene tötet oder verletzt.

Bildhauer

Die Griechen glaubten, ein Bildhauer symbolisiere Veränderung, und wenn man von einem Bildhauer träumte, galt das als Zeichen, daß die Zeit gekommen war, sich einer neuen Herausforderung zu stellen. Im Mittelalter wurde der Traum mit Vorsicht betrachtet, da sich eine solche Lebensveränderung ja auch als mühevoll und wenig lohnend erweisen konnte. In letzter Zeit konzentrieren sich die Fachleute auf den Bildhauer und sein Modell: Europäische Quellen erklären, daß eine Frau, die im Traum nackt posiert, ihre Pläne verwirklichen wird. Ein amerikanisches Traumdeutungsbuch behauptet, daß eine Jungfrau, die im Traum einem Bildhauer Modell steht, einen reichen Mann ehelichen wird.

Blätter

Ländliche Kalenderbücher bezeichnen Blätter als besonders zuverlässige Traumzeichen: Grüne Blätter symbolisieren gute Gesundheit, braune Blätter drohende Krankheit, herabfallende Blätter deuten auf die Trennung von Freunden hin und

Blätter, die der Wind aufwirbelt, auf Familienstreitigkeiten. Ein Teppich aus toten Blättern, den der Träumende mühsam durchquert, kündet laut europäischen Quellen von Einsamkeit, während eine junge Frau, die im Traum frische junge Blätter von einem Baum zupft, bald auf einen leidenschaftlichen Liebhaber treffen wird. In Amerika prophezeien grüne Blätter dem Träumenden, daß er bald zu Geld kommt, während verwelkte Blätter, die immer noch an einem Baum hängen, einen Todesfall in der Familie ankündigen. Eine neuere britische Quelle kommt zu dem Schluß, Träume von fallenden Blättern symbolisierten ein vergeudetes Leben. Sie raten dem Träumenden, positiver zu handeln.

Blumen

(→ Pflanzen)

Ein Traum von blühenden Blumen wurde immer schon als Zeichen von Aufrichtigkeit, Zuneigung und Leidenschaft betrachtet. Sogar Blumen, die bereits verblüht waren, galten ausschließlich als Warnung vor allzu großem Vertrauen. Viele Jahrhunderte lang durften junge Mädchen, die im Traum ein Blumenstrauß erhielten, bald einen Verehrer erwarten, während ein Strauß von Wildblumen angeblich aufregende Abenteuer mit einem Angehörigen des anderen Geschlechts symbolisierte. Kurz gesagt, Blumen sind ein überaus vielversprechendes Traumsymbol!

Blut

Blut kommt seit Jahrhunderten in Träumen vor, und einige der alten Kalenderbücher halten es für ein überaus schlechtes Omen. Im besten Fall ist ein solcher Traum ein Zeichen dafür, daß sich das Glück des Träumenden wendet, und im schlimmsten Fall gilt er als Symbol dafür, daß Gehässigkeiten über einen Menschen verbreitet werden, die sehr wohl zu seinem Tod führen könnten. Blutbefleckte Kleidungsstücke sind die Aufforderung, nach Rivalen Ausschau zu halten, die eine erfolgreiche Karriere ruinieren können. Blut an den Händen des Träumenden sind ein Zeichen schlechter Gesundheit. Der häufigste Rat nach einem solch blutigen Traum lautet, Streit mit Familienangehörigen oder Freunden zu vermeiden.

Bluthunde

Bluthunde stehen in der Traumdeutung schon seit langer Zeit in Verbindung mit Sex. Wenn man im Traum mit Bluthunden auf die Jagd geht, soll das seit mehreren Jahrhunderten darauf hinweisen, daß der Träumende viele Bewunderer hat, obwohl diese Menschen keine wirkliche Liebe für ihn empfinden. Die Menschen im viktorianischen Zeitalter erklärten, eine Frau, die von Bluthunden träumt, würde sich in einen Mann aus einem niedrigeren Stande verlieben, während ein Mann mit demselben Traum nicht in der Lage war, dem »Umgang mit gefallenen Mädchen« zu widerstehen. Heutige Quellen sind sich einig, daß ein Traum, in dem man von Bluthunden gejagt wird, den Träumenden dazu auffordert, mehr Zurückhaltung in sinnlichen Vergnügungen zu üben.

Bogen

Der Bogen war in der römischen Traumdeutung ein vertrautes Symbol. Er symbolisierte einen gesellschaftlichen Aufstieg – außer wenn er gebrochen oder auf irgendeine Weise beschädigt war, denn dann kündete er von Rückschlägen in den Plänen des Träumenden. In Europa stellte der Bogen angeblich Wohlstand und Fortschritt dar; wenn man allerdings träumte, unter einem Torbogen hindurchzugehen, war das eine Warnung vor Schnorrern. Mehrere Jahrbücher aus viktorianischer Zeit prophezeien, daß junge Mädchen, die von einem umgefallenen Bogen träumen, in ihrem Liebesleben eine unglückliche Phase durchmachen werden. Moderne Quellen wissen zu berichten, daß der Traum von einem Triumphbogen ein gutes Zeichen ist: Welche Anstrengungen der Träumende in Hinblick auf ein bestimmtes Ziel auch immer unternimmt, er schreitet unfehlbar in die richtige Richtung.

Börsenmarkt

Neuere Umfragen haben einen gewaltigen Anstieg in der Zahl von Träumen über die Börsenmärkte der Welt verzeichnet, und alle kommen zu dem Schluß, daß dieser Traum nichts Gutes bedeutet. Wenn man im Traum Gewinne erzielt, symbolisiert das in Wirklichkeit Verluste, und nur wenn die Spekulationen des Träumenden scheitern, darf er hoffen, im realen Leben zu profitieren. Ein amerikanischer Almanach erklärt, wenn man im Traum an der Börse arbeitet, ist das ein Hinweis auf die Krankheit eines Freundes.

Böses

(→ Teufel)

Vom etwas Bösem zu träumen ist kein Alptraum im eigentlichen Sinne – man spürt einfach eine schlechte Atmosphäre, die von bösen Geistern durchdrungen ist. Ein solcher Traum ist eine Warnung vor bevorstehenden Schwierigkeiten, insbesondere geschäftlichen. Einige Quellen drängen nach einem derartigen Traum zu einem neuerlichen Überdenken der eigenen Ziele, insbesondere wenn die Geister bestimmte Formen annehmen, die in irgendeiner Weise beruflichen Konkurrenten ähneln. Eine ärztliche Untersuchung ist ebenfalls ratsam.

Briefe

(→ Briefumschlag, Schreiben)

Träume von Briefen gehen der Einführung der Post um viele Jahre voraus, und im Verlauf der Zeit hat sich an der Deutung nur wenig verändert. Wenn man im Traum einen Brief erhält, darf man gute Neuigkeiten erwarten, außer wenn der Inhalt sich als beunruhigend erweist, da dies von persönlichen Problemen kündet. Kalenderbücher des 18. Jahrhunderts erklärten, Träume von Liebesbriefen seien ein gutes Zeichen und versprächen eine glückliche Ehe; moderne Quellen halten allerdings dagegen, solche Briefe seien das Symbol für eine geheimnisvolle Schuld; und wenn man im Traum einen Liebesbrief schreibt, ist das in Wirklichkeit ein Zeichen des Bedauerns angesichts einer törichten Liebesaffäre. Ein eingeschriebener Brief verspricht eine neue Arbeitsstelle, ein anonymer oder zerrissener Brief ist eine Warnung vor einem Rivalen in Liebesdingen, und ein Umschlag mit schwarzem Rand kündet von einem Todesfall. Europäische Quellen behaupten, wenn man im Traum einen Brief liest, der an einen anderen Menschen gerichtet ist, symbolisiert das einen finanziellen Verlust. Amerikanische Fachleute glauben, jeder Traum von einem Brief, der eine Forderung nach Geld enthält, stelle eine Warnung dar, in allen geschäftlichen Angelegenheiten mit Bedacht vorzugehen. Eine britische Umfrage hat ergeben, daß jeder Traum von Briefen in Wirklichkeit von der Ankunft einiger entscheidender Neuigkeiten kündet – die wahrscheinlich nicht so schlecht ausfallen wie erwartet.

Briefumschlag

(→ Briefe)

Von Briefumschlägen wird in neuerer Zeit häufig geträumt, insbesondere von solchen, die versiegelt sind oder nicht geöffnet werden können. Viele Jahre lang galt der Briefumschlag an sich als Vorzeichen schlechter Nachrichten. Ein versiegelter Umschlag kann auf Probleme hinweisen, die in der Zukunft drohen, oder alternativ ein Zeichen dafür sein, daß andere Menschen Geheimnisse vor dem Träumenden haben und er weniger vertrauensselig sein sollte. Ein offener Umschlag ist ebenfalls ein beunruhigendes Signal, obwohl die Probleme durch Entschlossenheit überwunden werden können. Amerikanische Kalenderbücher behaupten, wenn man im Traum einen Brief abschickt, kündet das von Glück, wenn man jedoch einen dicken Umschlag erhält, in dem sich mehrere Briefe befinden, ist das eine Warnung vor einer großen Enttäuschung in der Liebe.

Brücke

Im Traum eine Brücke zu überqueren ist ein weiteres uraltes Traummotiv. Einige der ältesten Dokumente berichten von Träumenden, die an scheinbar endlosen Brücken stehen, die in der Dunkelheit verschwinden und die mit keiner Anstrengung überquert werden können. Solche Träume gelten als Ankündigung bevorstehender Verluste und Probleme. Wenn sich die Brücke scheinbar in einem schlechten Zustand befindet – vielleicht sogar kurz vor dem Zusammenbruch steht –, dann raten deutsche Quellen, sich vor den falschen Versprechungen von Freunden oder Geschäftspartnern zu hüten. Die Franzosen fordern Liebende auf, diese Art von Traum als Hinweis zu sehen, daß ihr Partner ihren Erwartungen nicht entsprechen wird. Nur ein Traum, in dem die Brücke bei Tageslicht gesehen und erfolgreich sowie ohne Vorfälle überquert wird, verspricht glückliche Zeiten.

Bruder

Griechische Quellen berichteten als erste, daß es eine unterschiedliche Deutung erfordert, wenn man als Bruder oder als Schwester von seinem Bruder träumt. Eine Frau, die von ihrem Bruder träumt, darf sich auf häusliches Glück freuen, wenn jedoch ein Mann im Traum an seinen Bruder denkt, kündet das von Familienzwistigkeiten. Im Mittelalter galt es merkwürdigerweise als gutes Vorzeichen, wenn ein Bruder im Traum starb, denn das bedeutete den Untergang der Feinde. Ende des 19. Jahrhunderts behaupteten Kalenderbücher, daß jeder Traum von Brüdern und Schwestern, die in Harmonie zusammenleben, auf finanzielle Sicherheit hinweist. Laut neuesten Forschungen läßt jeder Traum von einem Bruder den Träumenden unterbewußt wissen, daß er seine Familie vernachlässigt.

Brust

(→ Brustwarzen)

Im Traum Brüste zu sehen gilt seit der Zeit der alten Griechen als gutes Vorzeichen. Die Männer und Frauen dieser frühen Zivilisation glaubten, je größer die Brüste, desto besser das Omen, und volle, weiße Brüste seien ein Zeichen für finanziellen Wohlstand. In Europa durfte seit dem Mittelalter jede Frau, die im Traum ein Baby an ihrer Brust stillte, ein glückliches Ereignis erwarten – nicht unbedingt die Geburt eines Kindes. Wenn ein Mann im Traum sieht, wie sein Kopf am Busen einer Frau ruht, wird er bald eine neue und wichtige Freundschaft schließen. Mehrere Traumbücher vertreten die Ansicht, daß eine Frau, die von einem Büstenhalter träumt, bald ihren Freundeskreis erweitern wird. Die vielleicht kurioseste Traumdeutung in diesem Zusammenhang ist in einem englischen Handbuch aus dem 19. Jahrhundert zu finden, das junge Damen warnt: »Wenn Ihr Liebster ihn (den Busen) verschämt durch Ihr hauchdünnes Mieder anstarrt, werden Sie unter den sanften, einschmeichelnden Einfluß eines allzu hitzigen Verehrers geraten.«

Brustwarzen

(→ Brust)

Die alten Griechen berichteten als erste von Träumen, in denen man Menschen mit drei Brustwarzen sieht. Sie hielten das für ein Zeichen, daß der Träumende einen übermäßig starken Sexualtrieb besaß. Spätere Fachleute sind sich einig, daß jeder Traum von Brustwarzen in Zusammenhang mit Sex steht: Je größer und auffälliger gefärbt sie sind, desto besser die Aussichten auf Erfolge beim anderen Geschlecht. Wenn man im Traum wie ein Kind an der Brust seiner Mutter nuckelt, soll das nach den meisten europäischen Quellen ein Symbol für das Ende momentaner Sorgen sein, obwohl ein Experte erklärte, ein solcher Traum könne auch eine Verbesserung der Finanzen bedeuten.

Bücher

(→ Manuskript, Lesen)

Gemessen an der wichtigen Rolle, die Bücher in unserem Leben spielen, nehmen sie in der Traumdeutung keinen wichtigen Platz ein. Ende des 17. Jahrhunderts schrieb ein Traumdeuter, wenn man von alten Büchern träume, sei das eine Aufforderung, das Böse in jeder Form zu meiden. Ein Pariser Antiquar erklärte im letzten Jahrhundert, daß Träume von großen Bibliotheken ein gutes Omen für jeden seien, der kreativ oder künstlerisch tätig ist. In jüngster Zeit wurde festgestellt, daß es ein Zeichen literarischer Ambitionen ist, wenn man im Traum eine Bibliothek oder eine Buchhandlung aufsucht; steht jedoch eines der Regale leer, so sind die Talente des Träumenden begrenzt. Von Büchern zu träumen gilt im allgemeinen als Zeichen eines glücklichen und ruhigen, wenn auch nicht spektakulär erfolgreichen Lebens.

Buckeliger

(→ Mißbildungen)

Die Deutungen eines Traums von einem Buckeligen unterscheiden sich merkwürdigerweise in verschiedenen Teilen der Welt. Wenn man von einem Buckeligen träumt, symbolisiert das in weiten Teilen Europas eine plötzliche Kehrtwende in den Aussichten des Träumenden, und ist man im Traum selbst mit einem Buckel behaftet, weist das darauf hin, daß der Träumende einer schrecklichen Demütigung ausgesetzt wird. Sowohl in Großbritannien als auch in Amerika wird der Anblick dieser unglücklichen Menschen heutzutage als Symbol großen Glücks gedeutet. Ein australischer

Almanach behauptet darüber hinaus, wenn man im Traum mit einem Buckeligen spricht, ist das ein Hinweis auf eine glückliche Liebesbeziehung.

Burg

(→ Palast)

Burgen und Schlösser gelten als Vorzeichen für Reisen, auf denen man Menschen vieler verschiedener Nationalitäten treffen wird. Einige frühe Traumdeutungsbücher behaupteten, Schlösser seien auch ein Zeichen von Wohlstand und jeder, der regelmäßig von ihnen träumt, sei von Natur aus romantisch und sollte bei der Wahl seines Lebenspartners sehr bedachtsam vorgehen. In einem französischen Almanach, der seit dem 16. Jahrhundert in unzähligen Neuauflagen gedruckt wurde, steht zu lesen, daß jeder, der im Traum ein Schloß verläßt, in dem er offenbar einige Zeit lang gelebt hat, seinen Partner verlieren bzw. ihm jemand genommen wird, der ihm nahesteht. Heutige Experten gehen davon aus, daß eine Burg das Symbol für innere Gebundenheit ist und der Träumende versuchen sollte, zu entfliehen, indem er seinen Geist neuen Einflüssen öffnet.

Büro

(→ Arbeitsplatz)

Obwohl die Zeitgenossen von Königin Victoria der Ansicht waren, daß Träume von einem Kontor stets das Berufsleben betrafen, vertreten heutige Experten die Ansicht, daß die Deutung sich ganz direkt auf persönliche Angelegenheiten bezieht. Ein Almanach aus dem 19. Jahrhundert erklärte beispielsweise, daß ein Traum, in dem man ein Kontor besaß, Wohlstand symbolisierte, solange das Geschäft ehrlich geführt wurde. Sah man ein Büro voller Menschen, so prophezeite das eine Beförderung. Heutzutage glauben europäische Fachleute, daß es von einer Veränderung im Liebesleben kündet, wenn man sich im Traum in einem neuen

Büro befindet. Im Traum geschäftliche Sorgen zu haben, ist in Wirklichkeit ein Hinweis auf häusliche Streitigkeiten. In einem britischen Almanach heißt es, wenn man immer wieder vom Büroleben träumt, ist das ein Zeichen dafür, daß man von seiner Arbeit besessen ist und sich entspannen sollte, bevor sich das ungünstig auf die Gesundheit auswirkt.

Camping
(→ Ferien)

Wenn man von Camping träumt, gilt das als glückverheißendes Vorzeichen von Veränderungen in den Lebensumständen. Bei der Vision eines Ferienlagers darf man einen Berufswechsel erwarten. Wenn man sich in einer Campingsiedlung – wie beispielsweise einem Wohnwagenpark – sieht, dann wird eine Familie, die dem Träumenden bekannt ist, wieder nach Hause kommen. Im Zelt zu campen ist unheilverkündend: Dem Träumenden steht eine lange und schwierige Reise bevor. All diese Interpretationen sind britischen Ursprungs. Die Spanier glauben, eine Frau, die im Traum ein Militärlager sieht, wird ihrem Mann untreu werden, und in Deutschland heißt es, daß jede Frau, die davon träumt, sich in einem Soldatenlager zu befinden, sofort heiraten wird, sobald sich ihr die Gelegenheit dazu bietet.

Dach

Träume von Dächern haben sich im Laufe der Jahrhunderte eigentlich wenig verändert, obwohl die Häuser immer höher und besser konstruiert waren. Frühe Kalenderbücher erklärten, wenn man im Traum auf einem Dach steht, ist das ein Symbol dafür, die Gipfel des Erfolgs zu erreichen; fällt man dagegen von einem Dach herunter, ist der Erfolg nur von kurzer Dauer. Ein einstürzendes Dach galt als Warnung vor einer plötzlichen Katastrophe, und ein Traum von einem undichten Dach kündete von Geldverlust oder möglicherweise vom Nachlassen der sexuellen Potenz. Quellen aus dem 17. Jahrhundert behaupteten, wenn man im Traum das Dach neu deckte, sei das ein Hinweis auf bevorstehende gute Zeiten. Interessanterweise erklären mehrere Kalenderbücher der jüngsten Vergangenheit, daß ein in Flammen stehendes Dach in Wirklichkeit eine Ermutigung für den Träumenden darstellt und sich seine schlimmsten Ängste nicht verwirklichen werden.

Dachstube

(→ Dach)

Mansarden kommen in Träumen immer häufiger vor. Seit dem 17. Jahrhundert werden sie als Symbol vergeblicher Hoffnung betrachtet. Wenn in Europa ein Mann träumte, sich in einer Dachstube zu befinden, galt das als Zeichen, daß sein Ehrgeiz enttäuscht würde, während ein solcher Traum bei einer Frau auf ein enttäuschendes Liebesleben hindeutete. Ein amerikanischer Almanach aus dem 19. Jahrhundert war da etwas optimistischer und informierte seine Leserschaft, daß jeder Träumende, der sich selbst in einer Dachstube sah, schließlich seinem »Wirrwarr an Problemen« entfliehen würde. Einige modernen Experten sind der Ansicht, ein solcher Traum sei in Wirklichkeit eine Warnung an junge Menschen vor Promiskuität, für ältere Menschen jedoch im Gegensatz dazu ein Trost, weil er andeute, daß sich ihre fortschreitenden Jahre friedlich und glücklich gestalten werden.

Dekorieren

Wenn man davon träumt, ein Haus oder eine Wohnung neu zu dekorieren, so wird das von europäischen Fachleuten als Hinweis verstanden, daß eine glückliche Phase des Lebens vor dem Träumenden liegt. Wenn man dagegen in Amerika im Traum selbst Hand anlegt und dekoriert, kündet das entweder von geschäftlichen Einbußen oder vom Verlust von Freunden. Fenster zu dekorieren gilt dagegen in aller Welt als Hinweis auf eine Veränderung zum Besseren. Wird man bei dieser Aktivität allerdings von anderen beobachtet, bedeutet das merkwürdigerweise, daß andere Menschen die Fähigkeiten des Träumenden nicht anerkennen, gleichgültig wie talentiert der Träumende auch sein mag.

Diamanten

Obwohl Träume von Diamanten auf diverse gewinnträchtige Geschäftsabschlüsse hinweisen, können sie genausogut auf Probleme im privaten Bereich deuten. Seit Jahrhunderten gelten Diamanten als alterslose Symbole der Schönheit, aber sie haben auch eine ernste Seite. Wenn man im Traum einen dieser wertvollen Steine verliert, deutet das auf eine drohende Krankheit hin. Wenn man Diamanten kauft oder verkauft, beschwört das Unglück herauf. Ein Traum, in dem man Diamanten stiehlt, wird auf ganz ähnliche Weise zu finanziellen Schwierigkeiten führen. Eine französische Quelle berichtet darüber hinaus, wenn man im Traum einen Diamanten findet, kündigt das einen guten Liebhaber an!

Diät

Die Sorge um Aussehen und Gewicht ist seit Jahrhunderten ständiger Begleiter von Männern und Frauen, und Träume von der eigenen Figur und von Fettleibigkeit finden sich schon in römischer Zeit und noch früher. Die ersten Dokumente weisen darauf hin, daß ein Traum von einer wohlgerundeten Figur bei einem Mann von angenehmen gesellschaftlichen Verpflichtungen kündet. Bei einer Frau handelt es sich dagegen um einen Gegenteiltraum, denn wenn sie im Traum fett wird, symbolisiert das Glück in der Liebe und eine gute Ehe! Auch im Mittelalter wurde Fettleibigkeit mit Wohlstand gleichgesetzt. Die moderne Forschung hat diese Vorstellungen revidiert, und heute gilt ein Traum, in dem man erfolgreich an Gewicht verliert, als Hinweis auf aufregende Entwicklungen im Liebesleben der Träumenden.

Diebstahl

(→ Einbrecher, Raub)

Die Ägypter glaubten, daß Träume von einem Diebstahl ein besonders schlechtes Zeichen seien, und jeder Mensch von edler Geburt, der im Traum etwas stahl, mußte das als Zeichen seines eigenen Ablebens verstehen. Spätere Fachleute folgten dieser Deutung, erklärten allerdings, die Folge eines solchen Traums wären Pech und der Verlust von Ruf und Ansehen. Im Mittelalter kündete es von einer Beeinträchtigung beruflicher Angelegenheiten, wenn man im Traum Kleider stahl. Viktorianische Kalenderbücher behaupteten, wer im Traum des Diebstahl angeklagt wurde, erhielt dadurch eine Warnung, daß er bei kommenden Aktivitäten mißverstanden würde. Bezichtigte man einen anderen Menschen des Diebstahls, galt das als Warnung vor übereilten Aktionen. Heute sind sich die Fachleute darin einig, daß der Traum zu Vorsicht in finanziellen Angelegenheiten rät – wenn man allerdings beim Stehlen erwischt wird, soll es sich dabei laut einer Reihe von Experten um einen Gegenteiltraum handeln, der in Wirklichkeit großes Glück prophezeit.

Dohle

Die Deutungen eines Traums, in dem es um Dohlen geht, sind merkwürdigerweise gemischt. Seit Jahrhunderten gilt der Vogel in ganz Europa als Symbol von Krankheit und Familienzwist, dennoch kann er auch Glück in der Liebe repräsentieren. Die schlechten Vorzeichen scheinen immer dann gegeben, wenn man den Vogel im Flug sieht. Wenn ein Mädchen eine Dohle fängt, wird sie bald heiraten, und ein Mann dagegen darf erwarten, seine Rivalen in Liebesangelegenheiten auszustechen. Ein französischer Almanach erklärt, wenn man im Traum eine Dohle tötet, wird man Landbesitz erben.

Dorf

Wenn man sich im Traum wieder im Dorf seiner Geburt sieht, gilt das als überaus glückverheißend, und laut ländlichen Kalenderbüchern aus den letzten drei Jahrhunderten kündet ein solcher Traum von guter Gesundheit und einer Reihe angenehmer Überraschungen, insbesondere wenn man alte Freunde wiedersieht. Wenn man in biblischen Zeiten von einem Dorf träumte, prophezeite das für die Lebensumstände des Träumenden eine Wendung zum besseren. Im mittelalterlichen England hielt man ein vernachlässigtes Dorf für ein Symbol der Armut. Merkwürdigerweise galt ein brennendes Dorf als Ankündigung einer Pilgerfahrt. Heutzutage sind sich die Fachleute einig, daß ein Traum von einem ländlichen Dorf berufliche Leistung und einem Dorf an der Küste unerwartete Gewinne symbolisiert.

Dschungel

(→ Forst, Wald)

Sich in einem Dschungel zu verirren ist ein äußerst zermürbender Traum und gilt als Symbol dafür, sich in Finanz- oder Herzensangelegenheiten zu verstricken. Wenn man sich durch dichtes Unterholz kämpft, symbolisiert das ein Ringen mit einem anwachsenden Schuldenberg, erklären europäische Fachleute. Sollten dagegen wilde Tiere den Träumenden bedrohen, ist das ein Zeichen dafür, beim Werben um einen geliebten Menschen einen Rivalen zu haben. Eine amerikanische Quelle behauptet, ein Dschungeltraum sei eine Warnung vor einer unbesonnenen romantischen Liaison, und ein neuer britischer Report meint alternativ dazu, ein solcher Traum verkörpere das »unterbewußte Verlangen, aus der Routine auszubrechen und neue Erfahrungen zu sammeln«.

Dunkelheit

Es ist ein schlechtes Zeichen, wenn man sich im Traum an einem dunklen Ort befindet oder in dunkler Nacht allein ist. Ein solcher Traum weist auf bevorstehende Schwierigkeiten hin, vielleicht weil der Träumende einen guten Rat ignoriert hat. Einige der ältesten Traumbücher erklären, wenn man im Dunkeln fällt oder stolpert, sei das ein Zeichen dafür, daß Veränderungen zum Schlimmeren eintreten. Begegnet man in dieser Situation anderen Menschen, so ist das ein weiterer Hinweis auf Einsamkeit und Schwierigkeiten. Laut europäischen Quellen kündet ein Traum, in dem man im Dunkeln spazierengeht, auf die Wiederentdeckung verlorener Gegenstände, beispielsweise Geld. Wenn man dagegen in der Dunkelheit jemand anderen aus den Augen verliert – zum Beispiel einen Freund oder ein Kind –, wird sowohl zu Hause als auch im Beruf eine Zeit der Angst folgen.

Durchbrennen

(→ Flucht, Weglaufen)

Der Traum, mit einem Angehörigen des anderen Geschlechts durchzubrennen, wurde von vielen Kalenderbuchverfassern im 18. und 19. Jahrhundert aufgegriffen, die sich zweifelsohne darüber freuten, daß er sich als ein Gegenteiltraum erwies. Wenn man vom Durchbrennen träumte, kündete das in Wirklichkeit von einem Problem im Liebesleben des Träumenden: War der Träumende alleinstehend, galt es als Zeichen der Untreue seines Partners, war er verheiratet, so warnte ihn ein solcher Traum vor drohender Bloßstellung. Wenn im Traum der eigene Partner mit einem anderen Menschen weglief, so galt das ebenfalls als Zeichen von Untreue. In einigen Quellen verkörperte dieser Traum jedoch die Flucht vor der Realität, die es erforderlich machte, daß sich der Träumende seinen peinigenden Problemen stellte.

Durst

(→ Trinken)

Griechische Quellen betrachteten Träume, in denen man großen Durst litt, als Zeichen von Unglück: je durstiger der Träumende, desto größer die bevorstehenden Probleme. Im 17. Jahrhundert kündete ein solcher Traum von Reichtümern und Zufriedenheit, während ein Almanach aus dem nachfolgenden Jahrhundert erklärte, daß der Träumende, der seinen Durst nicht stillen konnte, auch nicht in der Lage wäre, seine Pläne zu verwirklichen. Die moderne Forschung ist zu dem Schluß gekommen, daß der Durst ein Symbol für die Fähigkeit des Träumenden ist, sich den Problemen des Lebens zu stellen, und nur wenn er seinen Durst mit großer Entschlossenheit löschen kann, wird er letztendlich erfolgreich sein.

Efeu

Seit dem Mittelalter wird Efeu mit Gesundheit und finanzieller Sicherheit gleichgesetzt – insbesondere wenn sich die Kletterpflanze an einem Haus hochrankt. Wuchert der Efeu wild, hat man viele loyale Freunde, und wenn man sieht, wie sich die Pflanze an einem Baum hinaufschlängelt, steht ein langes und kraftvolles Leben bevor. Im Gegensatz dazu behaupteten einige romantische Kalenderbücher des 19. Jahrhunderts, daß ein Mann, der träumt, im Mondlicht Efeu an einer Mauer hochwachsen zu sehen, schwer unter einer aufgelösten Verlobung zu leiden habe, während eine junge Dame mit demselben Traum erwarten könne, sich häufig heimlich mit Männern zu treffen.

Ehebruch

(→ Eheliche Untreue, Untreue)

Eines der ältesten Themen in der Traumdeutung ist der Ehebruch. Die meisten Experten sind der Ansicht, daß der Traum vom Ehebruch mit der Frau eines anderen Mannes weitreichende Bedeutung hat: Im allgemeinen läuft der Träumende Gefahr, in naher Zukunft dabei ertappt zu werden, eine unrechtmäßige Handlung zu begehen. Wenn man sich im Traum dagegen wehrt, die Ehe zu brechen, so ist das merkwürdigerweise ein Zeichen dafür, daß einige Enttäuschungen bevorstehen – glücklicherweise nur vorübergehend. Ein französischer Almanach des 19. Jahrhunderts riet seinen Lesern und Leserinnen, die im Traum Ehebruch begangen haben, dies als Warnung zu betrachten und ihre innersten Geheimnisse nicht neuen Freunden anzuvertrauen, sonst könnten sie verletzt werden. Dasselbe Buch informierte alleinstehende Frauen, daß sie nach einem solchen Traum bald seltsame, aber vergnügliche Abenteuer erleben würden. In einem neuen amerikanischen Buch zum Thema Traumdeutung steht zu lesen, wenn man im Traum Ehebruch begeht, sei das ein Zeichen hoher Moral, wenn jedoch andere die

Ehe brechen, bedeutet das, daß man mit finanziellen Verlusten zu rechnen hat!

Eheliche Untreue

(→ Ehebruch, Untreue)

Die viktorianischen Traumdeutungsbücher hoben bei ihren weiblichen Leserinnen, die davon träumten, ihr sexuelles Vergnügen außerhalb ihrer Ehe zu suchen, moralisierend den Zeigefinger und bestanden darauf, daß diese Damen bald zur Zielscheibe verächtlicher Kommentare würden. Auch ein Mann mußte damit rechnen, von seinen Freunden geächtet zu werden. Ein weniger strenger Tenor wird in einer neueren amerikanischen Studie angeschlagen, die davon ausgeht, daß der Traum unter Umständen eine genaue Betrachtung des eigenen Lebens sein kann. Es wird allerdings größere Diskretion in der Wahl der Bettgefährten aufgrund der Gefahren durch Sex mit mehrfach wechselnden Partnern empfohlen.

Eiche

Die ersten Traumdeutungen in bezug auf Eichen finden sich in mittelalterlichen Dokumenten aus England, wo dieser Baum Wohlstand und Langlebigkeit symbolisierte. Eichenbäume waren den Druiden heilig, und jahrhundertelang erklärten alte Kalenderbücher, daß Träume von Eichen dem Träumenden mystische Weisheit eröffnen. In neuerer Zeit heißt es in europäischen Quellen, daß ein Traum von Eichen, die voller Eicheln hängen, auf ein Erbe hinweist, herabfallende Eichenblätter stellen den Verlust der Liebe dar, und ein abgestorbener oder umgeknickter Eichenbaum kündet vom Tod eines engen Freundes. Ein britischer Experte schrieb vor kurzem, daß es von emotionaler Sicherheit zeugt, wenn man im Traum Möbel, Türen oder Balken aus Eichenholz sieht.

Eier

Eier sind das Symbol für gute Nachrichten – außer der Träumende läßt ein Ei fallen oder zerbricht es, woraufhin er mit Streitereien oder finanziellen Verlusten rechnen muß. Ungefähr seit dem 14. Jahrhundert gilt es als Prophezeiung von Wohlstand für Männer und vieler glücklicher Liebesbeziehungen für Frauen, wenn man im Traum ein Nest mit Hühnereiern findet. Weiße und braune Eier werden unterschiedlich gedeutet und gelten je nachdem als Boten von guten oder von schlechten Nachrichten. Ißt man im Traum Eier, erfreut man sich bester Gesundheit. Sollten die Eier allerdings faul sein, muß man sich vor Problemen mit Familienangehörigen oder Freunden hüten. Wenn eine Frau träumt, Eier abzukochen, heißt das laut einem amerikanischen Almanach, daß sie zum Mittelpunkt einer Menge böser Klatschgeschichten unter ihren Freundinnen wird. Ein amüsantes Traumdeutungsbuch aus der viktorianischen Zeit fügt hinzu, daß jeder, der im Traum mit Eiern beworfen wird, zu Geld kommt – auch wenn es aus »zweifelhaften Quellen« stammt!

Eifersucht

Die romantischen Kalenderbücher definieren Träume von Eifersucht als schlechtes Omen, und seit dem 17. Jahrhundert künden derartige Träume angeblich von schlechten Nachrichten in bezug auf das Eheleben oder Liebesangelegenheiten. Die Traumdeutung behauptet, wenn ein Ehemann im Traum eifersüchtig auf seine Frau ist, muß er das als Warnung auffassen, in all seinen Angelegenheiten vorsichtig zu sein, wenn dagegen eine Frau einen solchen Traum hat, weist das auf eine Reihe von ärgerlichen Ereignissen hin. Wenn ein Liebender eifersüchtig auf seinen Partner ist, sieht er sich in Liebesdingen einem Rivalen gegenüber. Moderne Forscher erklären darüber hinaus, daß dieser Traum sehr wohl eine Warnung vor allzu großer Zügellosigkeit sein kann.

Einbrecher

(→ Diebstahl, Raub)

Träume von Einbrechern, die in Häuser einsteigen, sind mehrere hundert Jahre alt und wurden anfangs als Warnung vor gefährlichen Feinden verstanden, gegen die man zu kämpfen habe. Die Menschen des viktorianischen Zeitalters glaubten jedoch, derartige Träume seien das Symbol für den geschäftlichen oder den gesellschaftlichen Ruf eines Mannes, der Gefahr lief, durch Sorglosigkeit geschädigt zu werden. Einige moderne Fachleute sind der Ansicht, daß es sich hier in Wirklichkeit um einen Gegenteiltraum handelt: Wenn man im Traum beraubt wird, führt das zu einem Zuwachs an weltlichen Gütern. Andere Experten glauben, dieser Traum habe eine viel einfachere Botschaft: Man solle sich besser um seine Besitztümer kümmern.

Einkommenssteuer

(→ Steuern)

Die Zahlung der Einkommenssteuer wird in der Realität oft genug als Alptraum empfunden, wenn man im Traum dieser Situation tatsächlich einmal gegenübersteht, gibt es dafür mehrere Deutungsmöglichkeiten. In Großbritannien behaupten einige Fachleute, dieser Traum künde vom Ausbleiben einer erwarteten Zahlung. Wenn man in Amerika im Traum absolut nicht in der Lage ist, seine Einkommenssteuer zu zahlen, prophezeit das finanzielle Verluste. Ein französisches Traumdeutungsbuch erklärt leicht ironisch, wenn man im Traum seine Einkommenssteuer zahlt, ist das ein Zeichen dafür, daß man fiese Verwandte hat! In Deutschland dagegen behauptet ein anderer Experte, wenn man im Traum die erfreuliche Erfahrung macht, eine Einkommenssteuerrückerstattung zu erhalten, weist das auf einen großen Geschäftserfolg hin.

Einladung

Im Traum eine Einladung zu erhalten ist ganz und gar nicht das, was es zu sein scheint, denn es kündet laut den meisten Fachleuten von schlechten Nachrichten. Die Europäer glauben, wenn es sich um eine Einladung zu einer Reise handelt, folgt eine Phase der Langeweile, während die Amerikaner die Ansicht vertreten, eine Einladung zu einer Party wird zu Problemen an der Arbeitsstelle führen. Träumt man von der Einladung zu einem Abendessen, folgt eine Zeit mit nur wenigen gesellschaftlichen Verpflichtungen. Wenn man im umgekehrten Fall im Traum einen berühmten Menschen zum Abendessen einlädt, ist das ein Zeichen für finanziellen Gewinn – gemäß einem britischen Almanach. In Amerika führt derselbe Traum zur Lösung eines alten Problems.

Eis

Skandinavische Überlieferungen sind voll von Träumen, in denen es um Eis geht, und zusammen mit einigen anderen Quellen erweisen auch sie sich als Gegenteilträume. Wenn man im Traum beispielsweise aufs Eis geht, ist das ein Hinweis auf eine sichere Zukunft, und durchs Eis zu brechen darf sogar als Versicherung aufgefaßt werden, daß der Träumende sich unnötigerweise um ein momentanes Problem Sorgen macht. Europäische Fachleute akzeptieren diese Interpretation und fügen noch hinzu, wenn man eine große Eisfläche sieht, ist das ein Symbol für gute Geschäftsabschlüsse. Treiben im Traum allerdings Eisstücke auf dem Wasser (darunter fallen auch Eisberge), ist das ein Hinweis darauf, daß einige Pläne des Träumenden durch übelwollende Partner beeinträchtigt werden. Ein amerikanischer Almanach behauptet, wenn jemand im Traum aufs Eis rennt, prophezeit das einen Täuschungsversuch in der Liebe, und ein Traumdeutungsbuch aus der Schweiz meldete jüngst, daß Eislaufen mit einem Partner eine Warnung vor wahllosen sexuellen Beziehungen darstellt.

Eiscreme

Eiscreme zu essen ist ein Vergnügen, und so sind auch Träume davon Boten großen Glücks. Europäische Kalenderbücher behaupten, derartige Träume symbolisieren Erfolg bei jedem Wagnis, das man unternimmt, und amerikanische Quellen fügen hinzu, wenn man im Traum andere Menschen – insbesondere Kinder – Eis essen sieht, zeugt das von Wohlstand und Glück. Eine Frau, die im Traum mit Eiscreme kleckert, darf einen Flirt erwarten. Scheinbar die einzig schlechte Deutung betrifft geschmolzene Eiscreme, die von schleppenden Fortschritten bei einigen heftig ersehnten Vergnügungen kündet.

Eisenbahn

(→ Lokomotive)

Seit dem späten 19. Jahrhundert gilt die Eisenbahn als Symbol von Reisen – und von Glück obendrein. Viktorianische Kalenderbücher erklären, eine Fahrt mit der Eisenbahn symbolisiere aufregende gesellschaftliche Ereignisse in allernächster Zukunft. Läuft man im Traum jedoch an Schienen entlang, so ist das eine eindeutige Warnung, berufliche Erfordernisse nicht zu ignorieren. Anfangs des 20. Jahrhunderts vertrat eine amerikanische Quelle die Ansicht, daß jede Reise mit dem Zug, insbesondere in Begleitung von Kindern, auf eine Phase häuslichen Segens hinweise.

Elefant

Im Osten hält man den Elefanten seit Jahrhunderten für ein Zeichen großen Glücks und Wachstums an Weisheit. In Indien ist man der Ansicht, wenn ein Armer von Elefanten träumt, weist das auf eine wohlhabendere Zukunft, und wenn man sich vorstellt, im Traum auf einem Elefanten zu reiten, kündet das von gesellschaftlicher Wertschätzung. Arbeitselefanten sind ein Zeichen von geschäftlichem Erfolg. Wenn man Elefanten trinken sieht, bedeutet das gemäß indischen Quellen, daß der Träumende von einem einflußreichen

Menschen Hilfe erhalten wird. Eine amerikanische Quelle behauptet, daß Träume von Elefanten in Gefangenschaft Schlechtes verheißen – sie prophezeien Familienstreitigkeiten. Wenn man einen Elefanten im Zirkus sieht, kann das den Tod eines Familienangehörigen ankünden.

Empfang

(→ Bankett, Party)

An einem Empfang teilzunehmen, kann zu einer nervenaufreibenden Erfahrung werden, und die Deutungen eines Traums von einem Empfang sind ebenfalls gemischt. Die frühesten Aufzeichnungen dieses Traums (aus Frankreich) erklärten noch, ein solcher Traum künde einfach von einem »erfreulichen Ereignis«, aber europäische Quellen aus dem 18. Jahrhundert warfen einen Schatten auf diese Sichtweise, indem sie sagten, daß alles Widrige, was auf dem Empfang im Traum geschah, auf drohende gesellschaftliche Probleme hinweist. Ein amerikanischer Experte schreibt, wenn man im Traum einen Empfang gibt, prophezeit das einen gesellschaftlichen Aufstieg, steht man dagegen im Mittelpunkt der Aufmerksamkeit, so ist das eine Warnung vor zuviel Eitelkeit.

Enge

Das Gefühl, sich an einer engen Stelle zu befinden – einer Straße, einer Gebirgsschlucht oder eingeschlossen von Unterholz – wird heute als recht unwillkommener Hindernistraum gesehen. Europäische Quellen betrachten einen solchen Traum als Symbol für den harten Kampf des Träumenden um berufliche oder persönliche Erfolge. Wenn man in dieser Enge andere Menschen trifft, dann wird Erfolg unter größten Anstrengungen möglich. Ein amerikanischer Experte kam vor kurzem zu dem Schluß, daß ein solcher Traum ein Hinweis darauf sein könnte, angesichts bestimmter Ziele allzu ehrgeizig zu sein, und daß es eine gute Idee wäre, sich Hilfe zu suchen.

Engel

Engel und Männer mit Flügeln finden sich in den Träumen der Babylonier ebenso wie in der Bibel, und sie tauchen bis zum heutigen Tag in Träumen auf. Interessanterweise sind weibliche Engel in Träumen praktisch unbekannt. Laut den frühesten Quellen sind Engel ein Symbol der Weisheit und Boten der Inspiration. Im Mittelalter wurden sie als Warnsignal gesehen, schlechte Wege zu meiden, und als Trost für jene, die in ihrem Leben eine Veränderung zum Besseren suchten. In jüngster Zeit steht zu lesen, daß ein Engel Erfolg in der Liebe symbolisiert, mehrere Engel dagegen Wohlstand. Moderne Quellen glauben, daß ein solcher Traum ganz allgemein Glück und Schutz ankündigt, und für fromme Menschen ist er ein Zeichen dafür, daß sie »spirituelle Freunde« haben.

Enten

Ländliche Kalenderbücher wissen schon seit dem 14. Jahrhundert zu berichten, daß Enten im Traum ein gutes Omen sind, insbesondere wenn sie über den Träumenden hinwegfliegen. Für junge Mädchen kündet dieser Traum von einer glücklichen Ehe und Kindern, für Männer von Erfolg bei der Arbeit. Enten auf dem Wasser prophezeien baldige gute Neuigkeiten. Wer im Traum eine Ente erschießt, sollte das nächste Mal, wenn er verreist, besser sehr vorsichtig sein – das Risiko eines Unfalls ist hoch. Sowohl britische als auch amerikanische Traumdeutungsbücher berichten folgendes: Wenn man Enten verspeist, ist das ein Vorgeschmack auf Ruhm und Reichtum.

Entführung

(→ Lösegeld)

Entführungen traten in den letzten Jahrhunderten in ganz Europa vergleichsweise häufig auf, und daher überrascht die Tatsache nicht, daß sie auch in der Traumdeutung ihren festen Platz haben. Frühere Deutungen besagen, ein solcher

Traum sei ein Symbol für den Verlust von Wertgegenständen oder einen unerwarteten Wohnortwechsel; aber heutzutage sind die Fachleute der Ansicht, daß es sich hierbei eher um eine Warnung vor der Art von Menschen handelt, mit denen sich der Träumende umgibt, und vor der Wirkung, die diese Menschen auf sein Leben haben können. Viktorianische Kalenderbücher informierten alleinstehende junge Frauen, die von einer Entführung träumten, daß sie in Gefahr schwebten, kokett zu werden, während eine neue amerikanische Veröffentlichung moderne Singlefrauen wissen läßt, daß sie nach einem solchen Traum bald schwanger werden!

Entkleiden

(→ Nacktheit)

Im Mittelalter galt ein Traum, in dem man sich auszog, als Ankündigung des Besuches eines geliebten Menschen, wenn man sich im Traum jedoch in aller Öffentlichkeit entkleidete, wies das auf Elend und Kummer hin. Die viktorianischen Zeitgenossen waren natürlich höchst moralisierend, was dieses Thema anging: Eine Frau, die sich im Traum auszog, würde zur Zielscheibe »skandalösen Klatsches«, und ein Mann, der im Traum beobachtete, wie sich eine Frau auszog, »wird sich heimlicher Vergnügungen schuldig machen, die als Trauer auf ihn zurückfallen«. Moderne Fachleute weisen diesem Traum weniger sexuelle Implikationen zu. Sie gehen vielmehr davon aus, daß es eine Warnung davor ist, sich neuen Freunden anzuvertrauen, wenn man im Traum sieht, wie sich ein Angehöriger des anderen Geschlechts auszieht. Sowohl bei Männern als auch bei Frauen gilt dieser Traum als Symbol für eine Liebe, die vom Objekt der Zuneigung nicht erwidert wird. In Amerika gilt ein Traum, in dem man sich an einem öffentlichen Ort oder vor anderen Menschen (mit Ausnahme des eigenen Partners oder Liebhabers) auszieht, als Zeichen dafür, daß ein Geheimnis aufgedeckt wird. Ein Almanach aus neuerer Zeit behauptet darüber hinaus, wenn man sich im Traum in einem Hotelzimmer auszieht, weist das auf Zufriedenheit in der Liebe hin.

Erbe

(→ Erbstücke)

Dieser Traum erfährt auf beiden Seiten des Atlantik ganz gegensätzliche Deutungen. Wenn man in Großbritannien im Traum Geld oder Besitz erbt, wird das seit Jahrhunderten als Ankündigung auf ein wirkliches Erbe gesehen, im ganzen Rest von Europa gilt ein solcher Traum als Hinweis darauf, daß sich Pläne verwirklichen werden – wenn auch nicht ganz in dem gewünschten Umfang. In Amerika muß der Träumende dagegen mit einem Todesfall in der Familie rechnen.

Erbsen

In den meisten Ländern werden Erbsen als Symbol guter Gesundheit und Wohlstand betrachtet. Ländliche Kalenderbücher behaupten, wenn man Erbsen pflanzt, ist das ein Zeichen dafür, daß die Pläne des Träumenden wohlbegründet sind und sich verwirklichen werden. Seit dem Mittelalter gilt es in Europa als Zeichen großen Glücks, wenn man von üppigen Erbsenschoten träumt, und wer im Traum Erbsen sammelt und enthülst, wird sich von einer Krankheit erholen. Das gilt jedoch nicht in Amerika, denn dort wird eine Frau, die diesen Traum hat, mit ihrem Partner in der Liebe ganz und gar nicht zufrieden sein! Eine britische Untersuchung hat jüngst erklärt, wenn man im Traum eine Dose Erbsen öffnet, ist das ein Symbol für eine Menge kleinerer Probleme, die auf den Träumenden zukommen.

Erbstücke

(→ Erbe)

Im 17. Jahrhundert gab es die ersten ausführlichen Aufzeichnungen zu Träumen, in denen Erbstücke vorkamen. Gleichzeitig räumte man ein, daß ihre Deutungen gemischt waren.

Ein deutscher Experte behauptete, wenn man ein Erbstück erbte, setzte das den Träumenden der Gefahr aus, alles zu verlieren, was er bereits besaß, außer wenn er seinen Verantwortungen nachkommt. In Amerika hält man einen Traum, in dem man einen Teil des Familienbesitzes erbt, für einen Hinweis auf Familienstreitigkeiten. Der Empfänger läuft darüber hinaus Gefahr, von habsüchtigen Freunden beherrscht zu werden. In Großbritannien betrachtet man diesen Traum heutzutage als Symbol dafür, daß man im Privat- und Berufsleben Respekt erlangen wird.

Erde

Die Erde hatte in der Traumdeutung immer schon eine mütterliche Bedeutung, denn sie bietet nicht nur alles, was die Menschheit zum Überleben braucht, sondern ist auch letzte Ruhestätte. Die Chinesen glaubten, wenn man von der Erde – bedeckt von blühendem Getreide – träume, weise das auf Glück und Wohlstand hin, während in Europa der Anblick gepflügter Erde von einem glücklichen Familienleben und aufgeweckten Kindern kündete. Mehrere britische Quellen geben an, wenn man davon träumt, in der Erde begraben zu werden, ist das ein Zeichen für finanziellen Gewinn. Seit der Antike kommen in der Traumdeutung auch Erdbeben vor. Damals hielt man sie für Prophezeiungen von Aufständen oder Krieg. Heute weisen derartige Träume auf bevorstehende Probleme hin, die sehr wohl eine Veränderung der Umwelt erfordern können. Eine interessante Umfrage aus Amerika hat vor kurzem offengelegt, daß zahlreiche Menschen, die eine Psychoanalyse oder eine therapeutische Behandlung beginnen, zuvor von Erdbeben geträumt hatten.

Erfinder

Seit der industriellen Revolution gilt es als gutes Zeichen, wenn man im Traum ein Erfinder ist oder etwas Neues in Wissenschaft und Technik erfindet. Der Traum symbolisiert große Ambitionen, und selbst wenn man nur träumt, daß andere Menschen etwas erfinden oder man einem wirklichen Erfinder begegnet, weist das immer noch darauf hin, daß man danach strebt, ehrgeizige Pläne zu verwirklichen. Es ist ein besonders gutes Zeichen, wenn man Kinder an einer Erfindung arbeiten sieht, erklärt eine amerikanische Quelle. Die meisten Fachleute, die diesen speziellen Traum erforscht haben, sehen sich jedoch zu der Bemerkung veranlaßt, daß sich nur wenige Menschen an Einzelheiten ihrer »großen Erfindung« erinnern können!

Erkrankung

(→ Krankheiten)

Ein Traum von einer Erkrankung erweist sich wie viele andere häufig mit schlafwandlerischer Sicherheit als wahr. Nicht immer erkrankt der Träumende, selbst wenn er das Gefühl hat, nicht ganz gesund zu sein. Es kann ebensogut jedes enge Familienmitglied treffen. Fachleute haben stets dazu geraten, nach einem solchen Traum einen Arzt aufzusuchen. Dies gilt insbesondere für Frauen, denn die Vorzeichen deuten darauf hin, daß die Erkrankung von tiefen Depressionen begleitet wird. Ein amerikanischer Liebesalmanach behauptete vor kurzem, im Traum zu erkranken, bedeute das Ende einer Liebesaffäre, und wenn man im Traum seinen erkrankten Partner sieht, ist das eine Warnung, »einigen erhofften Vergnügungen nicht vorzugreifen«.

Ernte

Ernteträume mit all ihren Auswirkungen auf die Menschheit sind uralten Ursprungs, und ihre Deutung ist weitestgehend vorhersehbar. Wenn man eine üppige Ernte sieht, weist das auf Wohlstand und Glück hin, während eine weniger gute Ernte Anlaß zur Besorgnis gibt. Seit dem Mittelalter deuteten all jene, die nicht in der Landwirtschaft arbeiteten, solche Träume in bezug auf ihr eigenes Leben um: Sah man im Traum Männer, die die Ernte einbrachten, wies das auf hohe Geschäftsgewinne hin, während eine mäßige Ernte angeblich von Schwierigkeiten in der Liebe kündeten. Heutige Fachleute sind der Ansicht, daß jeder Traum von einer üppigen Ernte die erfolgreiche Verwirklichung langgehegter Pläne darstellt. Eine schlechte Ernte gilt dagegen als Warnung, sich vor Freunden oder Geschäftspartnern zu hüten, die einen nur ausnutzen wollen.

Erregung

Die Fachleute sind geteilter Meinung hinsichtlich Träumen, in denen der Schlafende krankhafte Erregung und ein allgemeines Gefühl der Verlassenheit erlebt. Mehrere Traumdeutungsbücher aus dem 19. Jahrhundert beharren eindringlich darauf, daß das Gefühl von freudiger Erregung auf den Besuch eines lange abwesenden Freundes hinweist. Neuere europäische Quellen glauben, ein solcher Traum sei ein Symbol dafür, daß der Träumende sich in seinem Sexualleben langweilt und etwas tun sollte, um es neu zu beleben.

Ertrinken

(→ Flutwellen)

Das schreckliche Gefühl zu ertrinken kündet im allgemeinen von Verlusten, insbesondere von geschäftlichen. Ertrinkt man nicht selbst, sondern ein anderer, insbesondere der Partner, ist das ein ebenso schlechtes Zeichen, außer der Träumende eilt diesem Menschen zu Hilfe. In diesem Fall kann er dank der Hilfe wichtiger Freunde eine Verbesserung seiner gesellschaftlichen Stellung erwarten. Die amerikanische Traumdeutung erklärt darüber hinaus, wenn man Kinder vor dem Ertrinken rettet, sei das ein Hinweis auf kommenden Wohlstand.

Essen

(→ Mahlzeit, Lebensmittel)

Träume vom Essen sind ebenfalls uralt. Teilt man ein Mahl mit Familienangehörigen, soll das bevorstehende glückliche Zeiten andeuten. In früheren Jahrhunderten hielt man einen Traum, in dem eine Gruppe von Fremden zusammen speist, für die Prophezeiung vom Untergang seiner Feinde. Wer davon träumt, allein zu essen, sollte sich auf eine Phase der Niedergeschlagenheit vorbereiten. Wenn man dagegen zuviel ißt, kündet das (laut der russischen Traumdeutung) von der Entdeckung wertvoller Gegenstände! Sollte die Mahlzeit aus Nahrungsmitteln bestehen, die eindeutig zuzuordnen sind, schlagen Sie bitte die entsprechenden Stichworte in diesem Buch nach. Jede Mahlzeit, die zu einem abrupten Ende gebracht wird, weil der Tisch einfach abgedeckt wird, ist ein Zeichen von Problemen mit Familienangehörigen des Träumenden oder mit Menschen an seiner Arbeitsstelle, die von ihm abhängig sind.

Eule

Die Eule kommt schon in den ersten Aufzeichnungen der Traumdeutung vor und wird seither durchgehend als schlechtes Omen betrachtet. Sie symbolisiert das Nahen des Todes. Wenn man im Mittelalter den schauerlichen Klang einer Eule im Traum hörte, kündete das von Trauer und Unglück, tötete man jedoch den Vogel, versprach das die Erlösung von Sorgen. Spätere Kalenderbücher vertraten die Ansicht, der Vogel symbolisiere schlechte Nachrichten von einem abwesenden Verwandten oder Freund, und wenn man den Schrei einer Eule hörte, müsse man sich vor einem ränkevollen Freund hüten. Heute gilt die Eule immer noch als Traumsymbol der Enttäuschung, außer wenn sie davonfliegt oder vertrieben wird, bevor man erwacht.

Exkremente

(→ Urin)

Seit dem Altertum symbolisieren Exkremente Wohlstand: Das berühmte assyrische Buch der Träume erklärte, wenn man im Traum Fäkalien ißt, künde das von einem künftigen Vermögen; während Artemidor wissen ließ, »sich selbst mit Kot zu verunreinen ist für arme Leute gut und glückhaft«. Römische Quellen glaubten, wenn man von Darmtätigkeiten träumte, würde das den Träumenden von seinen Sorgen befreien; daher stammt auch die Überzeugung manch eines heutigen Experten, daß diese Erfahrung darüber hinaus mit der Befreiung von Hemmungen oder Verdrängungen in Zusammenhang steht. Wenn man im mittelalterlichen Europa im Traum in Exkremente trat, galt das als Prophezeiung, daß man zu Geld kommen würde (und das heißt es noch heute). Litt man dagegen unter Verstopfung, war das eine Warnung vor Habsucht und Dickköpfigkeit. Moderne Quellen sind sich einig, daß die Deutung um so positiver ausfällt, je peinlicher die Situation ist – insbesondere wenn man träumt, seinen Darm im Bett (ein Erbe) oder an einem öffentlichen Ort (finanzieller Geschäftserfolg) zu entleeren.

Explosionen

Von Explosivstoffen oder Explosionen zu träumen, galt jahrhundertelang als Symbol für einen Streit – entweder am Arbeitsplatz oder im Familienleben. Laut einem Almanach aus dem 17. Jahrhundert kündete ein Explosionstraum von einem Skandal, und man mußte viel Feindseligkeit in gesellschaftlichen Kreisen erwarten, wenn man im Traum von der Explosion geschwärzt wurde oder sah, wie sich die Luft mit Rauch füllte. Einhundert Jahre später warnte ein Buch zur Deutung romantischer Träume junge Damen, wenn sie Flammen sahen oder sich in der Nähe einer Explosion aufhielten, drohe ihnen unmittelbar die Gefahr der Verführung. Heute wird der Traum allgemeiner gedeutet als Warnung gegen den Versuch, Streit durch emotionale Reaktionen beizulegen.

Fabrik

Die Menschen des viktorianischen Zeitalters waren fasziniert von Träumen, in denen es um Arbeit ging, insbesondere um die Arbeit in geschäftigen Fabriken, da dies als gutes Vorzeichen galt: Wenn man hart arbeitete, würde man unweigerlich Erfolg haben. In Kalenderbüchern aus dem 19. Jahrhundert hieß es außerdem, daß ein Traum, in dem man eine Fabrik betrat oder sich selbst bei der Arbeit an einem solchen Ort sah, ein Hinweis auf bevorstehende positive Veränderungen war. Ein merkwürdiges deutsches Traumwörterbuch aus dem Jahre 1900 führt sogar die besten Fabriken auf, die man sich im Traum vorstellen kann – metallverarbeitende Betriebe und Bekleidungsfabriken führen diese Liste als Symbole eines langen Lebens an.

Fahnen

Seit dem Mittelalter sind die meisten europäischen und asiatischen Nationen der Ansicht, daß Träume von ihrer Landesfahne von großem Glück und Wohlstand künden, während die Fahnen feindlicher Länder offensichtlich ein schlechtes Zeichen sind. Einfache weiße Fahnen weisen auf Erfolg in persönlichen Angelegenheiten hin. Eine Reihe von viktorianischen Traumdeutungsbüchern prophezeien, daß eine junge Frau, die von einer Fahne träumt, bald von einem Soldaten verführt würde. In neuerer Zeit gelten Flaggen als Symbol von Reisen. Wenn man im Traum allerdings eine Fahne trägt oder hißt, weist das auf größeren Wohlstand und eine Verbesserung des Lebensstandards hin.

Fähre

Es kommt auch heute noch häufig in Träumen vor, daß man einen Fluß an Bord einer Fähre überquert. Die signifikanten Aspekte sind die Breite des Flusses und die Zeit, die für die Überquerung erforderlich ist. Je länger die Überfahrt dauert, desto größer sind die Aussichten des Träumenden auf Erfolg im Leben – solange das Wasser ruhig und klar ist und die Fähre die andere Seite erreicht, bevor der Traum endet. Amerikanische Kalenderbücher berichten, daß man Erfolg in der Liebe erwarten darf, wenn man viele andere Menschen an Bord der Fähre sieht.

Fallen

(→ Abgrund, Loch)

Fallträume sind die häufigsten in aller Welt und stehen symbolisch für einen grundsätzlichen geistigen Kampf, der sich im Leben des Träumenden abspielt. Die Angst kann von beruflichem Versagen bis hin zu sexueller Unzulänglichkeit reichen. Merkwürdigerweise geht man davon aus, daß die Probleme um so eher gelöst werden, je länger der Fall im Traum andauert. Die ältesten Kalenderbücher wissen zu berichten, wenn man von einem hohen Berg fällt, symbolisiert das Pech – außer wenn der Träumende am Ende des Falls unverletzt bleibt – in diesem Fall ist der Rückschlag nur vorübergehend. Wenn man jedoch fällt und sich verletzt, weist das auf wirkliche Schwierigkeiten und den Verlust von Freunden hin. Einige europäische Quellen erklären, wenn man in irgendein Wasser fällt, ist das eine Todesbotschaft, während ein amerikanischer Almanach den Fall von einer Brücke als Warnung vor drohender Geisteskrankheit anführt! Fallen andere Menschen, ist das laut demselben Handbuch ein glücklicheres Zeichen und kündet von einer Beförderung bei der Arbeit.

Fallschirm

(→ Fallen, Flugzeug)

Träume, in denen man mit einem Fallschirm abspringt, wurden in neueren Umfragen mehrmals genannt, und die meisten Fachleute neigen dazu, diesen Traum mit Fallträumen in Verbindung zu bringen. Ein australischer Autor sieht diesen Traum als Warnung vor Extremen, während sein britischer Gegenpart diesen Traum für einen Hinweis darauf hält, daß sich der Träumende mehr anstrengen muß, sonst werden seine Pläne ins Wasser fallen. Gleitet man in Europa sicher an einem Fallschirm zu Boden, kündet das von einem glücklichen Liebesleben, ein schwieriger Absprung weist dagegen darauf hin, daß man von jemandem enttäuscht wird, auf den man sich früher verlassen konnte. Eine interessante amerikanische Quelle erklärte vor kurzem, daß ein Traum, in dem man eine ganze Gruppe von Menschen an Fallschirmen abspringen sieht, von einer Vergrößerung der Familie kündet.

Falten

Mehrere Traumdeutungsbücher aus dem 18. Jahrhundert bestätigen, was man für eine viel ältere Deutung hält: daß nämlich Träume von Falten im Gesicht Zeichen eines langen und reichen Lebens sind. Junge Menschen, die im Traum Falten haben, werden vor Eitelkeit gewarnt, obwohl dies bei Männern auch von geschäftlichen Verlusten künden kann, weil sie Einzelheiten nicht genügend Aufmerksamkeit schenken. Die Fachleute von heute sind der Ansicht, daß jeder Faltentraum in Wirklichkeit auf ein besseres gesellschaftliches Leben hinweist. Der Träumende wird sachte daran erinnert, daß Schönheit nur oberflächlich ist – in Wirklichkeit kommt es auf den Geist an, denn nur dieser zieht Freundschaft an.

Familie

Jeder, der von seiner Familie träumt, darf das für ein gutes Omen halten: Es weist auf eine glückliche Zeit für alle Familienangehörigen hin – und auf hervorragende Gesundheit. Natürlich ist genau das Umgekehrte der Fall, wenn einige Familienangehörige krank oder streitsüchtig erscheinen. Laut einem neueren britischen Almanach ist es vielleicht der befriedigendste aller Träume, wenn man von der Wiedervereinigung seiner Familie träumt, da er symbolisiert, daß der Träumende mehr geliebt wird, als er annimmt.

Faulheit

Es kann zwar recht angenehm sein, im Traum faul zu sein, aber die seit dem Mittelalter verzeichnete Deutung weist auf verschiedene Probleme hin. Wenn man im Traum beispielsweise seine Arbeit oder seine häuslichen Verpflichtungen vernachlässigt, wird das zu Streit in der Familie führen. Hat man dagegen im Traum das Gefühl, der Partner sei faul, symbolisiert das Feindseligkeit eines Dritten. Eine kuriose viktorianische Quelle ließ ihre weiblichen Leserinnen wissen, wenn ein Mädchen träumte, ihr Liebster sei faul, »wird sie kein Glück darin haben, sich die Bewunderung von Männern zu sichern, denn ihre Taten werden all jene entmutigen, die es ernst meinen und sie heiraten wollen«! Ein gleichermaßen merkwürdiger amerikanischer Almanach behauptet, wenn man von faulen Kindern träumt, garantiere das eine Ehe mit einem wohlhabenden Menschen!

Federkiel

(→ Schreiben)

Trotz der Tatsache, daß es sehr mühsam ist, mit einem Federkiel zu schreiben, wurde dieses Schreibwerkzeug zum Symbol »blühenden Handels«, um einen 350 Jahre alten Traumalmanach zu zitieren, der die Ansicht vertrat, ein Federkiel stelle Wohlstand und Erfolg dar. Viktorianische Quellen behaupteten, wenn man von einem Federkiel träumte, künde das jenen, die danach strebten, literarische Erfolge an, während eine junge Frau, die eine Feder auf ihrem Hut trug, eine ganze Armee von Bewunderern bezaubern würde. Moderne Fachleute ziehen die Deutung vor, daß es zu Glück führt, wenn man eine Feder ausrupft oder mit einem Federkiel schreibt – denn man wird wichtige Informationen erhalten.

Feind

Die alten Wahrsager pflegten Könige und Edelmänner zu trösten und zu ermutigen, die einen lebhaften Traum von ihren Feinden hatten, indem sie ihnen sagten, die Vorzeichen stünden günstig – sie könnten sich jetzt vollkommen auf ihr Glück verlassen. Seit neuerem behauptet die Traumforschung, je stärker der Träumende angegriffen oder von einem Feind verleumdet wird, desto größer wird sein Erfolg bei der Arbeit sein. Wenn man einen Feind überlistet, wird man aus einem Rechtsstreit als Sieger hervorgehen. Träumt man von einem ganz bestimmten Menschen, den man für seinen Feind hält, ist das ein klarer Hinweis darauf, daß man loyale Freunde hat, auf die man sich verlassen kann.

Felsen

(→ Berg, Gebirge)

Der Traum von einem Felsen ist ein in ganz Europa bekannter, klassischer Hindernistraum, der Schwierigkeiten und harte Arbeit symbolisiert. In früheren Zeiten galten Felsen als ein Hinweis auf Feinde, und wenn man diese Hindernisse nicht übersteigen oder entfernen konnte, dann war das Leben des Träumenden in Gefahr. Im 18. Jahrhundert kündete es von Enttäuschung in häuslichen Angelegenheiten, wenn man einen steilen Felsen erklomm; hatte man dagegen Schwierigkeiten beim Abstieg, prophezeite das den Tod eines Freundes. Moderne Quellen sind sich einig, daß Lebensveränderungen bevorstehen, wenn man von einer Felslawine träumt. Ein solcher Traum ruft den Träumenden ganz allgemein dazu auf, sich von Hindernissen nicht abschrecken zu lassen.

Fenster

Frühere Generationen hatten ein großes Interesse an Träumen von Fenstern. Offene Fenster galten als Einlaß für ein besseres Leben und geschlossene als Barriere aufgrund von Enttäuschung und Versagen. Frühe Quellen hielten einen Traum von einem weit geöffneten Fenster für einen Hinweis auf Erfolg, während ein geschlossenes oder zerbrochenes Fenster davon kündete, daß der Träumende von Familienangehörigen oder Freunden verlassen wird. Ein europäischer Experte aus dem 18. Jahrhundert erklärte, ein Traum, in dem man an einem Fenster sitzt, sei eine Warnung vor törichten Taten; wenn man dagegen andere Menschen am Fenster sitzen sah, würde das zu einem Familienstreit führen, wahrscheinlich über finanzielle Dinge. Moderne Quellen sind der Ansicht, daß man sich nach Führung sehnt, wenn man im Traum durch ein Fenster starrt. Springt man aus einem Fenster, will man unbedingt eine Lösung für ein Problem finden!

Ferien

(→ Camping)

Ein Unterschied zwischen Ferien und einer Reise wird in der Traumdeutung erst seit diesem Jahrhundert gemacht. Die Fachleute glauben, wenn man sich im Traum in den Ferien befindet, so wird man interessante Fremde treffen, deren Gesellschaft man genießt. Eine britische Quelle erklärt, der Traum sei in Wirklichkeit eine Aufforderung, härter zu arbeiten, um anstehende Ziele zu erreichen. Ein deutscher Almanach vertritt die Ansicht, daß eine junge Frau, die im Traum ihre Ferien nicht genießt, »sich insgeheim Sorgen macht, ihren Liebsten an eine andere Frau zu verlieren«.

Ferne

Wenn man im Traum weit von zu Hause oder von den wichtigen Menschen in seinem Leben entfernt ist, wird das meist so interpretiert, daß der Träumende sich auf eine lange Reise machen wird, von der er momentan noch keine Ahnung hat. Die amerikanische Traumdeutung neigt zu der Ansicht, ein solcher Traum sei eine Warnung vor bevorstehenden Enttäuschungen; insbesondere könne man unter den Einfluß von Fremden geraten, die eine nachteilige Wirkung auf den Träumenden haben. Seit dem Mittelalter erklären europäische Jahrbücher, wenn Ehemänner und -frauen ihren Partner aus der Ferne sehen, sei das ein Symbol für die Untreue des anderen.

Fernsehen

(→ Kino)

Das Fernsehen ist nicht nur ein Bestandteil unseres Alltags geworden, es kommt auch immer häufiger in unseren Träumen vor. Die Forschung zeigt, daß das, was man auf dem Bildschirm sieht, entscheidend für die Deutung ist, obwohl die durch das Geschehen auf dem Bildschirm hervorgerufenen Gefühle des Glücks oder der Trauer ebenfalls eine wichtige Rolle spielen. Weil das Fernsehen einen so großen Einfluß auf moderne Einstellungen und Überzeugungen hat, sind sich die Fachleute einig, daß es als Traumsymbol eine Warnung darstellt, sich von anderen Menschen nicht allzu sehr beeinflussen zu lassen.

Feuer

Die uralten Orakel hielten das Feuer für das Symbol einer gewaltigen Kraft, die nur unter Schwierigkeiten gemeistert werden konnte, und sie brachten das Feuer in Zusammenhang mit Liebe, Leidenschaft und Sexualität. Der Schlüssel für Feuerträume liegt jedoch darin, ob der Träumende den Eindruck hat, sich zu verbrennen. Sieht man ein Feuer nur von fern, kündet das von guten Neuigkeiten; wird man dagegen von einem Feuer versengt, stehen Schwierigkeiten ins Haus. Seit mehreren Jahrhunderten erklären europäische Kalenderbücher, wenn man im Traum ein brennendes Gebäude sehen würde, sei das ein gutes Zeichen, selbst wenn das Gebäude mit dem Leben des Träumenden in enger Verbindung steht. Steht das Haus des Träumenden in Flammen, weist das beispielsweise auf ein glückliches Familienleben hin. Brennt ein Laden oder ein Büro lichterloh, symbolisiert das berufliche Erfolge. Eine Reihe von Traumdeutungsbüchern erklärt darüber hinaus, wenn man im Traum ein Feuer schürt, ist das ein Zeichen einer neuen Liebesbeziehung. Ein Feuer, das außer Kontrolle gerät, fordert nachdrücklich dazu auf, das eigene Temperament unter Kontrolle zu halten. Eine amerikanische Quelle fügt hinzu, wenn der Träumende ein Feuer entzündet, darf er erwarten, verführt zu werden!

Finger

(→ Hände)

Die Römer waren die ersten, die glaubten, wenn man von schönen Händen träumte, sei das ein gutes Omen – man liebte und wurde geliebt. Blutige oder auf irgendeine Weise verletzte Hände künden von Schwierigkeiten und Leid. Wenn man einen Finger verliert, weist das auf einen Verlust von Geld hin. Seit dem 15. Jahrhundert sind Träume bekannt, in denen mit einem Finger auf irgend etwas gezeigt wird – derlei Träume prophezeien einen Wohnortwechsel. Lange Finger sind Zeichen einer kurzen Ehe, heißt es in einer Anzahl europäischer Quellen, und kurze Finger künden auf ein bevorstehendes Erbe an. In Australien gilt jeder Traum, in dem eine Hand mit weniger als fünf Fingern vorkommt, als Symbol von Freude und Liebe.

Fische

Die alten Babylonier träumten viel von Fischen und hielten ihre Form für ein Phallussymbol. Seit Beginn des christlichen Zeitalters gelten Fische als religiöses Symbol und Fischträume künden von großem Glück, wenn der Fisch in klarem Wasser schwimmt. Höchstwahrscheinlich steht dann eine Reise bevor. Wenn man im Traum einen Fisch fängt, weist das darauf hin, daß man von seiner Familie und seinen Freunden geliebt wird. Tote Fische sind laut späteren europäischen Quellen ein Zeichen für Ernüchterung und Enttäuschung im beruflichen Umfeld. Wenn man in Großbritannien träumt, Fisch zu essen, gilt das als ein Zeichen, daß sich gegenwärtige Pläne erfolgreich verwirklichen werden. Allgemein gesagt symbolisiert der Fisch einen gesunden, fröhlichen Geisteszustand.

Fitneß

(→ Sport)

Träume von aktiver körperlicher Fitneß sind nicht nur ein Phänomen des modernen gesundheitsbewußten Zeitalters. Traumdeutungsbücher, die vor über 300 Jahren erschienen sind, führen dieses Motiv ebenfalls auf. Anstrengendes körperliches Training wird als Zeichen von Wohlbefinden gewertet, insbesondere wenn man es an der Seite eines Partners oder Familienangehörigen durchführt. Wenn das Fitneßtraining den Träumenden noch vor dem Aufwachen erschöpft, läßt das – laut den meisten Kalenderbüchern – für die Zukunft auf viele gesellschaftliche Aktivitäten schließen. In Amerika wird der müde Träumende gewarnt, vor finanziellen Verlusten auf der Hut zu sein, wenn andere im Traum jedoch erschöpfter scheinen, dann löst sich ein schwieriges Problem in Wohlgefallen auf.

Flicken

(→ Lumpen, Stopfen)

Träume von Flickenkleidern gibt es seit annähernd fünf Jahrhunderten, und die Fachleute sind sich einig, daß es sich hierbei um einen Gegenteiltraum handelt: Je mehr Flicken, desto besser sieht die Zukunft aus. Wenn man im Traum Kinderkleidung flickt, soll das vor Krankheit warnen, während eine junge Frau, die von Flicken auf ihrem Kleid träumt, etwas vor ihrem Liebsten verbirgt. Eine Menge leuchtend bunter Flikken sind laut einer neueren britischen Quelle eine Ermutigung zu Spekulation oder Spiel. Dieselbe Quelle fügt noch hinzu, wenn man im Traum jemanden mit einer Augenbinde sieht, künde das von einem ungewöhnlichen sexuellen Erlebnis!

Fliegen

Überraschend häufig kommen Fliegen in Träumen vor. Diese weltweit verabscheuten Insekten hält man heute für das Symbol von Krankheiten und rät zu einer ärztlichen Untersuchung. Seit Jahrhunderten gelten Fliegen als Omen von Krankheit und Ansteckung und ebenso als mögliche Warnung vor Feinden, die den Träumenden bald umgeben werden. In Amerika muß man beim Anblick eines Fliegenschwarms im Traum in Kürze mit lästigen Ärgernissen rechnen. Die Franzosen behaupten, daß auf eine Frau, die von Fliegen träumt, eine Zeit des Unglücks wartet. Fliegen im Traum zu töten, kann glücklicherweise einige dieser Konsequenzen lindern, erklärt eine britische Quelle.

Fliegen

(→ Flugzeug)

Träume, in denen man fliegt, kommen überall und oft vor. Obwohl Freud ihre Bedeutung rein sexuell erklärt hat (das Verlangen nach größerem sexuellen Stehvermögen), sind andere Fachleute der Ansicht, daß Flugträume die Sehnsucht nach Freiheit und Überlegenheit symbolisieren. Die Babylonier behaupteten, der Träumende würde dadurch vor Unwegbarkeiten in seinem Leben gewarnt, während die Römer diesen Traum als Garantie sahen, daß der Träumende über andere, einfachere Männer und Frauen aufsteigen würde. Im wesentlichen stellt der Traum jedoch den grundlegenden Ehrgeiz des Träumenden dar, und wenn der Flug ihn ständig auf mittlerer Höhe hält, kann er erwarten, seine Ziele ohne allzu große Hindernisse zu erreichen. Ein ermüdender Flug, der ständig weiter nach oben führt, ist im Gegensatz dazu eine Warnung, daß man seine Ziele wahrscheinlich zu hoch angesetzt hat und sie neu abgesteckt werden müssen. Einige moderne Fachleute glauben, daß der Traum auch die Folge einer konkreten Leistung sein kann, die dem Schlafenden ein gutes Gefühl der Erregung und Stimulation vermittelt hat.

Flotte

(→ Schiffe)

Maritime Kalenderbücher erklären seit Jahrhunderten, wenn man von einer Schiffsflotte auf hoher See träumt, ist das ein Zeichen dafür, daß ein Brief von einem geliebten Menschen zu erwarten ist, der sich allerdings nicht unbedingt auf See befinden muß. Eine außergewöhnliche deutsche Quelle aus dem 18. Jahrhundert behauptete, wenn man eine große Flotte unter Segel sähe, künde das von drastischen Veränderungen im Beruf. Eine neuere amerikanische Veröffentlichung schreibt dem eine ganz andere Deutung zu: Der Träumende wird von dem Menschen, den er liebt, hintergangen! Unter allen seefahrenden Nationen gelten Träume von Fischereiflotten als gutes Omen, obwohl Vorsicht in familiären Beziehungen angeraten wird, insbesondere wenn die Fischer bei schlechtem Wetter hinausfahren.

Flucht

(→ Durchbrennen, Weglaufen)

Träume von einer Flucht vor Unfällen, Inhaftierung oder Schwierigkeiten sind fast so alt wie die Menschheit und wurden stets günstig gedeutet. Wenn man einer Verletzung entgeht, garantiert das ein glückliches Leben. Jeder Art von Gefängnis zu entfliehen, deutet auf einen raschen Zuwachs im Geschäft, und wenn man im Traum Schwierigkeiten vermeiden kann, ist Erfolg in persönlichen Angelegenheiten sicher. Zahlreiche Traumdeutungsbücher haben großen Wert darauf gelegt, vor Feuer oder Wasserschäden zu fliehen. Die Flucht vor einem Angriff, insbesondere durch Tiere, gilt als Warnung vor den Plänen anderer, den Träumenden zu verleumden und zu hintergehen. Ein neuerer britischer Almanach versicherte seinen Lesern und Leserinnen, daß derartige Träume nur ein Symbol für einen Mangel an Selbstvertrauen sind. Eine ähnliche amerikanische Veröffentlichung erklärt, daß jeder Traum, in dem Verwandte oder Freunde nicht in der Lage sind, vor einer Gefahr zu fliehen, finanziellen Gewinn verspricht!

Flugzeug

(→ Fliegen)

Phallische Interpretationen werden dem Flugzeug von einer Anzahl moderner Traumdeuter zugesprochen: seine langgestreckte Form symbolisiert eine Erektion, und die Tatsache, daß es hohl ist und sich bewegungslose Passagieren in seinem Innern befinden, verleiht dem Ganzen auch eine weibliche Komponente. Das Flugzeug ist durch und durch ein Bild des 20. Jahrhunderts und wird im allgemeinen für ein Vorzeichen schnellen Erfolges gehalten. Doch da es die

Kraft besitzt, die Erde zu verlassen – wenn auch ständig in der Gefahr, abzustürzen –, warnt es den Träumenden, im Alltagsleben keine unnötigen Risiken einzugehen. Sitzt man im Traum am Steuerknüppel eines Flugzeugs, soll das von einer besonderen Leistung im Leben künden. Wer im Traum aus einem fliegenden Flugzeug fällt oder mit dem Fallschirm abspringt, muß mit zeitweiligen Problemen rechnen. Wenn man als Passagier im Flugzeug sitzt, deutet das darauf hin, daß Nachrichten aus weiter Ferne bevorstehen, und jeder Flug, der offensichtlich bei schlechtem Wetter durchgeführt wird, sollte nicht als lebensbedrohliches Signal angesehen werden, sondern eher als ein Zeichen für einen geschäftlichen Rückschlag.

Flur

Die langen und gewundenen Gänge alter Burgen und Schlösser inspirierten zu diesem Traum, den man im allgemeinen für ein Vorzeichen von Schwierigkeiten hält. Je länger der Flur, desto schwieriger sind die bevorstehenden Probleme. Wenn die Flure allerdings hoch und schön dekoriert sind, wird es schließlich eine Veränderung zum Besseren geben. Amerikanische Quellen fügen hinzu, wenn der Träumende im Flur einen Fremden trifft, sollte er sich vor dem trügerischen Rat angeblicher Freunde hüten.

Fluß

(→ Strom)

Flüsse sind wie das Leben: Sie folgen ihrem eigenen Lauf, und die vielen verschiedenen Bilder und Eindrücke, die man von ihnen im Traum sieht, ähneln den Wechselfällen des Schicksals. In altägyptischen und arabischen Traumbüchern galt der Fluß stets als direkte Entsprechung: je größer der Fluß, desto bedeutender das Schicksal des Träumenden. Die Römer fügten noch hinzu, daß ein klarer, sanft fließender Fluß Wohlstand und Glück in Familienangelegenheiten symbolisiert. Ein schlammiger Fluß oder ein Flußabschnitt mit starker Strömung weist auf kleinliche Eifersüchteleien beziehungsweise auf Streit hin. Europäische Fachleute sind der Ansicht, wenn man im Traum in einen Fluß fällt, ist das eine Warnung vor übereilten Aktionen. Geht man dagegen an einem Flußufer spazieren, so spricht das für eine erfreuliche Zukunft. In Amerika soll ein Fluß, der über die Ufer getreten ist, auf gerichtliche Klagen hindeuten, ein Bach dagegen ist das Symbol für Geldverschwendung, und wenn man im Traum in einem Fluß angelt, kündet das von einer Veränderung der Umwelt. Eine moderne britische Quelle behauptet darüber hinaus, bei diesem Traum lasse sich der Träumende im Leben einfach treiben, wo doch nur ernsthafte Anstrengungen lohnenden und dauerhaften Erfolg erzielen.

Flutwelle

(→ Ertrinken)

Fachleute sind sich hinsichtlich der Bedeutung eines Traums, in dem Flutwellen auftreten, keineswegs einig. Bis zum letzten Jahrhundert waren die meisten Traumdeuter zweifelsohne davon überzeugt, derlei Träume würden schlechte Gesundheit und Unglück voraussagen. Heute vertreten viele Fachleute die Ansicht, daß sich der Träumende in seinem späteren Leben großen Glücks erfreuen wird. In Amerika hält man Träume von Flutwellen für einen Hinweis darauf, daß die Sorgen des Träumenden fortgespült werden, während ihre Deutung in Europa besagt, daß dem Träumenden einige Probleme bevorstehen, jedoch keine, die nicht mit Entschlossenheit überwunden werden könnten. Ein französischer Almanach fügt hinzu, wenn der Träumende von der Flutwelle weggeschwemmt wird, ist das ein Zeichen dafür, daß er von seinem Partner hintergangen wird.

Forschungsreisen

(→ Abenteuer)

Die meisten Fachleute sind sich einig, daß es ein ziemlich eindeutiges Zeichen dafür ist, in naher Zukunft eine wichtige Reise zu unternehmen, wenn man sich im Traum auf eine Forschungsreise begibt. Scheitert man auf dieser Forschungsreise jedoch auf irgendeine Art und Weise, muß mit Problemen bei der Arbeit gerechnet werden. Wenn man im Traum andere Menschen als Forscher sieht, brodeln in der Familie unterschwellig Streitigkeiten. Trifft man im Traum einen bekannten Forschungsreisenden, wird das interessanterweise damit erklärt, daß der Träumende mehrere unzuverlässige Freunde hat.

Forst

(→ Dschungel, Wald)

Waldungen und Gehölze kommen in der Traumdeutung seit dem Mittelalter vor und werden allgemein als gutes Omen betrachtet. Mehrere europäische Kalenderbücher erklären, wenn man sich allein in einem Forst befindet, ist das ein gutes Zeichen für das gesellschaftliche Leben des Träumenden; verspürt man dabei allerdings Angst, weist das darauf hin, daß man von einem Menschen, der einem nahesteht, enttäuscht wird. Amerikanische Quellen behaupten, wenn die Bäume alle groß und mächtig sind, dann steht geschäftlicher Erfolg ins Haus. Wer sich im Traum in einem Forst versteckt, geht seinen Problemen aus dem Weg. Verdrehterweise sind sich alle Fachleute darin einig, daß gute Neuigkeiten bevorstehen, wenn man von einem lichterloh brennenden Gehölz träumt.

Fotografie

Obwohl die Fotografie erst Anfang des 19. Jahrhunderts erfunden wurde, gibt es bereits zahlreiche Meinungen zu Träumen mit diesem Thema. Vor einhundert Jahren galt der Traum von einer Fotografie als »Zeichen drohender Täuschung«, während der Träumende, der im Traum fotografiert wurde, »damit rechnen muß, daß er sich und anderen unabsichtlich Schwierigkeiten bereitet«. Eine amerikanische Quelle erklärte vor kurzem, wenn man sich im Traum ein Foto ansieht, kündet das von der Wiederauffrischung einer alten Freundschaft, schießt man jedoch ein Foto, ist das eine Warnung vor Spekulationen. Eine britische Quelle fügt noch hinzu, wenn der Träumende das Gesicht auf dem Foto nicht zuordnen kann, dann wird er diesem Menschen bald im wirklichen Leben begegnen!

Fragen

Im Traum Fragen zu beantworten ist ein Zeichen von großem Glück – solange die Antworten richtig sind. Wenn sie ständig falsch ausfallen, ist das ein Symbol für das Scheitern angesichts der Aufgabe, sich den Herausforderungen des Lebens zu stellen. In viktorianischen Kalenderbüchern heißt es, wenn man im Traum den Sinn bestimmter Dinge hinterfragt, weist das auf Unzufriedenheit mit der Arbeit hin oder auf das Gefühl, in der Liebe von einem Angehörigen des anderen Geschlechts hintergangen zu werden. Dieselben Quellen erklären, wenn man im Traum ständig etwas gefragt wird, ist das eine Warnung vor den hinterlistigen Kniffen seiner Geschäftspartner. Die erfreulichste Deutung betrifft Kinder, denn wenn sie den Träumenden ausfragen, wird er gute Nachrichten erhalten.

Frauen

(→ Mädchen)

Frühe Fachleute erklärten nicht unumstritten, wenn man von einer Frau träumt, sei das ein Symbol für Eifersucht und Intrige, und wenn man eine Gruppe von Frauen zusammensieht, symbolisiere das Hinterlist und Betrug! Lange vor dem Mittelalter jedoch wurde diese Deutung verworfen, und Frauen im Traum kündeten seitdem von Sicherheit in der Liebe. Wenn man eine nackte Frau sah, prophezeite das großes

Glück. Irgendwann im 16. Jahrhundert wurden Blondinen als Symbol für langes Leben eingeführt, während Brünette von Ehre und Wohlstand kündeten. Spätere Kalenderbücher fügten hinzu, daß eine schwangere Frau finanzielle Gewinne repräsentierte und tanzende Frauen eine Krankheit ankündigten. Eine Frau, deren Haare bis zu ihren Knöcheln reichten, symbolisierte Ehebruch. Heute sind die Experten der Ansicht, daß die Umgebung der Frau (beziehungsweise der Frauen) für die Deutung des Traums entscheidend ist – und sollte sie etwas sagen, sind ihre Worte noch wichtiger.

Freunde

Träume von Freunden gehören zu den geradlinigsten: Wenn die Freunde fröhlich und bei guter Gesundheit sind, dann darf man angenehme Neuigkeiten und glückliche Zeiten erwarten. Wenn die Freunde im Traum allerdings krank oder in Schwierigkeiten sind, dann ist das nach Ansicht aller Fachleute ein schlechtes Vorzeichen, das von Krankheit in der Familie des Träumenden kündet. Die meisten Quellen besagen auch, wenn man von einem Freund träumt, der sich im Ausland aufhält, oder von dem man lange Zeit nichts gehört hat, dann prophezeit das die Ankunft von Nachrichten über diesen Freund, deren Deutung von den Umständen abhängt, unter denen er gesehen wurde.

Friedhof

(→ Beerdigung, Grab, Gruft, Lebendig begraben sein, Leichenbestatter, Leichenwagen)

Die Vorzeichen bei Träumen von einem Friedhof sind nicht so schlecht, wie man das vielleicht erwarten würde, denn sie symbolisieren nicht Tod, sondern eine Bindung an die Vergangenheit. Tatsächlich gibt es mehrere alte Traumbücher, die behaupten, der Träumende würde nach einem solchen Traum unerwartete Neuigkeiten von jemandem erhalten, den er für tot gehalten habe. Im allgemeinen ist ein ordentlicher und gepflegter Friedhof ein Hinweis auf künftigen Wohlstand, insbesondere, wenn Kinder in der Nähe gesehen werden. Ein vernachlässigter Friedhof ist eine Aufforderung, sich mehr um persönliche und geschäftliche Angelegenheiten zu kümmern, sonst kann man in eine lebensgefährliche Situation geraten. Ein englischer Almanach fügt hinzu, wenn eine Frau im Traum Blumen auf einen Friedhof bringt, ist das ein gutes Zeichen, denn sie darf Gesundheit für ihre Familie erwarten.

Fronarbeit

(→ Arbeit)

Die Erbauer der mächtigen Pyramiden, die alten Ägypter, berichteten als erste davon, in ihren Träumen Männer bei der Fronarbeit gesehen zu haben, und sie behaupteten, die Vorzeichen seien gut. Wenn man träumt, wie andere schwer und hart arbeiten, ist das ein Hinweis auf erfolgreiche Leistungen und robuste Gesundheit! Es gibt jedoch bis ins 16. Jahrhundert keine Erwähnung von Träumen, in denen der Schlafende *sich selbst* bei der Fron sieht, und damals hielt man solche Träume für die Prophezeiung günstiger Ergebnisse bei allem, was man sich vornahm. Bei Bauern deutete dieser Traum auf eine gute Ernte hin. Die Menschen im viktorianischen England behaupteten, wenn man von Tieren bei der Arbeit träume, sei das ein Zeichen von Wohlstand, allerdings auf Kosten möglicher Angestellter. Wenn man dagegen in Europa Arbeiter müßig oder streitend herumstehen sah, kündete das von emotionaler Unruhe beim Träumenden.

Frösche

Frösche hält man in der heutigen Traumdeutung für Vorzeichen großen Glücks und für ein Symbol von Erfolg in Geschäften und Liebesbeziehungen. Einige viktorianische Kalenderbücher vertraten jedoch die Ansicht, Frösche in einem Sumpf künden von zunehmenden Problemen, und wenn man sogar einen finge, sei man in Fragen der Gesundheit sorglos. Im Gegensatz dazu glauben moderne Fachleute, daß Frösche gute Freunde symbolisieren und demzufolge auch persönliche Zufriedenheit. In Amerika wird eine Frau, die einen Ochsenfrosch sieht, einen wohlhabenden Mann ehelichen, und wenn man Frösche im Wasser schwimmen sieht, ist ein Geldgeschenk zu erwarten. Es überrascht auch nicht, daß die Franzosen behaupten, wer im Traum Froschschenkel verzehrt, wird wohlhabend werden!

Fuchs

Der Fuchs ist ein eindringliches Traumbild, und seit Jahrhunderten ist klar, was es bedeutet, wenn man im Traum einen Fuchs sieht: Er ist ein Symbol der Gefahr in Form eines Feindes oder Rivalen, den man wachsam im Auge behalten sollte. Seit kurzem symbolisiert das Tier angeblich, daß jemand versucht, den Träumenden auszutricksen, und nur durch Ehrlichkeit können diese Pläne vereitelt werden. Einige europäische Kalenderbücher behaupten, wenn man im Traum einen Fuchs jagt, heißt das, daß man in zweifelhafte Geschäfte oder eine riskante Liebesaffäre verwickelt ist. Wenn man sieht, wie ein Fuchs getötet wird, gilt das allgemein als Hinweis auf Erfolg in allen Unternehmungen.

Furt

Die Furt beziehungsweise eine seichte Stelle im Fluß ist ein häufiges Traumbild, das es seit dem Altertum gibt und das angeblich Veränderung symbolisieren soll. Der Traum tritt unweigerlich in entscheidenden Momenten im Leben des Träumenden auf: wenn er vor der Wahl steht, entweder die eine oder die andere Richtung einzuschlagen. Die Fachleute sind sich einig, daß die tiefere Bedeutung nur offengelegt werden kann, wenn man sich daran erinnert, was sich im Traum zu beiden Seiten der Furt am Flußufer befand, auf welche Weise der Fluß überquert wurde und ob das Wasser tief oder seicht war.

Fußball

Den Fußballtraum gibt es erst seit relativ kurzer Zeit, insbesondere in Großbritannien und Europa. Über ihn sind unterschiedliche Deutungen in Umlauf. Sieht man sich im Traum als Zuschauer bei einem Fußballspiel, wird das allgemein als Warnung davor gesehen, daß man zu negativ über sein Leben denkt, aber auch, daß man vorsichtig sein soll, wenn man neue Freundschaften schließt. Träumt man umgekehrt davon, selbst Fußball zu spielen, verspricht das Erfolg in geschäftlichen Unternehmungen, und wenn man ein Tor schießt, kündet das von einem unverhofften Geldsegen. Seltsamerweise behauptet ein deutsches Traumdeutungsbuch, daß man sich auf ein langes Leben freuen darf, wenn man im Traum ein offenes Tor verpaßt!

Füße

(→ Beine)

Die Menschen im viktorianischen Zeitalter glaubten, wenn man von seinen eigenen Füßen träume, sei das ein Zeichen der Verzweiflung. Moderne Fachleute fassen dagegen die ganze Bandbreite von Träumen über Füße als Warnung an die Beteiligten zusammen und raten, aufmerksam zu verfolgen, wohin man durch seine schlechten Gewohnheiten im Traum getragen wird! Im Mittelalter symbolisierte ein Traum von nackten Füßen Intimität mit dem anderen Geschlecht, und Füße, die gewaschen wurden, stellten einen Sieg über die Angst in Aussicht. Träume, in denen Füße verletzt werden, sind eine Ankündigung von Schwierigkeiten demütigender Natur, obwohl seit den letzten beiden Jahrhunderten nächtliche Visionen von schmerzlich entzündeten Fußballen angeblich ein geruhsames Alter vorhersagen! Zwei Deutungen von Fußträumen sollen im Wachzustand und im Schlaf gleichermaßen gültig sein: Juckende Füße kündigen von einer Reise, und kalte Füße prophezeien eine Enttäuschung in der Liebe.

Füttern

Träume, in denen man Kinder und Hungernde speist und sogar Tiere füttert, gibt es seit biblischen Zeiten, und sie gelten weltweit als Vorzeichen großen Glücks und Wohlstands. Nur wenn der Träumende sieht, wie jemand anderes das tut, sollte er vorsichtig sein, denn europäische Quellen behaupten, das sei ein Hinweis darauf, daß der Träumende getäuscht wird.

[illegible]

[illegible] Tracht eine offen-

[illegible]

Gähnen

Die Chinesen hielten es für ein ganz schlechtes Omen, wenn Menschen im Traum gähnten – kündete das ihrer Meinung nach von Krankheit und Tod. Antike Legenden, die behaupteten, daß die Seele beim Gähnen den Körper verlasse, waren wohl von dieser negativen Deutung inspiriert, die sich vom Osten in den Westen ausbreitete. Spätere europäische Orakel verkündeten, daß dieser Traum die müßige Suche nach Gesundheit und Zufriedenheit symbolisiere. Im 19. Jahrhundert glaubte man auch, daß ein Familienangehöriger ernsthaft erkranken würde, wenn man andere Menschen im Traum gähnen sah. Ein amerikanisches Traumbuch, das Anfang des 20. Jahrhunderts veröffentlicht wurde, erklärte, wenn ein junger Mann im Traum bei einem gesellschaftlichen Ereignis gähne, würde er von seiner Freundin den Laufpaß erhalten. In Australien hatte derselbe Traum eine öffentliche Demütigung zur Folge. Die neuere Forschung hat herausgefunden, daß dieser Traum das Symbol von Faulheit und negativem Denken ist.

Galerie

(→ Gemälde)

In den letzten Jahren werden immer mehr Träume von Kunstgalerien verzeichnet, bei denen die Deutung meistens sehr gut ausfällt. Ob die Galerie nun Gemälde oder Skulpturen ausstellt – stets darf der Träumende finanzielle Gewinne oder gar eine kommunale beziehungsweise staatliche Ehrung erwarten. Wenn es sich bei den Bildern jedoch in erster Linie um alte Meister handelt, wird ein früherer Freund wieder im Leben des Träumenden auftauchen. Sind es überwiegend Werke moderner Künstler, dann wird eine bedeutende neue Freundschaft geschlossen.

Galgen

(→ Schafott)

Viele Jahrhunderte lang standen Träume vom Galgen an herausragender Stelle in den Kalenderbüchern, in denen sie stets zuversichtlich als gutes Vorzeichen beschrieben wurden. Trotz des schlechten Rufs des Galgens in ganz Europa und vielen anderen Ländern der Welt beharrte die Traumdeutung darauf, daß ein Mensch, der träumte, am Galgen zu enden, zu einer wichtigen Position im Leben aufsteigen und vielleicht sogar ein Vermögen erben würde. Ein zurückhaltender britischer Almanach des frühen 19. Jahrhunderts erklärte, wenn man im Traum einen anderen Menschen am Galgen hängen sähe, stünden schwierige Zeiten bevor, und wenn eine junge Frau im Traum ihren Liebsten am Galgen sähe, sollte sie sich tunlichst davor hüten, einen grausamen und skrupellosen Mann zu ehelichen. Seit neuestem kommt der Traum aufgrund der Abschaffung der Todesstrafe in vielen Ländern viel seltener vor, jedoch werden Träumen vom elektrischen Stuhl, insbesondere in den USA, ähnlich günstige Vorzeichen zugeschrieben.

Gänse

Die Gans ist ein Vogel, der oft in Träumen vorkommt und im allgemeinen als gutes Vorzeichen betrachtet wird. Sieht man Gänse auf dem Wasser, ist das ein Zeichen für eine verbesserte Finanzlage, wenn sie jedoch fliegen, kündet das nach Ansicht der meisten europäischen Fachleute von einer langen, aber angenehmen Reise. Hört man Gänse schnattern, weist das laut den Kanadiern auf einen Todesfall in der Familie hin, obwohl mehrere amerikanische Quellen behaupten, daß Träume, in denen man Gänse ißt, großes Glück verheißen. Wenn man in Großbritannien von einer Gans träumt, die gerupft wird, so ist das seit Hunderten von Jahren ein Symbol für eine Erbschaft.

Garten

(→ Obstgarten, Park)

Die Menschen der Antike glaubten ebenso wie die Araber, daß es die Geschlechtsteile einer Frau symbolisiert, wenn ein Mann von einem Garten träumte, und wenn er im Traum Obst in einem Garten verzehrte, würde das zu Wohlstand und einer vorteilhaften Eheschließung führen. Obwohl östliche Quellen im allgemeinen den Garten als einen besonders für die Liebe gut geeigneten Ort betrachten, wurde er im Westen mehr als ein Symbol für ausdauernde Aktivität und Wachstum gesehen, bei dem menschliche und natürliche Kräfte harmonisch vereint sind. Daher steht in europäischen Quellen aus dem 17. Jahrhundert zu lesen, daß Träume von Gärten voller gesund aussehender Pflanzen und Blumen großartige Gelegenheiten für Liebe, Glück und materielle Gewinne darstellen. Ein vernachläßigter oder ausgetrockneter Garten weist jedoch auf einen Verlust von Liebe und Seelenfrieden hin. Viktorianische Kalenderbücher ließen junge Mädchen wissen, daß ein Traum von einem Garten voller Gemüse für sie ein Zeichen sei, daß sie eine glückliche Ehe eingehen würden, während ein Mann, der einen Garten mit schönen Blumen sah, das Objekt seiner Zuneigung mit größerer Inbrunst verfolgen sollte!

Gasse

(→ Enge, Straßen)

Sich in einer Gasse zu befinden ist einer dieser verwirrenden Fälle, für den in verschiedenen Ländern unterschiedliche Erklärungen geboten werden. Die Amerikaner glauben beispielsweise, ein solcher Traum sei bezeichnend für ein Schrumpfen des Vermögens des Träumenden und für viele unerwartet auftauchende Probleme; die Briten sind dagegen der Ansicht, er weise auf müheloses Vorgehen hin – außer wenn es sich um eine Sackgasse handelt, denn in diesem Fall sind größere Anstrengungen für den Erfolg notwendig.

In mehreren europäischen Ländern ist der Traum von einer Gasse für ein junges Mädchen eine Warnung, mit Menschen mit üblem Leumund keine Freundschaften zu schließen. Auch die Franzosen glauben, daß dieser Traum für Frauen eine besondere Bedeutung hat: Eine dunkle Gasse, sagen sie, symbolisiere klatschende und tratschende Nachbarn.

Gebäude

(→ Haus)

Träume, in denen deutlich erkennbare Gebäude vorkommen, sind zumeist sehr positiv. Seit mehreren Jahrhunderten gelten in Europa Träume von einem großen Haus – umgeben von einem hügeligen, gepflegten Stück Land – als Zeichen langen Lebens und vieler Reisen. Kleine, moderne Häuser sind das Symbol für ein glückliches, häusliches Leben, während jedes Gebäude, das alt und in reparaturbedürftigem Zustand ist, auf schlechte Gesundheit und persönliches Pech schließen läßt. Die Fachleute sind sich darin einig, daß Gebäude die Leistungen des Träumenden und seine Einstellung gegenüber dem Leben repräsentieren, und daß es unklug ist, ihre Bedeutung zu ignorieren.

Gebirge

(→ Berg, Felsen)

Im Gebirge zu kraxeln, ist ein klassischer Hindernistraum. Wenn man den Gipfel erreicht, gilt das als Symbol für Erfolg im Leben, scheitert man jedoch an den Hängen und Steilwänden, weist das auf Schwierigkeiten in der Familie oder im Beruf hin. Wenn eine junge Frau im Traum mit einem männlichen Gefährten in den europäischen Gebirgsregionen klettern geht, schwebt sie in Gefahr, verführt zu werden, wohingegen in Teilen von Asien die nächtliche Vision eines Berges angeblich eine schwierige Geburt für eine Verwandte oder eine Freundin des Träumenden symbolisiert. Ein neuer italienischer Almanach behauptet außerdem, wenn man aufwacht, während man sich im Hochgebirge in einer gefährlichen Situation befindet, kündet das in Wirklichkeit von Erfolg im Leben, wo doch ein Versagen viel wahrscheinlicher wäre! Eine britische Quelle erklärt darüber hinaus, daß Gebirge ein Element der Stabilität symbolisieren – und eine Herausforderung an die Energie und Tatkraft darstellt.

Gefahr

(→ Abenteuer)

Gefahr kann sich im Traum in vielen Formen manifestieren, aber im allgemeinen sind sich die Experten darin einig, daß die Deutung das Gegenteil dessen ist, was man erwarten würde. Mit anderen Worten, wann immer der Träumende sich selbst in einer brenzligen Situation oder an einem gefährlichen Ort sieht, weist das auf Erfolg und Ehre im Leben hin – obwohl er nie die Hilfe von Freunden ausschlagen sollte. Schon Ptolemäus verzeichnete diesen Traum und merkte dazu an, daß es für den Träumenden von entscheidender Bedeutung ist, den Gefahren ins Auge geblickt zu haben, um zum Erfolg zu gelangen. Einige der modernen Traumdeuter raten, solche nächtlichen Visionen als Warnung vor wirklich bevorstehenden Gefahren zu werten. War die Bedrohung körperlicher Natur, solle man besonders auf seine Gesundheit achten.

Gefangenschaft

(→ Gefängnis)

Die Angst vor Gefangenschaft durchdrang schon die Träume der frühesten Zivilisationen und galt ursprünglich als Warnung vor Verrat. Seit dem 18. Jahrhundert wird ein solcher Traum als Warnung betrachtet, keinen Umgang mit Kriminellen oder Menschen mit schlechtem Charakter zu pflegen, obwohl einige europäische Quellen die Ansicht vertreten, es handele sich hierbei um einen Hinweis auf eine unglückliche Ehe. Moderne Fachleute glauben, daß dieser

Traum ein Symbol von großer Anspannung ist, wahrscheinlich hervorgerufen durch Verschwendungssucht. Bei einer Frau kann die Ursache allerdings in einer Affäre liegen, die sie vor ihrem Ehemann oder ihrem Lebenspartner geheimhält.

Gefängnis

(→ Gefangenschaft)

Eine drohende Gefängnisstrafe ist ein weiteres Thema, das von den Traumdeutern der meisten Länder viel diskutiert wird. Wenn man im Traum im Gefängnis sitzt, gilt das seit Generationen als Zeichen für ein hartes Leben, und die Traumdeuter drängen ihre Leser und Leserinnen nachdrücklich, kein kriminelles Leben zu führen. Frauen, deren Männer sich im Traum in Haft befanden, wurde gesagt, sie müßten viel Leid durchmachen, während eine junge Frau, die ihren Liebsten im Gefängnis sah, vor dessen undurchsichtigem Charakter gewarnt wurde. Heutzutage sind europäische Quellen der Ansicht, daß es sich hierbei um einen Hindernistraum handelt: Das Problem des Träumenden wird von kurzer Dauer sein, wenn er vor dem Aufwachen aus dem Gefängnis fliehen kann. Wenn man andere Menschen im Gefängnis sieht, deutet das laut einem britischen Experten auf Sorgenfreiheit hin. Ein amerikanischer Almanach behauptete merkwürdigerweise vor kurzem, wenn man im Traum im Gefängnis sitzt, wird das zu »öffentlichen Achtungsbeweisen« führen.

Geheimnis

In einer amüsanten Traumuntersuchung, die 1980 in Deutschland veröffentlicht wurde, war zu lesen, daß in praktisch jedem Fall, in dem Menschen im Traum ein Geheimnis erfahren, sie sich beim Aufwachen nicht mehr daran erinnern können, um was es sich gehandelt hat! Früher waren die Traumdeuter der Ansicht, ein Geheimnis zu verraten, würde zu göttlicher Strafe führen. Eine indische Quelle erklärt allerdings, man dürfe letztendlich mit einem beträchtlichen Erbe rechnen! Viktorianische Kalenderbücher informierten die Träumenden, wenn ihnen ein Geheimnis anvertraut würde, sollten sie lernen, ihre Leidenschaften zu zügeln, wenn sie jedoch jemand anderem ein Geheimnis erzählten, würde das zum Ende einer Liebesbeziehung führen. Moderne Quellen gehen davon aus, daß es sich bei diesem Traum um ein Symbol für Klatsch und Intrigen handelt.

Geister

(→ Stimmen)

Die alten Griechen verzeichneten als erste Geister in Träumen und wie jede nachfolgende Generation betrachteten sie Geister als Vorzeichen von großem Glück. Einige frühe Traumdeuter glaubten auch, derartige Erscheinungen seien der Beweis für ein Leben nach dem Tod, und die tröstlichsten Träume seien die, in denen ein Verwandter, beispielsweise Vater oder Mutter, auftauchte. Im Mittelalter hielt man Träume, in denen ein Geist sprach, für eine Warnung vor bedenklichen Plänen, die man ausheckte. In neuerer Zeit hat sich das gewandelt, und ein solcher Traum wird als Hinweis auf einen gesundheitlichen Zusammenbruch gewertet, der vermieden werden kann, wenn man rechtzeitig ärztliche Hilfe in Anspruch nimmt. In mehreren europäischen Ländern gilt der Traum von einem weiblichen Geist als Hinweis auf Wohlstand.

Geisteskrankheit

Unsere Ahnen hielten Träume von Geisteskrankheiten für ein sehr schlechtes Omen, aber seit dem Ende der viktorianischen Ära werden derartige Träume als Gegenteiltraum eingeordnet. Frühere Generationen hatten das Gefühl, daß Arbeit und Gesundheit ernsthaft beeinträchtigt würden, wenn man im Traum geisteskrank war, und sah man gar eine ganze Gruppe von Verrückten, bedeutete das eine schwere Belastung der finanziellen Mittel des Träumenden. Moderne Fachleute sind der Ansicht, daß nach diesem Traum gute Nachrichten erwartet werden dürfen, insbesondere in finanziellen Angelegenheiten. Kommen geisteskranke Menschen im Traum vor, werden derzeitige Pläne zwar trotzdem erfolgreich verwirklicht, aber der Erfolg kann unter Umständen durch ein oder zwei Probleme geschmälert werden.

Geld

Geld ist ein weiteres Traummotiv, das seit der Einführung der Münzen zu großen Meinungsunterschieden geführt hat. Einigkeit herrscht darin, daß die Vorzeichen besser sind, wenn der Träumende Geld ausgibt oder verleiht, denn das symbolisiert Wohlstand. Kommt der Träumende zu Geld, weist das nur dann auf Sicherheit, wenn er es auf ehrliche Weise erlangt. Frühe Fachleute waren sich einig, daß mit kleineren beruflichen Sorgen zu rechnen ist, wenn man im Traum Geld findet. Stiehlt man im Traum Geld, so kündet das von langer Krankheit. Eine interessante deutsche Quelle behauptet, wenn man im Traum Geld verschluckt, weist das darauf hin, daß der Träumende Söldner wird. Mehrere moderne Traumdeutungsbücher wissen zu berichten, daß man zu unerwarteten Gewinnen kommt, wenn man im Traum Geld ausgibt. Verliert man Geld, führt das zu einem unerwarteten Scheck in der Post!

Gemälde

(→ Galerie)

Träume, in denen Aquarell- oder Ölgemälde vorkommen, werden im allgemeinen für ein gutes Omen gehalten. Es gibt sie – vorwiegend in Europa – seit dem 16. Jahrhundert, und ein solcher Traum kündet von willkommenen Vorteilen, möglicherweise einem finanziellen Glückstreffer oder einem verbesserten Liebesleben. Die Menschen im viktorianischen Zeitalter hatten merkwürdigerweise Vorbehalte gegen Träume von Gemälden aus der Überzeugung heraus, sie würden Täuschung prophezeien. Wenn man damals im Traum ein Gemälde kaufte, kündete das von einer wertlosen Spekulation. Ein Traumdeutungsbuch behauptete sogar, wenn man von einer Gruppe alter Meister träume, wiese das auf ein »unersättliches Verlangen« hin – wonach oder nach wem wurde nicht näher erläutert. Ein amerikanischer Experte erklärt, Gemälde sind im allgemeinen ein Symbol von Vergnügungen, sieht man jedoch im Traum einen Akt, so scheint das eine Warnung vor skandalösem Verhalten zu sein.

Gemüse

Die Deutung von Gemüse im Traum variiert beträchtlich, obwohl frisches Gemüse auf eine gute Gesundheit hinweist. Einige frühe europäische Fachleute glaubten, Gemüse künde von harter Arbeit mit wenig Lohn für all die Mühe, die man investiert hat. Der Verzehr von Gemüse prophezeit eine beunruhigende Phase im Leben. Wenn man in Großbritannien im Traum Gemüse kocht, wird man auf den Erfolg lange warten müssen, und verdorbenes Gemüse läßt auf eine Phase der Enttäuschung schließen. In Amerika ist Gemüse das Symbol von Wirtschaftlichkeit und der Freude an einfachen Alltagsdingen. Im Traum Gemüse zu züchten, symbolisiert häusliche Harmonie.

Gepäck

(→ Taschen)

Gepäck ist das Symbol für Reisen. Einige Fachleute halten dagegen, ein solcher Traum könne sich gleichermaßen darauf beziehen, von anderen Menschen behindert zu werden. In Europa weisen Träume von Gepäck auf eine Reise ins Ausland hin, sieht man sich dagegen im Traum in Amerika von einem Berg an Gepäck umgeben, gilt das als Warnung vor Menschen, die den Träumenden um Geld angehen werden. Wenn man Gepäckstücke verliert, weist das auf Familienstreit hin, außer der Träumende ist verlobt – dann kündet ein solcher Traum von der Gefährdung der bevorstehenden Eheschließung. Neuere Studien haben gezeigt, daß der Traum sehr wohl das Symbol für ein Geheimnis sein kann, das der Träumende verbirgt, das er aber besser bekennen würde.

Gepfählt werden

Die Deutung eines Traums, in dem man gepfählt wird oder auf irgendeine Weise am Haken hängt, lassen sich bis ins Mittelalter zurückverfolgen, wo solche Grausamkeiten und Foltermethoden in vielen Kulturen mit voller Absicht praktiziert wurde. Damalige Quellen erklärten diesen Traum als Warnung, nach Bedrohungen durch Feinde Ausschau zu halten, und nur wenn der Träumende vor dem Aufwachen entkam, konnte er sicher sein, die Gefahr zu vermeiden. Heute gilt der Traum als Symbol für eine schwierige Situation, die den Träumenden bedroht, außer wenn er sich durch Charakterstärke herauswinden kann. Werden im Traum andere Menschen gepfählt, ist das eine Warnung vor bevorstehenden schwierigen Zeiten.

Gericht

(→ Geschworene, Prozeß, Richter)

Krankenakten zeigen, daß Träume, in denen man vor Gericht erscheint, sehr häufig vorkommen. Sie sollten allerdings mit dem größten Respekt behandelt werden, denn sie sind eine Warnung vor finanziellen Problemen. Außerdem kann es sehr wohl sein, daß jemand versucht, den Träumenden zu täuschen. Mehrere amerikanische Fachleute glauben, daß ein Traum, in dem man vor Gericht steht, auf geschäftliche Verluste hinweist, während eine Verurteilung Reisen und Wohlstand erwarten läßt! Allgemein herrscht Einigkeit darin, daß dieser Traum zu mehr Rücksicht gegenüber anderen aufruft, um ernsthafte Schwierigkeiten in Zukunft zu vermeiden.

Gesang

(→ Oper)

Merkwürdigerweise bieten Dokumente in Zusammenhang mit den Minnesängern des Mittelalters die ersten Hinweise auf die Deutung von Träumen, in denen gesungen wird. Damals hielt man derlei nächtliche Visionen für ein Symbol von Glück und netter Gesellschaft. Nur wenn der Gesang traurig beziehungsweise unharmonisch war, mußte man mit schlechten Nachrichten von abwesenden Verwandten oder Freunden rechnen. Hörte man im Traum Liebeslieder, galt das zum Teil als Gegenteiltraum, denn ein solcher Traum ließ auf Streitigkeiten schließen, obwohl dieser Streit nicht das Ende der Beziehung bedeutete. Unzüchtige Lieder – so behaupteten mehrere Kalenderbücher des frühen 20. Jahrhunderts – weisen auf eine Krankheit hin, Hymnen symbolisieren dagegen einen Anstieg des Träumenden in der Stellung unter Freunden und Geschäftspartnern.

Geschenke

Es ist ein gutes Zeichen, im Traum Geschenke zu erhalten, vor allem zur Zeit einer neuen Liebesbeziehung, denn es zeugt davon, daß die Zuneigung des Träumenden erwidert wird. Die Menschen des elisabethanischen Zeitalters legten großen Wert auf solche Träume, insbesondere wenn das Geschenk von einem Verwandten oder Freund stammte. Aber wenn man in Europa träumte, jemand anderem ein Geschenk zu überreichen, kündete das von Pech, speziell vom Ende einer engen Freundschaft. Amerikanische Quellen vertreten die Ansicht, daß man anderen Mißvergnügen bereitet, wenn man im Traum ein Geschenk mit der Post verschickt.

Geschichte

Die alten Kulturen der Römer und Griechen waren sehr an ihrem vergangenen Ruhm interessiert, und Träume von der Geschichte wurden zuerst in diesem Zeitalter vermerkt. Beide Völker waren sich einig, daß jeder Traum, in dem historische Ereignisse oder Persönlichkeiten vorkamen, ein Symbol für neue Gelegenheiten im persönlichen Fortkommen des Träumenden darstellten. Diese Definition blieb im Laufe der Jahrhunderte unverändert. In Europa waren spätere Fachleute der Ansicht, daß ein Traum, in dem man Geschichtsbücher studiere, auf eine lange und angenehme Phase der Erholung hinweise, wogegen amerikanische Quellen erklärten, diese Träume könnten auch eine Warnung vor den Lügen von Freunde oder Bekannten sein.

Geschlechtsverkehr

(→ Kuß, Liebe, Sex)

Offene Bezüge auf Träume, in denen Geschlechtsverkehr stattfindet, sind in Kalenderbüchern vor 1950 selten, obwohl Beschönigungen für diesen Akt bisweilen unter der Überschrift »Liebe« oder »Romantik« eingeschmuggelt wurden. Zweifelsohne träumten Männer und Frauen immer schon vom Geschlechtsverkehr, und die Deutung solcher Träume hing – wie nicht anders zu erwarten war – davon ab, ob das Paar verheiratet war oder nicht. Moderne Fachleute glauben, daß jeder Traum, in dem man Geschlechtsverkehr hat, mit einem zufriedenen Lebensstil gleichzusetzen ist – solange die Erfahrung nicht irgendwie abstoßend oder unangenehm war. Wenn man im Traum andere Menschen beim Sex beobachtet, ist das ein Hinweis auf ein persönliches Problem, bei dem man ärztliche Hilfe in Anspruch nehmen sollte.

Geschworene

(→ Gericht, Prozeß, Richter)

Aus dem 18. Jahrhundert stammen die ersten Meldungen von Träumen über Geschworene. Damals wurde der Traum als Versprechen gedeutet, daß sich das Leben des Träumenden zum Besseren wandeln würde. Als Geschworener vor Gericht zu dienen, soll von der Anerkennung durch geschätzte Freunde oder Geschäftspartner künden, obwohl europäische Quellen die Meinung vertreten, es handele sich um die weniger konkrete Ermutigung, dem eigenen Urteil mehr zu vertrauen. Ein ungewöhnlicher amerikanischer Traumalmanach, der in den zwanziger Jahren veröffentlicht wurde, erklärt recht abschreckend, wenn man sich im Traum als Geschworener sieht, bedeute das den Tod eines Feindes!

Gesicht

(→ Augen, Falten, Nase, Rasur, Sommersprossen)

Der Traum von einem Gesicht gehört zu den ältesten und findet sich schon in der Traumdeutung der antiken ägyptischen und römischen Quellen. Die frühesten Traumdeuter glaubten, das Gesicht sei unweigerlich das eines verstorbenen Freundes oder Verwandten, der mit einer Botschaft in den Schlaf des Träumenden eindringe. Wenn das Gesicht nicht sprach, galt der Gesichtsausdruck als Schlüssel zur Deutung dieser Botschaft – ein lächelndes Gesicht kündete von großem Glück, und ein ängstliches oder wütendes Gesicht wies auf Unglück und Tod hin. Wenn ein junger Mann oder eine junge Frau das viel ältere Gesicht eines geliebten Menschen sehen, bedeutet das laut europäischen Traumbüchern das Ende der Beziehung. Sieht dagegen ein Verheirateter sein eigenes Gesicht, wird er vor einer Scheidung gewarnt. Ein neuerer amerikanischer Almanach besagt, Träumende, die von Gesichtern geplagt werden, die sie nicht zuordnen können, werden bald umziehen.

Gesundheit

Die Sorge um die eigene Gesundheit hat zu beträchtlichem Interesse an Träumen über dieses Thema geführt, und die meisten Fachleute sind sich einig, daß die Vorzeichen für das wirkliche Leben gut sind, wenn die Symptome schlecht scheinen. Wenn man sich im Traum nicht allerbester Gesundheit erfreut, so darf der Träumende in Kürze einige erfreuliche Ereignisse erwarten. Ein gesundheitlicher Zusammenbruch sollte jedoch als Warnung vor unnötigen Spekulationen gesehen werden. Eine europäische Quelle behauptet, wenn man sich im Traum von einer Erkrankung erholt, sollte man sich mehr auf den Rat von Familienangehörigen oder Freunden verlassen, während ein australischer Almanach vor kurzem einen Traum, in dem Kinder krank zu sein scheinen, als Zeichen bevorstehenden Wohlstands definierte.

Getreidefeld

(→ Ernte)

Seit grauer Vorzeit ist für die Menschen das Getreide ein Fruchtbarkeitssymbol, und in der Traumdeutung gilt es auf ähnliche Weise als Zeichen für Wohlstand und Erfüllung. Viele Kalenderbücher beschreiben den Anblick von wachsendem Getreide als Symbol von finanziellen Vorteilen, insbesondere, wenn die Ähren groß sind. Wird das Getreide im Traum geerntet, sind gute Nachrichten unterwegs, wenn man dagegen an einem Maiskorn nagt, kündet das von einer glücklichen Vereinigung mit einem Vertreter des anderen Geschlechts.

Gift

(→ Kriminalfall, Mord)

Die Menschen der Antike waren fasziniert von Giftträumen und hielten sie natürlich für ein schlechtes Omen. So glaubten die Römer beispielsweise, daß gegen den Träumenden intrigiert wurde, wenn man im Traum vergiftet wurde, verabreichte man dagegen selbst Gift, galt das als Warnung vor Taten, durch die man sich Verwandten und Freunden entfremden würde. Im Mittelalter mußte ein Liebender, der im Traum einen Rivalen vergiftete, damit rechnen, wegen der Eifersucht bald von seiner Liebsten getrennt zu werden (und umgekehrt). Vergiftete man Tiere, führte das zu familiären Problemen. Die Menschen im viktorianischen Zeitalter fürchteten, daß jeder, der von Gift träumte, mit Schwierigkeiten von unerwarteter Seite rechnen mußte. Vergiftete man im Traum andere Menschen, würde man allerdings all seiner Sorgen entbunden. Moderne Fachleute haben herausgefunden, daß der Traum von streßbedingter Anspannung verursacht wird, die auf falsche Anschuldigungen oder eine fehlende Bereitschaft zu Kompromissen in prinzipiellen Angelegenheiten zurückzuführen ist.

Gitarre

Spanische Quellen halten die Gitarre seit mehreren Jahrhunderten für ein Omen großen Glücks und glauben, wenn man im Traum dieses Instrument spielt, stehen glückliche Zeiten und eine neue Liebschaft bevor. Nur wenn die Gitarre zerbrochen ist, werden sich die Ereignisse als enttäuschend erweisen. Sieht ein Träumender in Amerika, wie ein Gitarrist beim Spiel unterbrochen wird, dann muß er sich davor hüten, von seinen Freunden verraten zu werden. Wenn eine junge Frau im Traum eine Gitarre hört, sie aber nicht sehen kann, dann wird sie mit nicht ernstgemeinten Worten verführt. Ein Mann, der einen ähnlichen Traum hat, muß sich darauf gefaßt machen, in den gefährlichen Zauberbann einer verführerischen Frau zu geraten.

Glas

Glas wird in der amerikanischen Traumdeutung ausführlich behandelt, und jedes einzelne Stück Glas ist ein Symbol von Glück und Wohlstand. Wenn man durch ein Glasfenster blickt, symbolisiert das eine blühende Zukunft, muß das Glas allerdings erst poliert werden, sollte man sich vor Selbstgefälligkeit in beruflichen Dingen hüten. Der Traum von zerbrochenem Glas – insbesondere von zerbrochenem Spiegelglas – weist selbstverständlich auf bevorstehende Probleme hin, möglicherweise sogar auf einen Todesfall in der Familie. In Europa ist schmutziges Glas ein Symbol für häusliches Unglück, während im Osten jeder Traum von Glas eine Geburt ankündigt. Wenn man in Großbritannien im Traum ein Stück Glas schneidet, hat der Träumende einen anderen Menschen tiefer verletzt, als ihm das klar ist, und er sollte versuchen, das wieder einzurenken.

Glücksspiel

(→ Jackpot)

Obwohl über die Jahre viele verschiedene Träume von Glücksspielen verzeichnet wurden, sind die meisten Fachleute der Ansicht, daß dies ein Traum ist, bei dem stets das Gegenteil zutrifft: Dicke Gewinne sind eine Warnung davor, mehr aufs Spiel zu setzen, als man sich leisten kann zu verlieren, während der umgekehrte Fall auf einige profitable Gelegenheiten hinweist, die sich in naher Zukunft bieten. Amerikanische Quellen behaupten, daß jedes Glücksspiel im Traum von glücklichen gesellschaftlichen Ereignissen kündet. Dagegen meint ein deutscher Fachmann, wenn man eine Wette verliert, würde das den Träumenden von jedem Schmerz und jeder Krankheit befreien, an der er leidet. Eine neuere britische Untersuchung fordert all jene, die diesen Traum haben, nachdrücklich dazu auf, ihre Finanzen zu überprüfen.

Gold

Wenn man im Traum etwas Goldenes sieht, wird das seit Jahrhunderten generell für einen Hinweis auf Erfolg bei anstehenden Vorhaben gehalten. Findet man im Traum tatsächlich etwas von diesem kostbaren Metall, symbolisiert das zunehmende finanzielle Belohnungen. Die frühesten Traumdeuter glaubten, Gold symbolisiere Ehre und Anerkennung, obwohl schon die Römer erklärten, wenn man sich im Traum unrechtmäßig Gold aneigne, sei das eine Warnung, daß der Träumende in Versuchung sei, unehrlich zu werden. Moderne Fachleute sind der Ansicht, daß der Traum auch eine Warnung davor ist, allzu großes Vertrauen in finanzielle Dinge zu legen – zum Nachteil von persönlichen Beziehungen und der Gesundheit.

Golf

Ein Traum, der bei Männern viel häufiger vorkommt als bei Frauen, und im allgemeinem von großem Glück kündet, insbesondere wenn der Träumende gut spielt. Ein viktorianischer Almanach erklärt, je öfter der Träumende einlocht, desto mehr Wünsche werden ihm erfüllt, während in einem kanadischen Buch, das vor 50 Jahren veröffentlicht wurde, zu lesen steht, der Traum symbolisiere, daß die Frau des Golfers bald niederkommen wird! Eine amerikanische Quelle besagt, daß eine schlechte Punktezahl den Träumenden ermahnt, sich vor dem Rat von Freunden zu hüten, denen er nicht vertrauen kann. Dagegen behauptet ein britisches Buch, wenn während des Spiels ein Streit ausbricht, wird der Träumende in Kürze von jemandem gedemütigt. Neuere Untersuchungen lassen vermuten, daß der Traum von einem Golfspiel sehr wohl auf Beziehungen zum anderen Geschlecht hinweisen kann – der Erfolg beziehungsweise der Mißerfolg des Spiels ist ein Hinweis auf die Aussichten des Träumenden.

Gott

Mit den Jahren haben christliche Kalenderbücher jenen Träumen, die sich um Gott drehen, viele Seiten gewidmet. Sie erklärten derartige Träume als Prophezeiungen von großem Glück und großer Zufriedenheit. Traumdeutungsexperten halten sie jedoch für besonders selten und darüber hinaus für

Träume, die ehrliche Selbsteinschätzung und Demut erfordern, damit sich die Omen erfüllen können. Merkwürdigerweise wußte ein amerikanisches Traumdeutungsbuch am Ende des 18. Jahrhunderts zu berichten, daß jeder Traum, in dem man Gott anbetete, auf Krankheit in der Familie hinweise. Ein britisches Buch aus derselben Zeit wartete mit einer noch erstaunlicheren Definition auf, scheinbar auf männliche Leser gemünzt: »Wenn Sie im Traum Gott sehen«, erklärte das Buch, »werden Sie von einer tyrannischen Frau beherrscht, die sich mit dem Mäntelchen christlicher Frömmigkeit tarnt.«

Götzenbild

Träume über Götzenbilder finden sich schon in den ältesten Überlieferungen. Die ersten Traumdeuter glaubten, daß jeder Traum, in dem ein Götzenbild angebetet wird, ein Hinweis darauf ist, daß der Träumende es zuläßt, von Kleinigkeiten tyrannisiert zu werden, und dadurch seinen Fortschritt in Richtung Wohlstand und Ruhm behindert. Zerschmettert man dagegen ein Götzenbild, gilt das als Symbol der Meisterschaft über sich selbst. Christliche Quellen erklärten später, wenn man im Traum einen Heiligen abgöttisch verehrte, ließ das darauf schließen, daß der Träumende von seinen Familienangehörigen und Freunden sehr geliebt werde. Vor kurzem hieß es, bei einem Traum wie diesem verlasse sich der Träumende allzu sehr auf die Meinung anderer – was nicht immer klug ist. Eine alternative Auslegung besagt, der Träumende würde ein Geheimnis von beträchtlicher Bedeutung für sein Leben entdecken.

Grab

(→ Friedhof, Gruft)

Das Bild eines Grabes ist seit der Erfindung der Schrift Teil der traumdeutenden Aufzeichnungen, und die Vorzeichen gelten in aller Welt als schlecht. Die alten Griechen erklärten, wenn man im Traum ein offenes Grab sehe, künde das von schlechten Nachrichten aus weiter Ferne, während die Römer glaubten, ein frisch gegrabenes Grab mache den Träumenden darauf aufmerksam, daß er unter den Taten anderer Menschen leiden werde. Wenn man im Mittelalter eine Leiche in einem Grab sah, wies das auf einen Verlust von Geld oder Besitztümern hin. Hebt man im Traum ein Grab aus, so ist das in ganz Europa ein Zeichen dafür, daß ein bestimmtes Projekt beziehungsweise ein Plan zum Scheitern verurteilt ist. Vernachlässigte Gräber sind Hinweise auf Liebeskummer, und wenn man im Traum über ein Grab schreitet, bedeutet das ein unglückliches Eheleben. Die Frau, die sich im Traum bei Nacht allein auf einem Friedhof befindet, muß mit dem Verlust eines geliebten Menschen rechnen.

Graben

(→ Loch)

Träume, in denen man gräbt, haben seit langem eine besondere Bedeutung in Büchern des ländlichen Lebens. Die am häufigsten zitierte Deutung lautet, daß der Träumende immer hart zu arbeiten hat. Ein Loch zu graben und etwas darin zu entdecken, ist ein Zeichen für gute Nachrichten, scheint das Loch jedoch bodenlos oder im Nebel verborgen, dann muß man sich vor Problemen hüten. Entdeckt man beim Graben eine Leiche, dann ist das laut einem amerikanischen Almanach ein Symbol für Untreue. Beobachtet man andere Menschen beim Graben, darf man eine Beförderung im Beruf erwarten. Vor kurzem deutete eine optimistische britische Quelle an, daß es sich bei diesem Traum tatsächlich um eine konkrete Anweisung handeln könnte, nach vergrabenen Schätzen zu suchen.

Gras

Man mag ja Gras für ein eher unwahrscheinliches Traummotiv halten, aber zweifelsohne ist der Anblick von saftig grünen Wiesen in Europa ein Zeichen von großem Glück –

insbesondere prophezeien sie Erfolge bei der Arbeit und ein glückliches Liebesleben. Umgekehrt läßt verkümmertes Gras auf Monate der Mühe schließen, bevor man seine Pläne verwirklichen kann. Sehr hochstehendes Gras soll laut britischen Fachleuten von Krankheit oder schlechten Nachrichten künden, während man sich eines langen Lebens erfreuen darf, wenn man im Traum Gras mäht. Ein amerikanischer Almanach weiß zu berichten, daß es unterdrückte sexuelle Phantasien symbolisiert, wenn man im Traum Gras ißt.

Grillfest

Träume von einem Grillfest oder einem Picknick sind Anzeichen bevorstehender glücklicher Zeiten, insbesondere bei jungen Menschen. In Amerika werden diese Träume nach den vorherrschenden Bedingungen gedeutet, wie beispielsweise dem Wetter oder der Stimmung der Gäste. Jedes Anzeichen von Regen oder Unstimmigkeiten unter den Gästen gelten als vorübergehender Rückschlag in geschäftlichen Belangen oder in Herzensangelegenheiten. Eine weitere moderne Definition besagt, wenn man im Traum sieht, wie ein ganzes Tier am Spieß gebraten wird, dann werden Verwandte oder Freunde sich selbst zu einem langen Besuch einladen!

Großeltern

Ein Traum von den Großeltern ist seit dem Altertum bekannt und kennt unterschiedliche Deutungen. Wenn man im Traum seine Großeltern sieht und mit ihnen spricht, ist das ein Zeichen von bevorstehenden Schwierigkeiten, die jedoch gelöst werden können, wenn man vernünftig handelt und auf guten Rat hört. Laut mehreren europäischen Fachleuten sind die Großeltern ein Symbol für Sicherheit und Schutz, während amerikanische Kalenderbücher einen Schritt weitergehen und behaupten, ihr Auftauchen im Traum deute auf ein Erbe hin. Eine indische Quelle fügt hinzu, daß ein plötzlicher Todesfall in der Familie nicht auszuschließen ist, wenn man nur den Großvater beziehungsweise nur die Großmutter sieht.

Gruft

(→ Friedhof, Grab, Lebendig begraben sein)

Die frühen Kulturen glaubten, Träume von Grabstätten seien schlechte Zeichen, aber spätere Fachleute kamen zu dem Schluß, daß es sich hierbei um einen Gegenteiltraum handelt: je älter und düsterer die Gruft, desto besser die Aussichten für den Träumenden. Mittelalterliche Dokumente behaupten, daß ein Mensch, der im Traum zwischen Gräbern umherwandelt, bald heiraten wird, und wenn man im Traum in ein Grab hinabgelassen wird, bekommt man bald ein Erbe. In einer viktorianischen Quelle hieß es, wenn man die Inschrift auf einer Grabplatte entziffern könne, künde das von unangenehmen Pflichten, besuche man dagegen im Traum das Grab zusammen mit einem anderen Menschen, künde das von der Ankunft eines neuen Geschäftspartners.

Grundstück

(→ Land)

Die Deutung eines Traums, in dem man ein Stück Land besitzt, hängt laut alten Kalenderbüchern vom Zustand des Landes ab. Ganz offensichtlich ist ein reicher und fruchtbarer Boden ein gutes Zeichen und bedeutet Wohlstand (im Fall einer jungen Frau besteht die Wahrscheinlichkeit, daß sie bald ihren künftigen Ehemann trifft), während trockener und öder Boden auf Versagen und Unglück hinweist. Seit dem letzten Jahrhundert wird der Traum weithin auch als unterbewußte Sehnsucht nach einem dauerhaften Zuhause interpretiert. Einige Quellen erklären, daß jeder, der sich im Traum als Landeigentümer sieht, jedoch im wirklichen Leben bereits Besitzer eines Grundstücks ist, mit einem unmittelbar bevorstehenden Berufswechsel zu rechnen hat.

Haar

(→ Kahlköpfigkeit)

Es gibt eine Vielzahl von Deutungen für Haarträume, aber es herrscht Meinungseinheit darüber, daß eine volle, üppige Haartracht auf gute Gesundheit und finanzielle Stabilität hinweist, während ausgedünntes, ungepflegtes oder ergrauendes Haar auf Sorglosigkeit in persönlichen Angelegenheiten schließen läßt. Wenn im Mittelalter jemand im Traum sein Haar kämmte, galt das als Hilferuf, obwohl moderne Quellen die Ansicht vertreten, ein solcher Traum prophezeie die Lösung eines drängenden Problems. Wenn ein Mann im Traum einen Haarschnitt bekam, sollte ihn das ermutigen, seine laufenden Pläne konsequent zu verfolgen, da ihm der Erfolg sicher sei. Eine Frau, deren Haar im Traum frisiert wurde, durfte eine neue Liebesbeziehung oder eine Verbesserung ihres Ehelebens erwarten. Die Franzosen behaupten, wenn man im Traum eine andere Haarfarbe habe, sei das eine unterbewußte Warnung an den Träumenden, keine Lügen zu erzählen, und wenn man in Großbritannien träumt, daß das Haar urplötzlich weiß wird, steht eine überraschende Erkrankung oder ein Unfall bevor.

Hacke

Ländliche Kalenderbücher erklären seit Generationen, daß die Hacke das Symbol für die Freiheit von Bedürfnissen sei, und wenn man im Traum mit einer Hacke arbeitet, kündet das von einer sicheren, wenn auch arbeitsreichen Zukunft. Derselbe Almanach behauptet, daß eine Frau, die im Traum mit einer Hacke arbeitet, ein unabhängiges Naturell habe und sehr wohl in der Lage sei, sich selbst zu ernähren. Alle Verliebten, die diesen Traum hatten, konnten auf die Beständigkeit ihres Partners zählen. Heute wird der Traum in aller Welt als Ankündigung einer besseren Zukunft gedeutet.

Hafen

(→ Kai)

In maritimen Kalenderbüchern wird dieser Traum – aufgrund seiner besonderen Bedeutung für Seefahrer – ausführlich geschildert. Ein Hafen ohne Schiffe ist verständlicherweise ein schlechtes Vorzeichen und prophezeit unglückliche Zeiten in der Familie. Wenn man träumt, in einen geschäftigen Hafen einzulaufen, deutet das auf Seelenfrieden und Sicherheit hin, läuft man allerdings aus einem solchen Hafen aus, kündet das von der Entdeckung eines falschen Freundes. In Europa heißt es, wenn man mit seiner Familie oder seinen Freunden in einem Hafen liege, könne man mit finanziellen Gewinnen rechnen, und wenn man im Traum einen Hafen im Ausland sähe, weise das auf gute Nachrichten hin, die man bald zu hören bekommt.

Hafer

Ländliche Kalenderbücher betrachten Hafer als gutes Vorzeichen, und Bauern, die von Hafer träumen, können sich einer üppigen Ernte sicher sein. Für andere Menschen bedeutet Hafer finanzielle Gewinne. Seit dem Mittelalter symbolisieren Träume von grünem Hafer harte Arbeit, die letztendlich jedoch von Erfolg gekrönt ist. Verschimmelter Hafer weist dagegen auf die Verarmung der Familie des Träumenden hin. Haferschleim wird ebenfalls als Zeichen bevorstehender guter Zeiten gehalten, insbesondere für die junge Frau, die im Traum Haferschleim kocht, denn sie wird schon bald ihren Lebenspartner finden.

Halskette

(→ Ketten)

Interessanterweise soll zwar jeder Traum, in dem eine Halskette vorkommt, einen finanziellen Vorteil symbolisieren, dennoch ist die Halskette gleichzeitig das Symbol von Liebe und Glück. Römische Quellen glaubten, daß Menschen beiderlei Geschlechts, die sich im Traum mit einer Halskette sahen, an Ehre und Wohlstand reich seien. Wenn man im 16. Jahrhundert träumte, eine Halskette als Geschenk zu erhalten, kündete das von einem langen Leben, und ein Mann, der im Traum seiner Herzallerliebsten eine Kette schenkte, machte sie damit zu seiner Sklavin. Verlor oder zerriß man jedoch eine Halskette, war laut europäischen Quellen ein Familienzwist oder eine Kabbelei unter Liebenden die Folge.

Hände

(→ Finger, Handschuhe)

Die grundlegendste Deutung bezieht sich auf den Zustand der Hände im Traum: Sind sie schmutzig oder blutig, dann drohen finanzielle und persönliche Probleme, insbesondere in der Familie; sind sie jedoch sauber, dann winken Glück und Erfolg. Aus der Zeit, in der Kriminellen als Strafe die Hände abgeschlagen wurden, stammt die Deutung, daß eine abgetrennte Hand von Einsamkeit kündet. Verbrennungen an der Hand sind eine Warnung, die eigenen Fähigkeit nicht zu überschätzen, wenn es darum geht, bestimmte Ziele zu erreichen. Wenn man im Traum seine Hände wäscht, weist das laut europäischen Quellen auf das Bedürfnis hin, ein vergangenes Unrecht wiedergutzumachen. Bricht man sich im Traum die Hand, ist das die unterbewußte Aufforderung, seinen persönlichen Angelegenheiten mehr Aufmerksamkeit zu widmen. Ein moderner britischer Experte erklärt, daß jeder Traum, in dem Hände vorkommen, die Träumenden ermahnt, den vor ihnen liegenden Berg an Arbeit nicht zu unterschätzen. Die Franzosen kennen in diesem Zusammenhang eine amüsante Definition für Liebende: große Hände im Traum bedeuten, daß der Betroffene ein leidenschaftlicher Liebhaber ist, kleine Hände sind dagegen ein Zeichen von Untreue. Wenn man im Traum jemandem die

Hand schüttelt, kündet das von unerwartet guten Nachrichten.

Handschellen

Hier handelt es sich um einen Gegenteiltraum, denn Menschen, die im Traum Handschellen oder -fesseln tragen, dürfen sich darauf freuen, den Sorgen zu entfliehen, die sie in letzter Zeit plagen. Diese Deutung muß die Stimmung der Menschen im Europa des 15. Jahrhunderts ebenso verbessert haben wie die Erklärung, wenn man im Traum andere in Handschellen sähe, garantiere das die Sicherheit und den Schutz des Träumenden vor Übeltätern. Wenn man seinen Feind in Handschellen sah, hielt man das merkwürdigerweise für ein Zeichen des Erfolgs in Wirtschaft und Handel. Moderne Fachleute akzeptieren diese Symbolik auch heute noch und fügen die Definition hinzu, daß es zu drastischen Verbesserungen in der Lebensführung des Träumenden führt, wenn man im Traum jemand anderem Handschellen anlegt!

Handschuhe

(→ Hände)

Als erste widmeten Almanachschreiber des 17. Jahrhunderts ihre Aufmerksamkeit den Handschuhen in Träumen. Sie glaubten, daß schicke und elegante Handschuhe eine glückliche und sichere Zukunft erwarten ließen, während alte und zerschlissene Handschuhe als sicheres Zeichen für Verrat und Verlust galten. Wenn man ein Paar Handschuhe verlor, kündete das davon, daß man von einem nahestehenden Menschen verlassen wurde, und wenn man im Traum seine Handschuhe auszog, wies das auf berufliche Probleme hin. Im 20. Jahrhundert wurden alte Handschuhe jedoch zum Symbol für Glück, wenn man sie allerdings schmutzig machte, kündete das von Schwierigkeiten und Einsamkeit. Die beliebteste Definition in Traumdeutungsbüchern lautet, wenn man im Traum ein Paar Handschuhe findet, wird das zu einer neuen Liebe führen.

Handtasche

(→ Tasche)

Das kostbarste Besitztum einer Frau, ihre Handtasche, taucht laut Umfragen auf beiden Seiten des Atlantiks anscheinend mit zunehmender Regelmäßigkeit in Träumen auf. Die Vorzeichen weisen sowohl auf einen Hindernisals auch auf einen Gegenteiltraum. Wenn man eine Handtasche verliert, kündet das von Pech – außer die Träumende findet sie wieder, bevor sie aufwacht. Wenn man eine Handtasche inklusive Inhalt findet, muß man mit finanziellen Verlusten rechnen, während eine leere Tasche einige hervorragende Geschäftsabschlüsse prophezeit. Die Farbe der Handtasche hat laut amerikanischen Fachleuten ebenfalls eine Bedeutung: Eine schwarze Tasche symbolisiert Unglück, eine blaue Glück und eine rote sexuelle Befriedigung!

Harfe

Die Iren kennen für Harfenträume zahlreiche Deutungen, die den Test vieler Jahrhunderte bestanden haben. Die Vorzeichen bei diesem Instrument sind in der Regel gut und weisen auf ein glückliches Familienleben hin, wenn man allerdings eine zerbrochene Harfe sieht oder eine, bei der eine Saite fehlt, wird es Charakterstärke erfordern, um ein bevorstehendes gesundheitliches Problem oder den Umgang mit Angehörigen des anderen Geschlechts zu meistern. Wenn man im Traum Harfe spielt, kündet das von einer neuen Liebesbeziehung, schaut man aber einer Gruppe von Menschen beim Harfenspiel zu, ist das eine Warnung vor kostspieligen Schwelgereien.

Hase

Der Hase gilt in der europäischen Traumdeutung allgemein als Zeichen für Glück, doch in neuerer Zeit symbolisiert er in Australien für viele ländliche Gebiete schwere Zeiten, denn ihnen droht eine Überpopulation der Hasen. Alte britische Kalenderbücher erklären, wenn man im Traum von einer ganzen Anzahl Hasen träumt, weist das auf Wohlstand hin, während weiße Hasen Treue in der Liebe bedeuten. Vor einem Jahrhundert glaubten amerikanische Quellen, der Anblick von hoppelnden Hasen würde zu einem Streit mit einem Freund führen. Eine neuere australische Untersuchung kommt zu dem Schluß, daß es ein Zeichen von Glück ist, wenn man im Traum einen Hasen schießt, und in einem alten englischen Traumdeutungsbuch heißt es, der Anblick von Hauskaninchen symbolisiere einen Zuwachs an Verantwortung.

Haß

Kein angenehmes Gefühl, aber eines, das über die Jahre in vielen Träumen auftaucht, ist der Haß. Die meisten Fachleute sind sich darin einig: Wenn man im Traum jemanden haßt, ist das eine Warnung, andere nicht falsch zu beurteilen, denn ein solcher Haß kann – ins wirkliche Leben übertragen – auf den Träumenden zurückfallen. Wenn man dagegen im Traum von einem anderen Menschen gehaßt wird, weist das in Wirklichkeit darauf hin, daß der Träumende viele fürsorgliche und entgegenkommende Freunde findet, die ihm bei bevorstehenden Problemen helfen werden. Eine amerikanische Quelle fügte dieser Liste jüngst zwei weitere Deutungen hinzu: Freunde zu hassen, wird dazu führen, einen Rechtsstreit zu gewinnen, und von verhaßten Verwandten zu träumen, verspricht Glück in häuslichen Angelegenheiten.

Häßlichkeit

(→ Mißbildungen)

Die alten Ägypter berichteten als erste von Träumen über Häßlichkeit, und sie kamen zu dem Schluß, daß es Zeichen eines langen und glücklichen Lebens war, wenn man häßliche Menschen sah. Als nicht ganz so glücklich galt es, wenn man im Traum selbst häßlich aussah, denn das kündete von Problemen mit dem anderen Geschlecht. Die Griechen glaubten, ein Traum von häßlichen Menschen sei eine Warnung vor den bösen Absichten eines Rivalen oder Feindes, und diese Interpretation überdauerte in vielen Teilen der Welt bis in die jüngste Zeit. Wenn man in Europa von häßlichen Kindern träumt, gilt das als Zeichen von Familienstreitigkeiten, und eine junge Frau, die sich selbst verunstaltet sieht, läuft Gefahr, sich gegenüber ihrem Partner schlecht zu verhalten und somit ihre Beziehung aufs Spiel zu setzen. Laut modernen Forschungsergebnissen symbolisiert dieser Traum einen Mangel an Selbstvertrauen.

Haus

(→ Gebäude, Heim)

Da ein Großteil des Familienlebens im Haus stattfindet, werden Träume darüber seit der Zeit der Römer als Symbol für das gesellschaftliche, familiäre und private Leben des Träumenden gesehen. Obwohl Freud glaubte, das Haus habe eine weibliche Symbolik (und andere Traumforscher die Meinung vertreten, jedes Stockwerk des Gebäudes stelle einen anderen Bereich des Körpers dar), geht man heutzutage einhellig immer noch von dem ursprünglichen römischen Konzept aus, daß die Vorzeichen mit den Beziehungen des Träumenden zu seiner Familie und zu seinen Freunden sowie mit seiner Einstellung zu sich selbst in Zusammenhang stehen. Mit anderen Worten, was man vom Haus sieht – sei es innen oder außen, sowie die Atmosphäre und der Zustand des Hauses –, hat einen direkten Bezug zu dem, was die Zukunft bereithält.

Haut

Die schrecklichen Seuchen, die die Menschheit heimgesucht haben, nahmen zweifelsohne Einfluß auf die Deutung von Träumen über die Haut. Aus alten Quellen weiß man, daß Träume von einer bleichen oder kranken Haut auf bevorstehende Krankheiten hinweisen, während glatte und reine Haut als Zeichen guter Gesundheit gilt, insbesondere bei einer Frau. Im Mittelalter waren Träume, in denen man seine Haut wusch, Vorboten des nahenden Todes. Sich schälende Haut symbolisierte Probleme im Beruf. Diese Deutungen blieben bis vor einem Jahrhundert weitgehend unverändert, dann fand die Forschung heraus, daß bleiche Haut emotionale Probleme, helle Haut sexuelle Freuden und sich schälende Haut häusliches Unglück verkündet. Eine amerikanische Untersuchung fügte noch hinzu, daß man bei sonnenverbrannter Haut befürchten muß, von Freunden betrogen zu werden.

Hecke

Ein Traum, der bei Frauen viel häufiger vorkommt als bei Männern, und bei dem der Zustand der Hecke entscheidend ist. Eine blühende Hecke gilt als Symbol von Liebe und Glück, eine kahle oder dornenreiche Hecke dagegen ist ein Hinweis auf häusliche Probleme. Viktorianische Kalenderbücher erklärten, daß eine junge Frau, die im Traum mit ihrem Liebsten eine Hecke entlangspaziert, bald heiraten würde. Wenn sich einer von ihnen allerdings in der Hecke verfing, wäre ihr gemeinsames Leben von Streitigkeiten durchdrungen. Wenn Männer im Traum eine Hekke beschneiden, ist das laut Aussage mehrerer britischer Fachleute ein Zeichen für einen zufriedenstellenden Geschäftsverlauf, tritt man jedoch durch eine Lücke in der

Hecke, könnte das zum peinlichen Ende einer Liebesbeziehung führen.

Heidekraut

Die Schotten halten einen Traum von Heidekraut für überaus glückverheißend, insbesondere für das Privatleben und die Beziehungen der Träumenden. Seit dem 14. Jahrhundert gilt weißes Heidekraut als besonders gutes Vorzeichen, denn es verspricht einen fürsorglichen und hingebungsvollen Partner. Mehrere Fachleute glauben auch, das Glück würde noch größer, wenn das Heidekraut im Traum wild wächst und von der Sonne beschienen wird.

Heim

(→ Familie)

Das Zentrum im Leben der meisten Menschen ist das Heim, und der Traum vom eigenen Zuhause stellt ein gutes Omen dar, das von einer Phase glücklichen Familienlebens kündet, solange alles ordentlich und sauber ist. Einige Kalenderbücher erklären, wenn man im Traum das alte Familienheim besucht, weist das auf bevorstehende gute Nachrichten hin – außer das Heim ist vernachlässigt, denn dann kündet ein solcher Traum von Krankheit oder dem Tod eines Verwandten. Renoviert man in Amerika sein Heim, symbolisiert das eine sichere Zukunft, obwohl dieselben Fachleute seltsamerweise erklären, daß man ein Erbe zu erwarten hat, wenn man ein Feuer im Haus sieht! Eine Variation dieses Traums wird aus Südamerika gemeldet und besagt, wenn das eigene Heim im Traum von einem Erdbeben erschüttert wird, so führt das zu finanziellen Verlusten. Wenn man im Traum sein Zuhause verliert, ist das ein Zeichen dafür, daß man auch seinen Glauben an die Integrität anderer Menschen verlieren wird. Eine Studie hat jüngst herausgefunden, daß man öfter zu Besuch nach Hause fahren sollte, wenn man von Zuhause träumt, während man in der Fremde lebt.

Held

Wenn man davon träumt, ein Held zu sein, kann das die Tagesstunden ebenso beeinflussen wie den Schlaf, aber laut einem Traumdeutungsbuch funktioniert die nächtliche Vision gerade umgekehrt: Wenn jemand im Traum ein Held ist, muß er scharfe Kritik von berufener Stelle erwarten, sieht man jedoch einen anderen als Helden, dann weisen die Vorzeichen auf die erfolgreiche Lösung eines alten geschäftlichen Problems hin. Wenn man Zeuge einer heroischen Tat wird, ist das laut einer amerikanischen Quelle ein Hinweis darauf, daß jemand, der gegen den Träumenden einen Groll hegte, einen Sinneswandel durchmachen wird. Ein schwedischer Traumforscher fügt hinzu, daß ein solcher Traum das Symbol für bestimmte Kräfte im Träumenden sein könnte, denen er sich entweder nicht bewußt ist oder die er noch nicht auszuprobieren wagte.

Herz

Herzensangelegenheiten standen oft im Mittelpunkt der Traumforschung des 19. Jahrhunderts. Eine ihrer nachdrücklichsten Erklärungen lautete, daß jeder Herzensschmerz auf berufliche Probleme hinwies. Wenn eine junge Frau von ihrem Herzen träumte – oder von einem herzförmigen Gegenstand –, kündete das von einer Liebesbeziehung. Heutzutage wird jeder Traum, in dem man einen Herzinfarkt erleidet, als Gegenteiltraum betrachtet, der auf ein langes und glückliches Leben schließen läßt. Wenn man in Europa im Traum ein lebendes Herz sieht, prophezeit das einen Mangel an Energie, gefolgt von Krankheit. Neuere Traumdeutungsbücher aus Amerika werten das Gefühl, herzlos zu sein, als sicheres Zeichen für beruflichen Erfolg.

Himmel

(→ Wolken)

Jeder Himmel, den man im Traum sieht, bietet eindeutige Vorzeichen hinsichtlich der Zukunft des Träumenden, denn das alte Sprichwort von den »sich zusammenbrauenden Gewitterwolken« kündet tatsächlich von einer Phase im Leben der Träumenden, die von Härte und Streß geprägt ist. Je klarer der Himmel, desto besser die Aussichten, glücklich zu sein, obwohl sich die Fachleute einig sind, daß ein völlig grauer Himmel vertrauensvolle Freunde symbolisiert. Seit mehreren Jahrhunderten behaupten europäische Quellen, daß ein Traum von einem roten Himmel öffentlichen Aufruhr und Revolten vorhersagt, und wenn im Traum geheimnisvolle Gegenstände vom Himmel fallen, so prophezeit das Krieg. Viktorianische Kalenderbücher wußten zu berichten, daß Träumenden, die sich selbst im Himmel schweben sahen – unsicher, ob sie wach waren oder nicht –, eine äußerst schmerzliche Krankheit bevorstand. Moderne Fachleute beschränken das einfach auf den Wunsch nach Flucht, und die Faszination mit der blauen Weite symbolisiert ihrer Meinung nach das Bedürfnis, die Geheimnisse des Lebens zu verstehen.

Hinterhalt

(→ Gefahr)

Seit Jahrhunderten gelten Träume, in denen man Opfer eines Hinterhalts wird, als Anzeichen dafür, daß eine versteckte Gefahr droht, die nur durch äußerste Vorsicht vermieden werden kann. In manch einem alten Almanach findet dieser Traum Erwähnung. Oft wird noch hinzugefügt, wenn man im Traum selbst Teil des Hinterhalts sei, müsse das als Warnung betrachtet werden, an keinerlei Aktivitäten teilzunehmen, die einem Freunde Schaden zufügen könnten. In neuerer Zeit wird diese Art von Traum, insbesondere in Amerika, als Hinweis gewertet, daß man in bezug auf andere Personen über eine Vorgehensweise nachdenkt, die man bald bereuen wird.

Hobby

Wenn man von einem Hobby träumt – ob es ein derzeitiges Interesse des Träumenden ist oder eines, mit dem er sich gern einmal beschäftigen würde –, so besteht das Bedürfnis nach Veränderung, insbesondere nach einer Ruhepause bei anspruchsvoller Arbeit. Die Menschen im viktorianischen Zeitalter, die als erste ihre Hobbys mit Begeisterung ausübten, deuteten diese Art Traum als Ankündigung von Veränderungen im Leben, obwohl alle Veränderungen nur unter Schwierigkeiten erzielt werden konnten. Es ist ein gutes Omen, wenn man im Traum Kinder bei der Ausübung ihres Hobbys beobachtet, da mehrere europäische Quellen der Ansicht sind, dies weise auf einige gewinnträchtige Unternehmungen in der Zukunft hin.

Hochzeit

Obwohl sich aus den Traumbüchern schließen läßt, daß dies ein überaus häufiger Traum ist, kündet er mit Sicherheit nicht von einer Hochzeit für den Träumenden, seine Familie oder seine Freunde. Vielmehr heißt es seit vielen Jahrhunderten, daß ein solcher Traum ein Symbol für eine Phase des Glücks ist – und wenn die »Traum«-Hochzeit die eines Verwandten ist, dann beruht das Glück höchstwahrscheinlich auf einem unerwarteten Geldsegen. Die Menschen im viktorianischen Zeitalter glaubten, daß jeder Unverheiratete, der von einer Hochzeit träumte, seine eigenen Chancen auf ehelichen Segen verringerte, wenn jedoch eine junge Frau im Traum sah, wie ihr Liebster eine andere Frau heiratete, konnte das für ihre eigene Beziehung in Wirklichkeit durchaus Gutes bedeuten.

Höhle

(→ Enge, Keller)

Überaus häufig kommen Träume vor, in denen man sich in einer Höhle befindet, aus der es offenbar keinen Ausgang gibt. Dieser Traum symbolisiert wachsende Probleme im Leben des Träumenden. Für die Chinesen ist eine Höhle ein mütterliches Symbol, dennoch sind sie der Ansicht, wenn man den Eingang einer Höhle bei Nacht auch nur sehe, sei das schon Vorbote einer Bedrohung von Gesundheit oder Arbeit. In Großbritannien sind Höhlenträume als Hindernistraum bekannt, und aufmunternde Worte werden für all jene gefunden, die den Weg aus der Höhle finden, bevor sie aufwachen – ihre Probleme werden sich rechtzeitig lösen. Die Deutschen glauben, ein Höhlentraum künde von einer Veränderung im Leben des Träumenden, möglicherweise mit einer Entfremdung von einigen Familienangehörigen. Ein italienisches Traumbuch für Liebende aus dem 19. Jahrhundert behauptet, daß eine junge Frau, die davon träumt, mit ihrem Liebsten in eine Höhle zu spazieren, jemand völlig Unpassenden ehelichen wird! Einige moderne Quellen glauben, dieser Traum sei ein Symbol dafür, in einer ungeeigneten Lebensweise gefangen zu sein, und daß jede nur mögliche Anstrengung unternommen werden sollte, um wieder herauszugelangen.

Hölle

(→ Teufel)

Die Vorstellung der Hölle als Herrschaftsbereich des Bösen gibt es schon seit ältester Zeit, und seit Jahrhunderten gelten Träume über diesen Ort als Symbol der Versuchung. Wenn man sich im Traum erlaubte, von den »Vergnügungen der Hölle« fasziniert zu sein, war eine finanzielle und moralische Katastrophe zu erwarten, behaupten zumindest alte Kalenderbücher. Wenn man im Mittelalter jedoch Menschen in der Hölle sah, wies das auf ein langes Leben hin. Sprach man allerdings mit ihnen, gleichgültig wie kurz, warnte das davor, von Feinden umgarnt zu werden. Heute wird jeder Traum, der mit der klassischen Vorstellung der Hölle gleichgesetzt werden kann, als ein Anwachsen der finanziellen Erfolge gewertet, jedoch begleitet von einem vergleichsweise tiefen Fall auf der Skala gesellschaftlicher Beliebtheit.

Homosexuelle

Eine britische Untersuchung brachte vor kurzem zutage, daß es ein Symbol für eine grundlegende Unsicherheit hinsichtlich seiner Beziehungen zum anderen Geschlecht sein kann, wenn man als Heterosexueller von Homosexuellen träumt. Die Studie rät, psychologische Hilfe in Anspruch zu nehmen. In mehreren amerikanischen Traumdeutungsbüchern gelten solche Träume jedoch als gutes Omen: Wenn man Homosexuelle sieht, weist das auf einen finanziellen Gewinn hin, und trifft man auf eine ganze Gruppe von Homosexuellen, erhält man verloren geglaubtes Geld zurück.

Honig

Dies ist ein uralter Traum mit guten Vorzeichen, denn Honig gilt als Symbol von Liebe und Wohlstand. Die frühesten Kalenderbücher behaupteten, wenn man im Traum Honig esse, künde das von häuslichem und gesellschaftlichem Glück, und für Liebende war es ein Zeichen, daß sie in Kürze heiraten würden. Wenn man im Traum Honig sammelte, wies das auf finanzielle Gewinne hin, und mehrere europäische Quellen fügten noch hinzu, daß jemand, der im Traum anderen Menschen Honig gibt, bald gute Neuigkeiten von einer ihm nahestehenden Person erhalten werde, die krank war oder in Schwierigkeiten steckte.

Hotel

Die Menschen im viktorianischen Zeitalter glaubten, daß Träume, in denen man sich in einem Hotel aufhielt, ein Leben der Zufriedenheit und des Gewinns symbolisierten. Moderne Fachleute neigen dagegen zu der Ansicht, daß es sich hierbei um einen Gegenteiltraum handelt, und je prächtiger und eindrucksvoller das Hotel ist, desto größer die Enttäuschung, die mit dem Ergebnis eines Lieblingsprojekts einhergeht. Sich allein oder mit einem Angehörigen des anderen Geschlechts in einem Hotel zu befinden, weist auf Probleme im häuslichen Bereich hin – allerdings nicht unbedingt in Amerika, wo mehrere Traumdeutungsbücher behaupten, daß ein Mann, der im Traum mit seiner Geliebten in einem Hotel nächtigt, zu Wohlstand gelangen wird. In denselben Quellen heißt es auch, wenn man im Traum in einem Hotel übernachtet, wird das zur Lösung eines Geheimnisses führen, das dem Träumenden zu denken gab. Europäische Quellen erklären weiter, wenn man im Traum ein Hotelbesitzer ist, wird man ein Vermögen machen.

Hühner

Hühner sind laut mehreren alten ländlichen Kalenderbüchern in Träumen zwar vertraute Wesen, aber nicht notwendigerweise gute Vorzeichen. Hühner auf einem Grill deuten darauf hin, daß jemand einen Groll gegen den Träumenden hegt, während ein Haufen unruhiger Hühner auf eine Reihe von Problemen weist, die sich am Horizont sammeln. Nur Küken sind ein gutes Omen für künftige Pläne, obwohl beträchtliche Energie notwendig sein wird, um die Pläne verwirklichen zu können. Eine Sammlung alter Überlieferungen aus dem 19. Jahrhundert warnt vor Träumen, in denen man Hühner verspeist, weil das – so heißt es – ein Zeichen von Selbstsucht ist, die auf das Liebesleben und die geschäftlichen Angelegenheiten des Träumenden eine ungünstige Wirkung ausüben wird. Amerikanische Quellen haben jedoch eine positivere Einstellung zu Hühnern und behaupten, die Vögel seien ein Symbol für Freundschaft, Fruchtbarkeit und ein gute Liebesleben.

Hund

Der Hund ist seit uralter Zeit des Menschen bester Freund und findet dementsprechend auch seinen Platz in der Traumdeutung, wo das Tier im allgemeinen als gutes Omen gilt. Gut erzogene weiße oder helle Hunde sind ein Zeichen von guten Beziehungen zu Familienangehörigen und Freuden. Schwarze Hunde können auf Probleme mit Freunden hindeuten, um so mehr, wenn sie kämpfen oder bellen. Im allgemeinen ist das Verhalten des Hundes der Schlüssel für das, was die Zukunft bereithält. Einige europäische Fachleute behaupten, wenn man von einem kleinen Hund träumt, weise das auf ein leichtsinniges Naturell hin. Ist das Tier nicht ganz gesund, sollte man auf geschäftliche Probleme achten. Von den Definitionen, die hinsichtlich bestimmter Hunderassen vorliegen, liefert ein amerikanischer Almanach die beiden interessantesten: Eine Bulldogge symbolisiert für einen Mann, daß er Streit mit seiner Freundin haben wird, und ein Windhund warnt Frauen vor drohender Verführung. Eine deutsche Sammlung von Traummotiven fügt hinzu, wenn man im Traum sieht, wie sich ein Rüde und eine Hündin paaren, werden sich alle Sehnsüchte des Träumenden erfüllen!

Hürde

Der Versuch, eine Hürde zu überwinden, welche Form sie auch immer haben mag, ist ein klassischer Hindernistraum. Der Kampf, über die Hürde zu gelangen, ist Symbol für eine Reihe von Verdachtsmomenten, die das persönliche Glück und die Aussichten des Träumenden beeinträchtigen, und nur wenn die Hindernisse beiseite geräumt werden, darf man erwarten, sich wieder eines zufriedenen Lebens zu erfreuen. Ehrlichkeit gegenüber den an dem Verdacht Beteiligten ist notwendig, um diese Situation zu bereinigen.

Hut

Ein Traum von einem neuen Hut ist sowohl für Männer als auch für Frauen ein gutes Zeichen: Ein Mann darf einige vorteilhafte berufliche Veränderungen erwarten, eine Frau wird neue Bewunderer anziehen. Wenn man einen Hut verliert, ist die Sache allerdings eine ganz andere: Als Mann wird man geschäftliche Verluste hinnehmen müssen und eine Frau wird sexuelle Probleme bekommen. Trägt man im Traum einen alten Hut, ist das ein Zeichen für Armut. Ein Hut, der zu groß ist, wird zu Peinlichkeiten führen, und einer, der zu klein ist, prophezeit eine Enttäuschung. Amerikanische Quellen fügen hinzu, wenn man im Traum einen ausladenden oder kunstvoll gearbeiteten Hut trägt, weist das auf Wohlstand hin, ein Strohhut ist dagegen ein Zeichen von Selbstgefälligkeit.

Impfung

(→ Arznei)

Dies ist ein in den letzten Jahren zunehmend häufig auftretender Traum, bei dem die Fachleute zu der Ansicht neigen, daß er Unaufrichtigkeit symbolisiert. Traumbücher aus den zwanziger Jahren behaupten, daß ein Mann, der im Traum geimpft wird, den Ränken einer skrupellosen Frau zum Opfer fällt. In Amerika werden beide Geschlechter bei einem solchen Traum bald von der Zuneigung eines unwürdigen Menschen überschüttet. Kinder, die im Traum geimpft werden, sind eine Warnung davor, kein Geld für zweifelhafte Unternehmungen zu verschwenden.

Impotenz

(→ Sex, Versagen)

Träume von sexueller Impotenz gibt es mit Sicherheit seit mehreren Jahrhunderten. Sie wurden allerdings nicht oft verzeichnet, obwohl die Fachleute sich einig sind, daß es sich dabei um einen Traum mit gegenteiliger Wirkung handelt. Europäische Quellen waren die ersten, die erklärten, Impotenz im Traum künde von einem befriedigenden und vitalen Sexualleben, während die eher reservierten viktorianischen Kalenderbücher in Großbritannien ihren männlichen Lesern anvertrauten, daß diese Empfindung in Wirklichkeit unerwarteten Reichtum prophezeie. Amerikanische Quellen aus der Zeit der Jahrhundertwende behaupteten, der Traum lasse ein Erbe erwarten.

Inschriften

Interessanterweise sind bei der überwiegenden Mehrzahl der Träume von Inschriften – beispielsweise auf Monumenten, Gebäuden oder Gräbern – die Träumenden nicht in der Lage, sich an den genauen Wortlaut zu erinnern. Die Fachleute sind sich einig, daß der entscheidende Punkt bei der Deutung dieses Traums der Gegenstand ist, auf dem die Inschriften geschrieben sind: Auf einer Statue symbolisiert der Traum eine Belohnung, auf einem Gebäude einen Wohnortwechsel und auf einem Grabstein ein glückliches Ereignis wie eine Hochzeit oder eine Geburt! Sollte es möglich sein, die Inschrift zu lesen, erklärt eine britische Quelle, weist dies darauf hin, daß der Träumende in der Lage sein wird, alle Probleme zu lösen, die ihm angst machen.

Inseln

Inseln galten immer schon als Symbol von Frieden und Zufriedenheit, und in der Traumdeutung werden sie entsprechend als Vorzeichen von Glück und einem guten Leben gewertet. Seit kurzem hinterfragen Forscher diese generell positive Deutung und erklären, daß ein Mensch, der sich im Traum auf einer Insel befindet, durchaus wegen seines Tuns an Gewissensqualen leiden könnte. Sicherlich stehen jedem, der sich vorstellt, als Schiffbrüchiger auf einer Insel gestrandet zu sein, schwierige gesellschaftliche und familiäre Zeiten bevor – außer wenn er die Insel vor dem Aufwachen verlassen kann. Wenn man aus der Entfernung eine traumhafte Insel sieht, deutet das auf eine Reise hin. Eine Insel, die überbevölkert zu sein scheint, ist ein Hinweis darauf, daß der Träumende für seinen Lebensunterhalt schwer kämpfen muß. Eine britische Quelle erklärt, der Traum dränge den Träumenden, extrovertierter und vertrauensvoller zu werden und nicht ständig die Gesellschaft anderer Menschen zu meiden.

Inzest

(→ Vergewaltigung)

Dies gilt als ein unangenehmer Traum, der unter jenen, die diesen Traum zugestanden haben, viel Gewissenserforschung verursacht hat. Die Fachleute sind sich einig, daß ein solcher Traum nicht den Akt selbst symbolisiert, sondern vielmehr die unbewußte Angst vor einer schändlichen Tat. So ließ beispielsweise ein britisches Traumdeutungsbuch, das in den zwanziger Jahren veröffentlicht wurde, seine Leser und Leserinnen wissen: »Wenn man von inzestuösen Praktiken träumt, wird man an Ehre verlieren und auch Geschäftsverluste erleiden.« Eine neuere Traumstudie, die in Amerika herauskam, unterstreicht die Bedeutung, dem Druck zu widerstehen, der auf den Träumenden, wie es der Traum impliziert, ausgeübt wird. Gibt man nämlich nach, werden die Konsequenzen katastrophal sein.

Jacht
(→ Schiffe, Segeln)

Nautische Kalenderbücher berichten, daß die Jacht das Symbol für Anstrengung ist, und wenn man von einem dieser anmutigen Boote unter vollen Segeln und auf hoher See träumt, kündet das Gutes für die Zukunft des Träumenden in Beruf und Familie. Ein viktorianisches Traumdeutungsbuch behauptete, daß derselbe Traum ein Hinweis darauf sei, die Gelegenheit zu bekommen und – fern von beruflichen Problemen – etwas Erholung zu finden, fügte jedoch hinzu, wenn die Jacht auf Grund liefe oder stranden würde, dann könnten sich die Probleme verschlimmern. Befand man sich mit der Jacht auf unruhiger See, kündete das von der Verwirklichung von Plänen und der Möglichkeit eines finanziellen Bonus. Moderne Quellen fügen hinzu, daß der Traum gleichermaßen als dringender Wunsch nach einer Reise interpretiert werden kann.

Jackpot
(→ Glücksspiel)

Es scheint ein typisch amerikanisches Phänomen zu sein, im Traum einen Jackpot zu gewinnen. Fachleute erklären in ihren Büchern, es handele sich um einen Gegenteiltraum. Der Traum symbolisiert eine Phase harter Arbeit für wenig Entlohnung. Wenn der Preis jedoch von jemand anderem gewonnen wird, darf ein kleines Erbe erwartet werden.

Jesus Christus
(→ Gott)

Träume von der Person Jesus Christus gibt es seit Beginn des Christentums. Sie sollen ein Symbol des Trostes und der Seelenstärke sein, die dem Träumenden in Vorbereitung auf eine bevorstehende Zeit der Prüfung versprochen werden.

Im Mittelalter wurden Träume, in denen Christus zu sprechen schien, aus ganz Europa gemeldet. Sie versprachen angeblich Seelenfrieden. Wenn man sich im Traum mit Jesus Christus unterhält, stellt das gemäß mehreren religiösen amerikanischen Veröffentlichungen die Aufforderung dar, sich wohltätig zu zeigen und den Armen zu spenden.

Jockey

Die Deutung von Träumen, in denen Jockeys vorkommen, ist in aller Welt unterschiedlich. In Amerika soll ein siegreicher Jockey leichtverdientes Geld symbolisieren, während ein Jockey, der verliert, den Träumenden vor Freunden warnt, die ihn betrügen wollen. Britische Fachleute behaupten, eine Frau, die von einem Jockey träumt, wird unerwartet einen Heiratsantrag bekommen, und ein Mann mit diesem Traum wird dazu aufgerufen, seine Leidenschaften zu kontrollieren. In Australien symbolisiert ein Jockey ein Überraschungsgeschenk, wenn man jedoch im Traum sieht, wie ein Jockey vom Pferd geworfen wird, muß man damit rechnen, von einem Fremden um ein Darlehen gebeten zu werden.

Jugend

(→ Alter)

Die alten Babylonier berichteten als erste von Träumen, in denen der Träumende wieder jung ist. Sie werteten das als Zeichen bevorstehender wichtiger Neuigkeiten. Die Römer hielten diesen Traum für einen Appell, eine Gelegenheit zu nutzen, bevor es zu spät war – eine Definition, der sich viele moderne Fachleute heute immer noch anschließen. Andere frühe Quellen erklärten, wenn man im Traum junge Menschen sah, sei das eine Ankündigung, daß die Zeit reif war, um Familienstreitigkeiten beizulegen. Wenn Verheiratete im Traum ihren Partner wieder jung sehen, ist das eine Bestätigung der Festigkeit ihrer Liebe.

Jungfrau

Die alten Griechen glaubten, daß ein Traum von einer Jungfrau Gutes für »Spekulationen« prophezeie, und mehrere frühere Fachleute bezeichnen Träume, in denen man eine Jungfrau umarmt, als Symbol »großen Glückes«. Mittelalterliche Aufzeichnungen erwähnen Träume, in denen Jungfrauen entführt werden: Ein solcher Traum würde zu einem Gefängnisaufenthalt führen. Ein Dokument aus dem 17. Jahrhundert erläuterte, daß ein Mann, der im Traum einem Mädchen die Jungfräulichkeit nahm, in all seinen Unternehmungen scheitern und von seinen Mitmenschen geächtet würde. Viktorianische Traumdeutungsbücher warnten ihre Leserinnen, daß ein Mädchen, das im Traum seine Jungfräulichkeit verlor, in Gefahr lief, seinen Ruf zu verlieren, während eine verheiratete Frau, die im Traum ihre Jungfräulichkeit wiedererlangte, mit ihrem gesellschaftlichen und familiären Leben unglücklich war.

Kabine

Die ersten Berichte von Träumen über Schiffskabinen als böses Omen finden sich in Dokumenten aus dem 16. Jahrhundert. Obwohl die Kabine vor den Stürmen auf See eine sichere Zuflucht bot, galt sie in der Traumdeutung als Symbol von »sich zusammenbrauenden Schwierigkeiten«. Wenn man zwei Jahrhunderte später im Traum in einer Kabine eingesperrt war, deutete das laut mehreren europäischen Kalenderbüchern auf einen schlechten Gesundheitszustand hin. Sah man jedoch in der Kabine einen Vertreter des anderen Geschlechts, verbarg der Träumende eine Schuld. Die viktorianischen Traumbücher sind sich einig, daß Träume von Schiffskabinen häusliche Unruhe symbolisieren. Die moderne Forschung hält diesen Traum für eine Warnung, all zu sorglos zu werden, und rät, sich mit dem Leben mehr Mühe zu geben.

Kaffee

Eine Zeitlang hielt man Träume von Kaffee für ein schlechtes Omen. Ein berüchtigter amerikanischer Almanach aus den achtziger Jahren der vorigen Jahrhunderts deutete an, ein solcher Traum künde bei verheirateten Paaren von häuslichem Aufruhr und bei jungen Mädchen von sexueller Promiskuität. Doch das 20. Jahrhundert hat diese Vorstellungen revidiert. Trinkt man heute im Traum eine gute Tasse Kaffee, so ist das ein Zeichen für gute Neuigkeiten, und wenn man Kaffeebohnen mahlt, zeugt das von glücklichen Beziehungen zu Familienangehörigen und Freunden. Nur wenn man den Kaffee verschüttet, ist das nicht so gut, denn das prophezeit einige kleinere Probleme.

Kahlköpfigkeit

(→ Haar)

Der Traum, kahl zu werden, ist nach Ansicht aller Experten eine Warnung vor Krankheit, obwohl die Menschen seit vielen Generationen glauben, daß man leidenschaftlich geliebt wird, wenn man im Traum eine »Platte« bekommt. Seit dem Mittelalter muß ein Mann, der von einem Glatzkopf träumt, sich vor Täuschung hüten, träumt er jedoch von einer kahlköpfigen Frau, wird er eine streitsüchtige Ehefrau bekommen. Eine Frau, die von einem Glatzkopf träumt, muß offenbar mit Problemen in ihrem Liebesleben rechnen.

Kai

(→ Hafen)

Englische Seeleute glaubten im 18. Jahrhundert, daß ein Traum, in dem man allein am Kai im Hafen stand, ein sehr schlechtes Omen sei, denn er symbolisiere Trauer und den Tod auf See. In späteren Jahren behaupteten Almanachverfasser, daß jeder Traum von einem Kai von einer langen Reise künde, und wenn Schiffe am Kai lägen, könne der Träumende beruhigt davon ausgehen, daß sich seine Pläne verwirklichten. Ein neueres amerikanisches Traumdeutungsbuch erklärt, daß ein bevölkerter Kai ein gutes Zeichen für den Beruf ist, ein vernachlässigter oder verlassen daliegender Kai dagegen ein Zeichen von Enttäuschung, höchstwahrscheinlich in Herzensangelegenheiten.

Kaleidoskop

Die Amerikaner haben einen interessanten Vorrat an möglichen Deutungen von Träumen, in denen Farb- und Bildkaleidoskope vorkommen: Sie sollen das Symbol für eine Veränderung der Lebensumstände sein, mit neuen Freunden und neuen Erfahrungen, die versprechen, ein Leben zu erhellen, das in einen Trott verfallen ist. War der Träumende bislang nüchtern und vorsichtig, muß er sich nunmehr darauf gefaßt machen, leichtsinnig und vergnügungssüchtig zu werden. Sieht man im Traum ein wirkliches Kaleidoskop, weist das auf kleineres Gelderbe hin.

Kampf

Träume, in denen man an einem Kampf beteiligt ist, beschäftigen die Almanachschreiber seit Jahrhunderten. Den verschiedenen Kampfarten – spontane Schlägereien, Boxkämpfe oder jede Form von Kampf mit einer Waffe – wurden unterschiedliche Bedeutungen zugeschrieben. Im wesentlichen ist dieser Traum das Symbol eines kämpferischen Geistes, obwohl man bei der Deutung stets berücksichtigen sollte, daß offensichtlich das Bedürfnis nach Veränderung vorliegt. Vor einem Jahrhundert verschwendete ein Mann, der im Traum andere kämpfen sah, Zeit und Geld, während eine Frau, die ihren Mann kämpfen sah, erkennen mußte, daß er ihrer unwürdig war. Ein neueres Traumdeutungsbuch aus Amerika erklärt, wenn man im Traum in einem Kampf geschlagen wird, kündet das von Widerspruch in Liebesangelegenheiten.

Känguruh

In Australien wird das Känguruh entweder als herrliche Kreatur oder als Landplage betrachtet, und die Deutungen eines Traums über Känguruhs sind ähnlich unterschiedlich. Sieht man im Traum ein hüpfendes Känguruh, ist das ein Symbol für eine kurze Reise, und wenn man von einem Känguruh angegriffen wird, bedeutet das, daß der Ruf des Träumenden Gefahr läuft, durch einen Skandal befleckt zu werden. Ein Almanach aus dem frühen 20. Jahrhundert besagt, daß der Anblick eines Känguruhfells auf die unmittelbar bevorstehende Verwirklichung eines langgehegten Planes hinweist, wenn man dagegen eines dieser Tiere tötet, kündet das von einer bemerkenswerten Leistung trotz zahlreicher Hindernisse. Ein britischer Experte hat vor kurzem erklärt, der Traum symbolisiere das Verlangen, einem ruhigen Leben zuliebe entscheidenden Problemen aus dem Weg zu gehen, obwohl man sich ihnen in Wirklichkeit stellen sollte.

Kapuze

Europäische Fachleute warnen, daß man sich vor Täuschung hüten muß, wenn man im Traum einen Menschen mit einer Kapuze sieht – ob es der Träumende selbst ist oder jemand anderes. Mehrere Jahrhunderte lang waren Mönche mit Kapuzen Thema zahlreicher Träume, und alte Kalenderbücher weisen den Träumenden an, nach Menschen Ausschau zu halten, die Freunde zu sein scheinen, aber in Wirklichkeit Übles planen. Französische Traumbücher erklären, wenn eine junge Frau im Traum eine Kapuze trägt, plant sie unterbewußt, einen verheirateten Mann zu verführen.

Kartoffel

Die Kartoffel gehört zu den Grundnahrungsmitteln, und daher überrascht es nicht, wenn man erfährt, daß Kartoffelträume seit Jahrhunderten als Symbol eines stabilen Zuhauses gelten. Wenn man im Mittelalter Kartoffeln ausgrub, wies das auf Erfolg nach harter Arbeit hin. War eine der Kartoffeln verfault, sah die Zukunft düster aus. Im großen und ganzen betrachten moderne Autoren Träume, in denen man gekochte Kartoffeln ißt, als Zeichen dafür, daß Pläne realisiert werden können. Für die Franzosen künden Pellkartoffeln von der Ankunft eines unwillkommenen Gastes. Ein amüsanter australischer Almanach erklärte vor kurzem, daß der Mann, der sich im Traum Bratkartoffeln zubereitet, bald dem Charme einer drallen Frau erliegen wird!

Käse

»Wer nachts Käse ißt, wird schlechte Träume haben«, lautet ein altes Sprichwort, aber in Wirklichkeit gelten Träume von diesem schmackhaften Lebensmittel als Symbol von Gesundheit und Glück. Aufzeichnungen aus dem 16. Jahrhundert versichern, daß jemand, der im Traum Käse macht, Erfolg in geschäftlichen Unternehmungen haben wird. Bald darauf behaupteten Kalenderbücher, wenn ein junger Mann beziehungsweise eine junge Frau Käse esse, weise das auf eine befriedigende Liebesbeziehung hin. In Europa sollen Träume von Käse ein Anzeichen dafür sein, daß der Träumende ausschließlich die besten Dinge des Lebens bevorzugt, in Amerika dagegen kündet geruchsintensiver Käse von einer peinlichen Situation, in die der Träumende auf gesellschaftlicher Ebene angeblich geraten wird. Eine sehr bodenständige britische Quelle äußerte vor kurzem, daß der Körper immer dann, wenn man von Käse träumt, mehr Protein benötigt.

Katzen

(→ Katzenjunge)

Träume von Katzen gelten im allgemeinen als Vorzeichen von Pech, auch wenn Katzenliebhaber das nur schwer akzeptieren können. Wenn eine Katze im Traum spuckt oder den Träumenden angreift, so versuchen bestimmte Menschen, seinen Ruf zu verunglimpfen. Das kann jedoch vermieden werden, wenn man das Tier davonscheucht. In einem englischen Almanach steht zu lesen, ein Traum von einer mageren Katze sei ein Zeichen dafür, daß ein Freund erkrankt ist, während eine saubere, weiße Katze von einer bevorstehenden Liaison mit einem Vertreter des anderen Geschlechts kündet, die zu Unglück führen könnte. Die Franzosen behaupten, daß eine junge Frau, die im Traum mit einer Katze kuschelt, wahrscheinlich leicht zu verführen ist. Die Italiener sind der Ansicht, daß ein Mann, der im Traum von einer Katze gekratzt wird, im Geschäftsleben Verluste erleiden wird.

Katzenjunge

(→ Katzen)

Kleine Kätzchen galten in den Traumbüchern des letzten Jahrhunderts als äußerst gutes Vorzeichen, weil sie jungen Frauen angenehme romantische Bindungen versprachen. Wenn man in Südeuropa (wo Katzen weniger als Haustier und mehr als Mittel zur Nagetierkontrolle betrachtet werden) von einem neugeborenen Kätzchen träumt, wird man von einer Krankheit genesen. In Amerika muß sich eine Frau, die im Traum ein wunderhübsches weißes Kätzchen sieht, vor einem raffinierten Verführer hüten, der in ihr Leben tritt. Wenn ein Mann im Traum ein Katzenjunges ist, steht ihm eine enttäuschende Liebesaffäre bevor.

Kegel

Die Kegelform ist ein phallisches Symbol und wurde von jedem Traumdeuter seit Ptolemäus als Symbol für den Wunsch nach außergewöhnlichen sexuellen Freuden beschrieben. Einige der viktorianischen Traumbücher umgingen eine solch direkte Anspielung, indem sie behaupteten, ein Traum über etwas Kegelförmiges wie einer Spritztülle oder einem Meßglas würde der errötenden Maid eine glückliche Ehe und dem jungen Burschen eine schöne Braut garantieren.

Keller

(→ Höhle)

Wie beim Höhlentraum verspricht es nichts Gutes für die Zukunft, wenn man sich im Traum in einem naßkalten Keller befindet. Ein solcher Traum deutet insbesondere dann auf einen Verlust der Zuversicht – und gar auf einen Verlust von Besitz –, wenn man gegen diese Eventualitäten nicht die allergrößte Willenskraft aufbringt. Der Träumende, der sich in einem Keller gefangen fühlt, muß dies als Warnung auffassen: Er könnte es versäumen, seine Verpflichtungen zu erfüllen, was dazu führt, daß er einige gute Freunde verliert. Die Franzosen glauben, wenn man im Traum einen randvoll mit Weinen oder Lebensmitteln gefüllten Keller sieht, deutet das auf eine gewinnträchtige Zukunft hin. Jede junge Frau, die sich selbst in dieser Situation wiederfindet, sollte sich allerdings vor der süßholzraspelnden Zunge eines Mannes hüten, der ihr bald darauf die Ehe anbietet – er wird sich als zwanghafter Spieler erweisen!

Kellner

(→ Wirtshaus)

Die alten Deutungen, die sich auf Träume von Dienern bezogen, wurden auch auf Kellner und Kellnerinnen übertragen. Wenn man im Traum jemanden sieht, der Essen serviert, so ist das im allgemeinen ein Hinweis darauf, daß der Träumende in Kürze einen Freund bewirten wird. Fällt die Dienstleistung jedoch nicht zufriedenstellend aus, wird ein Verwandter erkranken. Nach Ansicht einiger Fachleute legt dieser Traum nahe, daß der Träumende zuviel für andere tut, die sehr wohl in der Lage wären, sich selbst zu helfen – oder umgekehrt!

Kerze

(→ Lampe)

Phallische Interpretationen für Träume, in denen Kerzen auftauchen, gibt es seit langer Zeit – die Mehrheit davon entstammt einer bekannten Definition aus dem 17. Jahrhundert, die besagt, daß eine Frau, die im Traum Kerzen gießt, bald einen virilen Liebhaber finden wird. Aus dieser Zeit stammt auch der Glaube, daß eine junge Frau, die im Traum eine Kerze entzündet, kurz vor einer Affäre steht, bei der sie ihren Liebhaber heimlich treffen muß, weil ihre Eltern Einwände haben. Im Gegensatz dazu gilt seit dem Mittelalter in den meisten Traumbüchern eine hell scheinende Kerze als Zeichen von Zufriedenheit und guten Beziehungen zu Familienangehörigen und Freunden. Wenn man eine tropfende Kerze sieht, bieten sich neue Gelegenheiten, während jeder Traum, in dem ein Kerzenständer mit brennenden Kerzen auftaucht, eine helle Zukunft mit Gesundheit, Glück und liebevollen Gefährten prophezeit.

Ketten

(→ Gefangenschaft, Halskette, Handschellen)

Ketten waren seit der Zeit des Römischen Reiches ein beunruhigendes Omen in Träumen, wo man sie für das Symbol von Sorgen und Schwierigkeiten hielt. Lag man im Traum in Ketten, war das ein Vorzeichen vieler ungerechter Lasten, die nur entfernt werden konnten, indem man die Kettenglieder aufbrach. Träumte man im Mittelalter davon, daß andere Menschen in Ketten lagen, galt das als Warnung, sich vor den Machenschaften seiner Feinde zu hüten. Ein Almanach aus dem 18. Jahrhundert behauptete, wenn man im Traum eine Frau mit einer Goldkette um den Hals sah, sei das ein gutes Vorzeichen für Liebesangelegenheiten. Die moderne Forschung ist der Ansicht, daß dieser Traum Eheprobleme symbolisiert, an denen der Träumende arbeiten muß.

Kiefern

Im skandinavischen Volksgut gilt die Kiefer seit Jahrhunderten als Symbol für langes Leben und Zufriedenheit, und die Forschung bestätigt, daß dies auch für Träume von Kiefern gilt. Die Fachleute sind sich einig: Sieht man einen Wald aus Kiefern, weist das auf eine Familienvereinigung hin, und wenn man eine Kiefer fällt, so gilt das nicht als schlechtes Omen, denn es garantiert eine angenehme Arbeitsstelle. In ganz Europa gelten Kiefernzapfen als Symbol unerwartet guter Nachrichten – wahrscheinlich einer Geburt. Amerikanische Quellen besagen, daß jeder Traum von Möbeln aus Kiefernholz auf eine glückliche Liebesbeziehung hoffen läßt. Eine weitere Untersuchung aus jüngster Zeit erklärt darüber hinaus, der Traum symbolisiere die Vorteile eines gesunden Lebens an der freien Natur.

Kinder

(→ Baby, Tochter, Sohn)

Viele Träume, in denen es um Kinder geht, wurden wegen ihrer Genauigkeit gerühmt, obwohl die Vorzeichen merkwürdigerweise mit dem Gesundheitszustand der Kleinen variieren. Spielende Kinder sind ein Zeichen von Glück und Wohlstand, während vernachlässigte Kinder ein Hinweis auf Sorgen und Enttäuschung sind. Wenn eine Mutter träumt, daß ihr Kind schwer erkrankt, so ist das in Wirklichkeit ein Zeichen dafür, daß es sich robuster Gesundheit erfreut. Sieht ein Elternteil dagegen im Traum sein totes Kind, sollte das als ernste Warnung aufgefaßt werden: Jemand in der Familie ist nicht gesund. Die beste Bedeutung hat der Traum, in dem man zusammen mit Kindern spielt. In einer neueren britischen Quelle hieß es vor kurzem, bei Träumen von Kindern könnte es sich um den unterdrückten Wunsch nach einer Familie oder die Sehnsucht nach der eigenen Kindheit handeln.

Kino

(→ Fernsehen)

Einen Film im Kino zu sehen ist ein Traum aus jüngster Zeit. Man geht einhellig davon aus, daß ein Kinofilm, der dem Träumenden gefällt, eine Einladung zu einem fröhlichen gesellschaftlichen Ereignis ankündigt. Wenn der Film auf irgendeine Weise beunruhigend war, dann sollte sich der Träumende vor törichten Handlungen hüten. Eine britische Quelle behauptet, daß eine Phase häuslichen Glücks folgt, wenn bei der Vorführung Familienangehörige anwesend sind, während ein neuerer amerikanischer Almanach erklärt, wenn man im Traum in einem Film mitspielt, ist das ein Symbol für eine Veränderung in der Lebensführung.

Kirche

(→ Kloster)

Die Deutung von Kirchen im Traum sind gemischt. Sieht man von Ferne eine düstere Kirche, kündet das von einer Enttäuschung hinsichtlich eines langgehegten Planes, und wenn man das Gebäude tatsächlich betritt, wird der Träumende bald einem Begräbnis beiwohnen. Wenn ein junges Mädchen träumt, daß ihr Verlobter noch vor der Hochzeit eine Kirche betritt, kann das laut mehreren europäischen Kalenderbüchern bedeuten, daß die Ehe niemals geschlossen oder daß die Vereinigung unglücklich sein wird. Schreitet man im Traum an einem schönen Tag über einen Kirchhof und betritt die Kirche, so ist das ein Hinweis darauf, daß man einen erfreulichen Ort besuchen und neue Freundschaften schließen wird. Erblickt man im Traum einen Pfarrer oder Priester, symbolisiert das laut einem neueren amerikanischen Traumbuch unermeßliche Gier gepaart mit grenzenlosem Ehrgeiz und sagt für den Träumenden Ehrverlust und Unglück voraus.

Klatsch

(→ Anschuldigungen)

Der Klatsch ist seit dem Mittelalter ein beliebtes Thema von Almanachschreibern, die diesen Traum praktisch alle zu einem Gegenteiltraum erklärten. Je schlimmer der Klatsch, den der Träumende über sich hört, desto besser die Vorzeichen und desto glücklicher die Nachrichten, die er erhalten wird. Sollte der Träumende selbst über andere klatschen, dann ist das ein Hinweis, daß langgehegte Pläne sich verwirklichen, heißt es in denselben Quellen. Vor kurzem jedoch warnten einige moderne Fachleute, daß ein Traum über Klatsch gleichermaßen eine Warnung vor möglichen Peinlichkeiten aufgrund von gleichgültigem Gerede sein kann.

Klavier

Das Klavier ist eine vergleichsweise moderne Erfindung, die in der Traumdeutung eine herausragende Stellung einnimmt und angeblich glückliche Gelegenheiten und allgemeinen Wohlstand symbolisiert – wenn man fröhliche Melodien spielt. Jedoch weiß ein deutscher Almanach zu berichten, daß ein kaputtes Klavier von Unzufriedenheit kündet und ein ungestimmtes Instrument auf Enttäuschungen hinweist. Wenn die Melodien unharmonisch oder gar traurig sind, dann stehen schlechte Nachrichten ins Haus. Sieht man einen Familienangehörigen oder einen Verwandten Klavier spielen, weist das laut amerikanischen Quellen auf Streitigkeiten hin, und wenn man im Traum ein Klavier verkauft, wird man im Alter einsam sein. Eine britische Quelle verspricht eine Verbesserung der Finanzlage, wenn man im Traum herrliche Klaviermusik hört.

Kleidung

(→ Mode)

Eine Analyse der Kleidung, die man im Traum sieht, sowie ihres Zustands ist laut den meisten Traumdeutungsbüchern wichtig, um diesen Traum deuten zu können. Neue Kleider sind ein Zeichen von Glück, alte und zerschlissene Kleider bedeuten sowohl im Beruf als auch in der Liebe nichts Gutes. Interessanterweise bestehen mehrere europäische Kalenderbücher darauf, daß jeder, der im Traum mehrere Schichten von Kleidern übereinander trägt, sich auf schwere Zeiten vorbereiten sollte – und umgekehrt. Wenn man im Traum seine Kleider auszieht, ist das ein Zeichen für Glück. Ein neues französisches Traumbuch warnt vor allzu großer sexueller Aktivität, wenn man Kleider von innen nach außen gewendet sieht oder wenn man Kleider trägt, die zu eng sind.

Klettern

Die Experten sind sich einig, daß jeder Traum, in dem man klettert, eine Projektion der größten Ambitionen des Träumenden ist. Je härter der Test beim Klettern, desto schwerer wird es der Träumende haben, seine Ziele zu erreichen. Den Gipfel eines Berges zu erklimmen, galt lange Zeit als Zeichen für eine reiche Zukunft, und wenn man bis zum Ende einer Leiter oder einer Treppe hochstieg, deutete das auf geschäftliche Erfolge. Erhält man beim Klettern irgendeine Hilfe, wird man die Hilfe von Freunden benötigen, um Erfolg zu haben, fällt man jedoch herunter oder erreicht die Spitze eines Hindernisses nicht, weist das auf ganz reale, bevorstehende Probleme hin. Sollte jemand, der im wirklichen Leben klettert, diesen Traum haben, raten einige Experten zur Vorsicht: Es könnte sich um ein unterbewußtes Alarmsignal handeln.

Kloster

(→ Kirche)

In ganz Europa hält man es seit dem Mittelalter für ein Zeichen von Seelenfrieden und Sicherheit, wenn man von einem Kloster oder einem anderen großen christlichen Gebäude, wie beispielsweise einer Kathedrale, träumt. Quellen aus dem 16. Jahrhundert besagen, wenn einem im Traum der Zugang zu einem solchen Ort verwehrt wird, so solle das den Träumenden davon abhalten, einen schrecklichen Fehler zu begehen. Spricht man dagegen im Traum mit jemandem in einem Kloster, insbesondere mit einem Mitglied der Klostergemeinschaft, deute das darauf hin, daß man »eine schreckliche Sünde begehen wird«. Eine Klosterruine kündet von zerschlagenen Plänen, wogegen eine Studie kürzlich feststellte, ein solcher Traum sei Symbol eines nostalgischen Verlangens nach der Ruhe und dem Frieden vergangener Tage.

Knebel

Das Gefühl, geknebelt zu sein, ist seit kurzem Thema der Traumforschung in Großbritannien und Amerika, wo dieser Traum als Hindernistraum interpretiert wird. Die Meinungen besagen einhellig, daß der Traum bevorstehende schwierige Probleme symbolisiert, obwohl einige Fachleute der Ansicht sind, er weise speziell darauf hin, daß der Träumende eine unglückliche Ehe geschlossen hat – oder schließen wird. Ein italienisches Buch für Liebende erklärte vor kurzem, wenn ein Mann im Traum einen Knebel im Mund hat, wird er bald von einer schönen Frau geküßt, während eine Frau sich in Kürze verlieben wird. Knebelt man im Traum jemand anderen, so warnt das laut einer britischen Quelle davor, durch eine sexuelle Indiskretion bald zum Mittelpunkt von Klatschgeschichten zu werden.

Knoten

(→ Seile)

Wenn man von einem Knoten träumt, gilt das seit mindestens 300 Jahren als ein Symbol für Sorgen, gelingt es jedoch, den Knoten vor dem Aufwachen zu lösen, soll das die Probleme beträchtlich mindern. Der Knoten darf jedoch nie gewaltsam durchtrennt werden, sonst ist die Trennung von einem Menschen, der dem Träumenden nahesteht, unvermeidlich. Wenn man im Traum einen Knoten knüpft, wird man jemanden treffen, der zu einem wahren Freund wird. Die moderne Traumforschung vertritt die Ansicht, daß der Knoten auch eine starke sexuelle Komponente besitzt – und vor Untreue warnt.

Kochen

(→ Backen)

Das Kochen an sich kündet von guten Nachrichten, einschließlich dem Besuch einer Reihe von Freunden. In einigen europäischen Traumbüchern heißt es, daß ein junges

Mädchen, das vom Kochen träumt, sich bald darauf verloben wird, während ein Mann, der sich im Traum bei dieser Beschäftigung sieht, zu einer Party eingeladen wird. Einige der älteren englischen Quellen behaupten, einer Frau, die im Traum kocht, steht möglicherweise Scheidung und Armut bevor. Seit neuestem hat sich das Vorzeichen glücklicherweise geändert und symbolisiert nun eine Phase materiellen Wohlstands.

König

(→ Königin, Prinz)

Seit dem Mittelalter wurde jeder Traum, in dem ein König auftauchte, als sehr gutes Omen betrachtet: Er versprach dem Träumenden gesellschaftlichen Aufstieg. In Europa schwebte seit mindestens zwei Jahrhunderten jedes Mädchen, das im Traum einem König begegnete, in Gefahr, einen Mann zu heiraten, den sie fürchten würde, während der Ehrgeiz eines Mannes, der sich selbst als König sah, seine Fähigkeiten möglicherweise weit überstieg. Eine Zeitlang behaupteten französische Kalenderbücher, daß jeder, der von königlichen Majestäten träumte, mit Täuschung in Liebesaffären zu rechnen habe. Sieht man den Traumkönig in einer unangenehmen Situation, dann wird der Träumende laut heutigen Quellen das Ziel zahlreicher gehässiger Klatschgeschichten sein.

Königin

(→ König)

Sieht man im Traum eine Königin, gilt das fast überall als Zeichen für Glück, insbesondere wenn man sich im Traum auf einer Reise befand. Seit Anfang des 19. Jahrhunderts kündet der Traum auch davon, daß jede Unternehmung, an die man sich wagt, glücken wird. Einige Quellen fügten hinzu, daß eine Regentin, die alt und ausgezehrt aussah, auf Unglück in Zusammenhang mit bevorstehenden gesellschaftlichen Aktivitäten hinwies. Merkwürdigerweise wird ein solcher Traum in Amerika gerade umgekehrt gedeutet: Wenn man von einer Königin träumt, muß man mit Betrug in Liebesdingen rechnen, trifft man dagegen auf eine alte Herrscherin, gibt es einen »Aufstand in der Familie«.

Konzert

(→ Oper)

Deutsche und österreichische Traumbücher messen Träumen von Konzerten seit vielen Jahren besondere Bedeutung bei. Sie gelten nicht nur als Omen für kommende Vergnügungen, sondern sollen auch ein Signal für den überarbeiteten Träumenden sein, Musik zur Entspannung zu nutzen. Britische und amerikanische Quellen behaupten, daß einem solchen Traum gute Nachrichten folgen, außer die Musik war disharmonisch oder auf irgendeine Weise unterbrochen – dann kündet der Traum von einer kurzen Krankheit. In einigen der älteren Kalenderbücher heißt es, wenn Geschäftsmänner von Konzerten träumen, weist das auf einen bevorstehenden erfolgreichen Handel hin.

Koppel

(→ Pferde)

Manch ein Reiter muß schon davon geträumt haben, sich mit seinen Pferden auf einer Koppel zu befinden, und die Zeichen stehen bei diesem Traum auf Glück. Wenn man im Traum seine Pferde striegelt, kündet das laut einer britischen Quelle von einer gelungenen Spekulation, obwohl ein amerikanischer Traumexperte behauptete, es sei eine Warnung vor jeglicher Form von Glücksspiel, wenn man sich im Traum auf der Koppel eines Rennplatzes befindet. Führt eine junge Frau im Traum Pferde auf eine Koppel, so weist das darauf hin, daß sie bald einen Mann haben wird, den sie – ebenso wie die Pferde – mit ihrer Liebe überschütten kann.

Kraftfahrzeug

(→ Auto)

Derartige Träume sind selbstverständlich neueren Ursprungs, und man geht im allgemeinen davon aus, daß das Auto bevorstehende Neuigkeiten symbolisiert: Ein Kraftfahrzeug in voller Fahrt weist auf baldige Nachrichten hin und umgekehrt. Ein Kraftfahrzeug, das nicht anspringen will, ist ein Hinweis darauf, daß eine Zielanpassung ratsam wäre. Wenn man im Traum ein neues Kraftfahrzeug fährt, steht bald ein Arbeitsplatzwechsel an. Eine europäische Quelle glaubt, daß der Träumende eine geheimnisvolle Schuld verbirgt, wenn man im Traum bei Nacht ein Kraftfahrzeug fährt. Ein neueres amerikanisches Traumdeutungsbuch erklärt die Verwicklung in einen Autounfall zu einem Gegenteiltraum: Sehr bald schon wird der Träumende zu Geld kommen!

Krähe

Die Krähe ist ein häufiges Traumsymbol und wird fast immer mit Unglück in Verbindung gebracht. Als der Vogel zur Zeit der ersten landwirtschaftlichen Kulturen über den Feldern erschien, galt er als Bote von Wohlstand und Fortschritt. Im Laufe der Zeit und mit der Feststellung, daß sie Saatgut und Getreide plünderte, wurde die Krähe zum Todesvogel. Im Traum eine Krähe zu sehen, galt von da an als Omen für Trauer und Unglück. Wenn im Traum ein ganzer Schwarm von Krähen über den Kopf des Träumenden flog, symbolisierte das einen Todesfall in der Familie. Ein britischer Almanach fügt noch hinzu, daß Kinder erkranken, wenn man im Traum das Schreien der Krähen hört, geschieht das allerdings einem jungen Mann, dann bedeutet es, daß er den Verlockungen intriganter Frauen erliegt.

Krankenhaus

Träume, in denen man als Patient in einem Krankenhaus liegt, finden sich zuerst Mitte des 19. Jahrhunderts und lassen erkennen, daß unsere Vorfahren glaubten, derartige Träume seien eine Warnung vor ansteckender Krankheit in ihrer Gemeinde, die man um jeden Preis vermeiden müsse. Wenn der Träumende einen Patienten im Krankenhaus besuchte, mußte er schlechte Nachrichten von einem abwesenden Freund oder Verwandten erwarten. Heute symbolisieren derartige Träume nach Ansicht der meisten Fachleute, daß der Träumende überarbeitet ist oder sich zu viele Sorgen macht und umgehend die Hilfe und Unterstützung anderer Menschen suchen sollte. Ein merkwürdiger amerikanischer Almanach behauptet, wenn man sich im Traum in einem Sanatorium für Geisteskranke befindet, besteht die Notwendigkeit, sein sexuelles Begehren zu kontrollieren.

Krankenschwester

Die Krankenschwester gilt in aller Welt als positives Traumsymbol, insbesondere wenn man sie in einem Krankenhaus sieht, da dies auf gute Gesundheit hinweist. Die Menschen im viktorianischen Zeitalter hatten Bedenken, wenn eine Krankenschwester ins Haus kam, da das ihrer Meinung nach ein Zeichen bevorstehender Krankheit war. Amerikanische Quellen neigen zu der Ansicht, daß finanzielle Probleme in einem solchen Fall wahrscheinlich sind. Britische Traumdeuter behaupten, daß ein Alleinstehender, der von einer Krankenschwester träumt, bald heiraten wird, und für einen Verheirateten verspricht dieser Traum ein Familientreffen. Ein europäischer Almanach erklärt darüber hinaus, daß jede junge Frau, die im Traum die Hilfe einer Krankenschwester benötigt, unwissentlich schwanger geworden ist.

Krankheiten

(→ Erkrankung)

Der Traum, erkrankt zu sein, ist einer jener merkwürdigen Gegenteilträume: Wenn man im Traum eine Krankheit hat, bedeutet das Gutes für die Zukunft. Insbesondere Verliebte können dies als Zeichen von Glück auffassen. Die deutsche Traumdeutung besagt, wenn man im Traum an einer völlig unbekannten Krankheit leidet, ist das ein Zeichen für große finanzielle Gewinne. Einige altenglische Kalenderbücher gehen davon aus, daß auch jeder, der im Traum andere Menschen an Krankheiten leiden sieht, zu Geld kommen wird – allerdings illegal! Die Franzosen behaupten, wenn ein junges Mädchen sich vorstellt, unheilbar erkrankt zu sein, wird sie ein langes und glückliches Leben führen.

Kräuter

Europäische Kalenderbücher weisen seit mehreren Jahrhunderten Kräutern die glücklichsten Vorzeichen zu. Man glaubt allgemein, daß sie gute Gesundheit und Seelenfrieden symbolisieren. In Großbritannien darf man aus einem Traum von einem blühenden Kräutergarten schließen, daß man sehr bewundert wird und Erfolg in geschäftlichen und privaten Beziehungen erwarten kann. Mehrere Quellen aus dem fernen Osten sind der Meinung, daß blühende Kräuter eine Reise prophezeien, während man in Amerika auf ein langes Leben hoffen darf, wenn man im Traum die Pflanzen erntet. Ein französischer Fachmann schrieb vor kurzem, daß ein solcher Traum zum Einsatz alternativer Medizin aufruft, wenn die Schulmedizin versagt und eine Krankheit nicht heilen kann.

Krebs

(→ Erkrankung, Krankheiten)

Die Angst vor einer Krebserkrankung ist laut Ärzten in Amerika zunehmend Thema von Träumen. Die Traumdeuter gehen jedoch davon aus, daß dies ein Gegenteiltraum ist und nicht ein Zeichen dafür, daß der Träumende die Krankheit hat oder bekommt. Wenn man im Traum an Krebs erkrankt, deutet das auf einen kommenden Streit mit einem geliebten Menschen hin; wird man dagegen vom Krebs geheilt, prophezeit das einen willkommenen Anwachs der Finanzen des Träumenden. Es ist jedoch immer auch ein Element der Warnung in diesem Traum enthalten, und der Träumende sollte in bezug auf seine Gesundheit keine Risiken eingehen.

Krieg

(→ Schlacht)

Ein Traum vom Krieg hat den Menschen seit den Tagen des Altertums Kummer bereitet, obwohl die Deutung von Unglück und der Gefahr von Krankheit sich nur auf den Träumenden selbst, nicht auf ganze Nationen bezieht. Griechische Orakel verkündeten, daß Träume von Kriegen häusliche Probleme für Paare prophezeiten, und eine junge Maid, deren Liebster im Traum in den Krieg zog, würde etwas Nachteiliges über seinen Charakter erfahren. Wenn das Heimatland sich im Traum im Krieg befand, galt das im Mittelalter als Warnung vor zweifelhaften Geschäftsabschlüssen, gewann man den Krieg jedoch, kündete das von hervorragenden finanziellen Neuigkeiten. Die meisten modernen Quellen halten jeden Kriegstraum für das Symbol eines Verfolgungswahns.

Kriminalfall

(→ Mord, Polizei)

Seit dem Mittelalter sind die Traumdeuter von Träumen fasziniert, in denen der Träumende in eine Art Kriminalfall verwickelt wird. Die frühesten Deutungen besagen, der Träumende würde von Fremden, die seine Hilfe bräuchten, angegangen, obwohl mehrere europäische Quellen die Ansicht vertreten, es könne sich auch um eine Aufforderung handeln, Verpflichtungen, denen sich der Träumende am liebsten entziehen würde, nicht zu vernachlässigen. Ein britischer Experte ist vor kurzem in seinen Schriften noch weiter gegangen und hat behauptet, daß jeder Traum von einem Kriminalfall ein Zeichen dafür ist, daß sich der Träumende mit imaginären Sorgen beschäftigt, was durch einfache Entspannungstechniken bald schon behoben werden könnte.

Krug

Steinkrüge, ein Gegenstand des römischen Alltags, fanden zu jener historischen Zeit ihren Weg in die Traumdeutung und wurden bald schon als Vorzeichen von großem Glück definiert, insbesondere für ältere Menschen. Der Krug mußte jedoch voll sein, denn leere Gefäße waren das Symbol von Armut und Unglück. Zerbrochene Krüge wurden als Vorzeichen von Krankheit gewertet. In neuerer Zeit soll laut einer britischen Quelle jeder Krug mit Eingemachtem ein glückliches Gesellschaftsleben symbolisieren, während in Amerika eine Schale voller Süßigkeiten angeblich dazu führt, daß Probleme einfach dahinschmelzen!

Küche

(→ Kochen)

Träume von Küchen scheinen besonders in Europa und Amerika eine Tradition zu haben, obwohl ihre Deutung auf beiden Seiten des Atlantiks variiert. Eine saubere und aufgeräumte Küche ist ein Hinweis auf glückliche gesellschaftliche Ereignisse, sagen britische Quellen, während es in Amerika heißt, daß die unerwartete Ankunft eines Freundes bevorsteht. Wenn man eine schlampige Küche sieht, muß man in ganz Europa mit schlechten Nachrichten von einem Familienmitglied rechnen, das weit entfernt lebt. Die Amerikaner ziehen die Definition vor, daß ein solcher Traum auf einen unmittelbar bevorstehenden kleineren Geldregen hinweist! Eine Frau, die träumt, wie andere in ihrer Küche arbeiten, hat ein Gesundheitsproblem und sollte einen Arzt aufsuchen, heißt es bei einem britischen Experten.

Kuß

(→ Liebe, Sex)

Ein Kuß ist ein angenehmes Gefühl, das in der Traumdeutung entsprechend den Umständen gedeutet wird. Küßt man aus Zuneigung ein Familienmitglied, einen Liebespartner, einen Verwandten oder einen Freund, so gilt das als Symbol für Glück und Erfolg in anstehenden Unternehmungen, aber ein Kuß, den man sich heimlich stiehlt, wird zu Trauer führen. Wenn man im Mittelalter einen Fremden küßte, kündete das von lockerer Moral, und sah man im Traum, wie ein Unbekannter die Herzallerliebste küßte, deutete das auf das Ende der Liebeswerbung hin. Wenn man heute im Traum jemand küßt, den man nicht mag, steht eine Krankheit bevor. Eine amerikanische Quelle erläutert in einer Fußnote, daß ein Mann, der im Traum den Hintern eines anderen Menschen küßt, von seiner Liebsten hintergangen wird!

Labor

Träume, in denen man in einem Labor arbeitet, können bis zu den Experimenten der Alchemisten im Mittelalter zurückverfolgt werden, und damals wie heute sollen solche Experimente davor warnen, allzuviel Energie in zweifelhafte Projekte zu stecken, wenn man sie in praktischeren Dingen besser zur Anwendung bringen könnte. In neuerer Zeit wird der Traum als ein Gegenteiltraum aufgefaßt, und jeder imaginäre Erfolg in einem Labor ist ein Hinweis auf Versagen und Scheitern – insbesondere bei Männern in ihren Beziehungen zu Frauen. Amerikanische Quellen sind der Ansicht, daß ein Traum von Menschen, die in einem Labor arbeiten, zur Vorsicht in geschäftlichen Angelegenheiten rät.

Labyrinth

(→ Verirren)

Ein berühmter Hindernistraum, bei dem die Deutung vom Ergebnis des Traums abhängt. Jahrhundertelang ging man davon aus, daß der Träumende in persönliche Probleme verstrickt würde, insbesondere mit einem Partner oder Liebhaber, wenn er sich in einer Art von Labyrinth verlief. Lag das Labyrinth im Dunkeln oder wurde bei Nacht gesehen, dann deutete das auf eine lange Krankheit hin. Die Fachleute sind sich einig, daß die Probleme auf ein Minimum beschränkt werden können, wenn man einen Weg aus dem Labyrinth herausfindet – die Warnung sollte jedoch nicht ignoriert werden. Wenn man sich in Europa im Traum in einem Straßenlabyrinth verläuft, kündet das von einer qualvollen Reise, während neuerdings mehrere amerikanische Kalenderbücher die Ansicht vertreten, der Traum weise auf die Auflösung eines Geheimnisses hin, das den Träumenden vor ein Rätsel stellte.

Lachen

Gelächter im Traum gilt im allgemeinen als schlechtes Vorzeichen, insbesondere wenn andere Menschen den Träumenden auszulachen scheinen. Die ersten gemeldeten Fälle eines solchen Traums traten vor ungefähr 400 Jahren auf, als Träume, in denen man von seinen Feinden ausgelacht wurde, als Hinweis auf eine bevorstehende Krankheit gedeutet wurden. Ein körperloses Lachen galt als Warnung vor indiskreten Liebesaffären, während eine Gruppe von lachenden Menschen symbolisierte, daß der Träumende zur Zielscheibe von Klatsch und Tratsch würde oder einen engen Freund verlöre. In neuerer Zeit heißt es in einigen europäischen Quellen, daß es sich hierbei um einen Gegenteiltraum handelt, insbesondere wenn der Träumende andere auslacht, denn das weist auf drohendes Unglück hin. In einem sind sich die Fachleute einig: Wenn man im Traum Kinder lachen sieht, ist das ein Hinweis auf einen kleinen Geldsegen.

Lähmung

Das Gefühl, im Traum gelähmt zu sein, kommt seit den letzten beiden Jahrhunderten vor, und obwohl ursprünglich ein Symbol der Entehrung, bringt man diesen Traum heute mit Sex in Verbindung. Die Menschen im viktorianischen Zeitalter dachten, der Traum sei ein Hinweis auf finanzielle Probleme, und Liebende mußten auf ein Ende ihrer Beziehung gefaßt sein. Die neuere Traumforschung kommt zu dem Schluß, daß der Traum eine sexuelle Hemmung symbolisiert: je stärker das Gefühl der Lähmung, desto größer die Angst vor Impotenz bei einem Mann oder vor Frigidität bei einer Frau. Eine amerikanische Studie deutet an, daß man sich bei dem Gefühl, völlig gelähmt zu sein, mit seinem Gewissen über eine moralische Angelegenheit herumschlägt, die eine Person des anderen Geschlechts betrifft.

Lamm

Lämmer sind in Träumen wie im wirklichen Leben ein erfreulicher Anblick, und wenn man Lämmer im Traum grasen oder spielen sah, prophezeite das viele Jahrhunderte lang Gutes für das häusliche Leben und für das allgemeine Glück. Ländliche Kalenderbücher behaupten, wenn man im Traum ein neugeborenes Lamm im Arm hält, wird »man von glücklichen Aufgaben umgeben sein, denen man seine ganze Hingabe widmet«. Ist das Lämmchen allerdings in einer Notlage oder gar tot, verfällt der Träumende in Depressionen, weil es ihm nicht möglich ist, seine Verantwortungen zu akzeptieren. Ein eigenartiges viktorianisches Traumdeutungsbuch warnt davor, Lammfleisch zu essen, da dies auf Krankheit und große Angst um die Kinder hinweise! Ernstzunehmender sind da schon australische Fachleute, die sagen, wenn man im Traum ein Lamm kauft, weist das auf eine angenehme Überraschung hin. Amerikanische Quellen vertreten dagegen die Ansicht, daß es ein sicherer Garant für Wohlstand ist, wenn man im Traum ein Lamm schert.

Lampe

(→ Kerze)

Seit annähernd 2.000 Jahren ist die Lampe in der Traumdeutung ein Symbol für Leistung und Wohlstand, eine Belohnung für harte Arbeit. Brennende Öllampen wurden zuerst für einen Hinweis auf häuslichen Segen gehalten, nur flackernde oder zerbrochene Lampen wiesen auf Krankheit in der Familie hin. Die Deutung hat sich auch seit der Einführung von Gas und später von elektrischen Lampen wenig verändert. Ebenso wie Träume, in denen man eine Laterne trug, als Symbol für Selbstvertrauen galten, so verkörpert das Licht einer modernen Taschenlampe für den Träumenden die Aufforderung, seinen eigenen Überzeugungen zu folgen. Wenn man in Europa von einer Lampe träumt, prophezeit das ein unerwartetes Erbe, und sieht man in Asien im Traum vielfarbige Lampen, so ist das ein Hinweis auf eine gleichermaßen unerwartete Festivität. Amerikanische Quellen fügen hinzu, wenn man im Traum eine Lampe einschaltet, wird man anderen eine peinliche Begebenheit erklären müssen, schaltet man eine Lampe aber aus, kündet das vom Ende einer Liebesaffäre.

Land

(→ Grundstück)

Wieder ein Gegenteiltraum: Der Gedanke an eine Flucht aufs Land gilt als Vorzeichen dafür, das eigene Heim zu verlieren. Die Amerikaner haben diesbezüglich eine lange Tradition: Wenn man im Traum eine Landschaft bei Nacht sieht, ist das ein Zeichen von Krankheit und Melancholie, ist das Land trocken und vegetationslos, dann stehen schwierige Zeiten bevor. Wenn ein Mann in Europa im Traum ein Stück Land erbt, gilt das als Vorzeichen dafür, daß er das Herz einer wunderschönen Frau gewinnen wird; wenn eine Frau träumt, einige Zeit auf dem Land zu verbringen, ist das ein Symbol für eine lange Reise – allerdings nicht unbedingt aufs Land!

Landhaus

(→ Gebäude, Haus)

Träume von einem kleinen Haus auf dem Land treten während der Stunden, in denen man geschäftig und wach ist, wahrscheinlich ebenso oft auf wie in der Nacht, und in beiden Fällen weisen sie auf einen Überdruß an Alltagsmühen hin sowie auf die Sehnsucht nach dem einfachen Leben. Wenn man von einem Landhaus träumt, symbolisiert das bessere Zeiten, obwohl sich die meisten Fachleute darin einig sind, daß nur dann gute Neuigkeiten zu erwarten sind, wenn das Haus bewohnt ist. Ein leeres Landhaus dagegen ist kein willkommener Anblick, denn es kündet von Einsamkeit und Schwierigkeiten.

Landkarte

Seit 2.000 Jahren symbolisieren Landkarten im Traum Reisen. Die frühesten Deutungen warnten, daß auf diesen Reisen viele Gefahren lauerten, außer es handelte sich wirklich um eine äußerst exakte Karte. Spätere Experten behaupteten, je größer die Landkarte, desto weiter führe die Reise, und je bunter die Landkarte, desto lohnender die Erfahrung. Amerikanische Quellen wußten vor kurzem zu berichten, daß eine Veränderung im Beruf oder Geschäft ansteht, wenn man im Traum eine Landkarte zu Rate zieht. In einem deutschen Traumdeutungsbuch heißt es, wenn eine junge Frau im Traum eine Landkarte betrachtet, sucht sie einen aufregenden neuen Liebhaber. Eine Traumuntersuchung hat ergeben, daß der Traum die Ausbeutung von Talent symbolisiert und daß Träumende gut beraten sind, ihre wirklichen Ziele im Leben herauszufinden.

Landstraße

(→ Straße)

Es überrascht nicht, daß die ersten Träume über Landstraßen von den Römern, diesen hervorragenden Straßenbauern, aufgezeichnet wurden. Sie glaubten, Landstraßen seien ein Symbol für das Schicksal. Eine ebene, gerade Straße galt ihnen als Weg zu Glück und Wohlstand, eine holperige und gewundene Straße kündete von Prüfungen und Widerwärtigkeiten. Je weiter sich die Straße im Traum hinzog, desto länger währte das Leben des Träumenden. Die Traumdeuter des Mittelalters befürchteten, daß eine gewundene Straße durch feindliches Gebiet zahllose Hindernisse im Leben prophezeie, wurde die Straße jedoch an irgendeinem Punkt gerade und breit, durfte mit einem finanziellen Gewinn gerechnet werden. Europäische Quellen des 17. Jahrhunderts waren sich darin einig, daß es ein schlechtes Zeichen für Wirtschaft und Handel darstellte, wenn man die Straße aus den Augen verlor. Befand man sich auf der Straße in Gesellschaft von Fremden, mußte man sich davor hüten, ausgeraubt zu werden. Kalenderbücher aus dem 20. Jahrhundert erklären, daß jedes Zeichen am Straßenrand auf eine kleine, aber angenehme Veränderung im gesellschaftlichen Leben des Träumenden hinweist.

Laufpaß

(→ Scheidung)

Bei beiden Geschlechtern gilt, wenn man von jemandem, den man liebt, den Laufpaß erhält, ist das nur scheinbar ein unglücklicher Traum. Die Vorzeichen besagen in Wirklichkeit genau das Gegenteil und deuten auf Erfolg bei Werbung und Heirat! Die Franzosen glauben, daß eine Frau, die im Traum einem Mann den Laufpaß gibt, von Natur aus frivol ist, während ein unverheirateter Mann, der im Traum verschmäht wird – ob er einen Heiratsantrag gemacht hat oder nicht –, sich auf Glück bei anderen Frauen freuen kann. Ein neueres amerikanisches Traumdeutungsbuch erklärt, daß eine verheiratete Frau, die davon träumt, einem geheimen Liebhaber den Laufpaß zu geben, sich in Wirklichkeit Sorgen über ihren Sexualtrieb macht.

Lauschen

Es kommt nachweislich viel häufiger vor, daß man im Traum den Gesprächen anderer Menschen zuhört, als das zu erwarten wäre, obwohl die Worte, die gesprochen werden, normalerweise unverständlich bleiben. Laut einhelliger Ansicht symbolisiert ein solcher Traum großes Glück, gewöhnlich in Form von finanziellen Gewinnen. Ein europäischer Almanach versichert, das Glück werde sich in Erfolg beim anderen Geschlecht manifestieren. Wenn man im Traum auf diese Weise abgehört wird, dann ist das laut einem britischen Traumdeutungsbuch eine Warnung: Man wird einem Dilemma gegenüberstehen, das sich kaum lösen läßt.

Lawine

Die Lawine hat seit mehreren Jahrhunderten ihren Platz in der Traumdeutung, insbesondere in Europa, wo man sie für ein recht unheilvolles Symbol furchteinflößender Dinge hält, die dem Träumenden drohen. Diese Schwierigkeiten werden mit Sicherheit eine Änderung der Pläne erforderlich machen. Andererseits sind sich alle Jahr- und Traumbücher in Frankreich, Deutschland und der Schweiz einig, daß es ein Zeichen von ganz besonders großem Glück ist, wenn man im Traum unter einer Schneelawine begraben wird! In Amerika bedeutet es schon Glück, eine Lawine nur zu beobachten. Ein britischer Experte hat vor kurzem die Ansicht geäußert, ein solcher Traum sei ein Symbol dafür, daß der Betreffende eine negative Haltung gegenüber dem Leben einnehme und positiver werden solle.

Lebendig begraben sein

(→ Beerdigung, Friedhof, Grab, Gruft, Leichenbestatter, Leichenwagen)

Ein häufig furchteinflößender Traum, den die meisten Fachleute einhellig als Warnung vor einem unehrenhaften Akt verstehen. Europäische Kalenderbücher aus dem 18. Jahrhundert glaubten, der Traum künde von einer großen Fehleinschätzung des Träumenden, weswegen seine Feinde ihn zerstören würden. Im Fernen Osten hält man es für ein gutes Omen, andere lebendig begraben zu sehen – das symbolisiert Wohlstand und Macht. Obwohl einige moderne amerikanische Quellen die Ansicht vertreten, daß es von künftigem Ruhm kündet, wenn man auf solche Weise eingekerkert wird, geht man viel häufiger davon aus, daß er das Bedürfnis nach Veränderung und Flucht vor einem schlechten Einfluß symbolisiert, der den Träumenden zu überwältigen droht.

Lebensmittel

(→ Essen)

Römische Quellen erklärten als erste, daß Träume von Lebensmitteln auf finanzielle Gewinne und sinnliche Vergnügungen hinweisen, obwohl jedes Lebensmittel, das schlecht aussieht oder schmeckt, eine Warnung vor Demütigung und Entehrung ist. Waren in China im Traum Gesicht oder Hände mit Lebensmitteln verschmiert, galt das als Zeichen von Armut, obwohl ein Traum, in dem man Lebensmittel kaufte, als Ankündigung eines großen Familienfestes begrüßt wurde. Europäische Fachleute des 17. Jahrhunderts behaupteten, wenn man im Traum nicht genug zu essen hatte, wäre das ein Hinweis auf das Gegenteil und würde zum Untergang eines Feindes führen. Moderne Quellen sind sich darin einig, daß Lebensmittel Stabilität symbolisieren, und sie zu verschwenden oder zu vernichten ist ein Zeichen von drohenden häuslichen Problemen.

Leder

Träume von Ledergegenständen sind ein Symbol für erfolgreiche Geschäftsabschlüsse und glückliche Liebesbeziehungen. Einige der frühesten Aufzeichnungen dieser Traumart finden sich in französischen Quellen. Wenn man dort von Kopf bis Fuß in Leder gekleidet war, kündete das von Glück bei jeglichen Spekulationen. Auch britische Fachleute erklären, daß Kleidungsstücke aus Leder auf Treue in der Liebe hinweisen, während amerikanische Kalenderbücher behaupten, wenn man im Traum Leder kauft, prophezeie das eine glückliche Zeit für die Familie.

Lehrer

(→ Schule)

Seit mehreren Jahrhunderten verkörpern Träume, in denen man sich als Lehrer sieht, das Symbol der Traurigkeit, und wenn man die Verantwortung für eine Klasse hat, ist das eine

Warnung für den Träumenden, seine Launen besser unter Kontrolle zu halten! Diese Deutung wurde im 18. Jahrhundert leicht abgeändert, als es hieß, wenn ein Mann im Traum unterrichte, künde das von einer Einladung zu einem »ernsten Anlaß«, während eine Frau eine plötzliche Veränderung ihrer häuslichen Situation erwarten mußte. Moderne Fachleute glauben auch heute noch, daß man aus diesem Traum etwas lernen kann: Man muß bestimmte Ziele aufgeben, um Erfolg im Leben zu haben.

Leichenbestatter

(→ Beerdigung, Friedhof, Leichenwagen)

Träume von Männern, die beruflich Umgang mit Toten pflegen, gelten in der Traumdeutung seit den Tagen der Griechen und des Römischen Reiches als Gegenteilträume. Einen Bestattungsunternehmer zu benötigen, betrachtete man als Zeichen von Glück, und wenn man im Traum ein Beerdigungsinstitut aufsuchte, versprach das ein langes Leben. Spätere europäische Fachleute fügten noch hinzu, daß der Leichenbestatter das Symbol für Geburt oder Hochzeit ist, obwohl eine neuere amerikanische Quelle behauptet, wenn man im Traum selbst Leichenbestatter ist, wird das zum Tod eines Verwandten führen.

Leichenwagen

(→ Beerdigung, Friedhof, Leichenbestatter)

Auch hier handelt es sich um einen Gegenteiltraum, denn der Anblick eines Leichenwagens ist kein Vorzeichen von Verderben, sondern vielmehr das Versprechen auf ein Ende einer lange währenden Sorge. Selbst im 16. Jahrhundert, als Wagen voller Leichen auf dem Weg zum Friedhof ein alltäglicher und vertrauter Anblick waren, kündete diese nächtliche Vision laut Traumdeutung von großem Glück. Wenn man heutzutage auf einem Leichenwagen fährt, sollen wichtige, aber vorteilhafte Veränderungen im Leben anstehen, und lediglich ein Traum von einem militärischen Leichenwagen soll angeblich ein schlechtes Omen sein und laut amerikanischen Fachleuten die hohe Wahrscheinlichkeit einer emotionaler Trauer symbolisieren.

Leiter

Jakobs berühmter Traum in der Bibel, in dem er eine in den Himmel reichende Leiter sieht, läßt auf das Alter dieser Art von Traum schließen. Wenn man im Traum eine Leiter hochklettert, hat man im allgemeinen in allen Bereichen des persönlichen und beruflichen Lebens die Gelegenheit voranzukommen, fällt man jedoch von einer Leiter herunter, kündet das von Pech in finanziellen Dingen oder in einer persönlichen Beziehung. Zerbrochene Sprossen sind eine Warnung vor allzu großem Ehrgeiz. Wenn man sich schwindelig fühlt, während man auf einer Leiter steht, darf man ein überaus günstiges Ereignis erwarten. Sieht man andere Leute im Traum auf einer Leiter, symbolisiert das dem Träumenden, daß er eine Reihe von guten Freunden hat, die ihm in einer gegenwärtigen Krise helfen können. Benutzt man im Traum eine Leiter, um in ein Gebäude zu gelangen, ist das eine Warnung vor zweifelhaften Plänen. Seltsamerweise vertritt eine britische Quelle die Ansicht, daß ein Traum, in dem man unter einer Leiter hindurchgeht – im Aberglauben ein negatives Zeichen –, in Wirklichkeit ein positives Omen ist!

Lesen

(→ Bücher)

In diesem Jahrhundert werden immer öfter Träume gemeldet, in denen gelesen wird. Angeblich soll dies ein Symbol für Fortschritt und herausragende Leistungen bei der Arbeit sein. Viktorianische Kalenderbücher glaubten, daß ein solcher Traum »die literarischen Fähigkeiten kultiviere«, obwohl ein europäischer Experte, der zur Zeit des Ersten Weltkriegs schrieb, behauptete, wenn man andere lesen sah, sei das ein Zeichen, daß man gute Freunde hatte. Ein neueres Traumdeutungsbuch aus Amerika erklärt, wenn man im Traum laut vorliest, werden sich künftige Veränderungen ergeben, und wenn man im Traum etwas liest, aber nicht versteht, läuft man Gefahr, Geld durch eine übereilte Entscheidung zu verlieren.

Leuchtturm

Der Leuchtturm ist ein häufiges Merkmal moderner Träume geworden, und die Umstände, unter denen man den Leuchtturm sieht, sind für die Deutung entscheidend. Es herrscht Meinungseinheit darüber, daß ein Leuchtturm mitten in einer ruhigen See auf eine Phase der Zufriedenheit mit geistesverwandten Freunden hinweist – wahrscheinlich während eines Urlaubs. Ein vom Sturm gepeinigter oder ein beschädigter Leuchtturm künden von einer unruhigen Phase im Leben, die allerdings nur von kurzer Dauer ist. Laut amerikanischen Quellen wird es zu Erfolg im Beruf führen, wenn man im Traum einen Leuchtturm betritt, verläßt man ihn dagegen, kündet das von der Ankunft eines wichtigen Briefes. Der beste dieser Art von Träume – heißt es in einer neueren britischen Quelle – ist derjenige, in dem man sich in einem Leuchtturm sieht: Er prophezeit ein langes und glückliches Leben.

Liebe

Liebesträume sind wahrhaft universal und weisen auf Glück und Zufriedenheit hin. Die ersten Aufzeichnungen besagen, daß die Liebe zu den Eltern ein Symbol für Wohlstand und Glück ist, die Liebe zwischen Ehemann und Ehefrau symbolisiert Sicherheit und Treue und die Liebe zu Kindern weist auf Glück und langes Leben hin. Im Mittelalter warnte ein Traum, in dem man ungeliebt war, vor Krankheit, während der Träumende, der sich von vielen Menschen geliebt sah, der Eitelkeit zum Opfer fiel. Die Menschen im viktorianischen

Zeitalter behaupteten, wenn man seine Arbeit liebte, verspräche das Wohlstand. Merkwürdigerweise würden Menschen, die im Traum nicht geliebt wurden, schließlich doch heiraten und ein glückliches Leben führen. Eine amerikanische Quelle erklärte vor kurzem, wenn man im Traum von Verwandten geliebt würde, müsse man mit finanziellen Verlusten rechnen!

Loch

(→ Abgrund, Fallen, Graben)

Den Traum, in ein Loch zu fallen, gibt es seit vorbiblischen Zeiten. Er wird ganz einfach als Ankündigung einer Krankheit gedeutet. Wenn man träumt, ein Loch zu graben, weist das auf eine lange Reise hin, tritt man dagegen in ein Loch hinein, ist das eine Warnung vor wenig wünschenswerten neuen Freundschaften. Sieht man im Traum ein Loch in einem Kleidungsstück, hält man das in ganz Europa für einen Hinweis auf eine Verbesserung der finanziellen Angelegenheiten des Träumenden.

Lohn

Die Bezahlung mit Geld für geleistete Arbeit ist seit den Tagen des Römischen Reiches ständiges Traumthema, und wieder einmal handelt es sich um einen Gegenteiltraum: Wenn man Geld in Empfang nimmt, kündet das von Verlust oder Diebstahl, wenn man anderen Geld gibt, weist das auf eine vorteilhafte Veränderung im Leben hin. Aus europäischen Aufzeichnungen läßt sich schließen, daß Träume, in denen der Lohn gekürzt wird, vor den Machenschaften der Feinde warnen, während eine Erhöhung als schlechtes Zeichen für jedes neue Unterfangen betrachtet wird. In Großbritannien wertet man in diesem Jahrhundert Träume, die mit dem Einkommen in Zusammenhang stehen, als Gegensatzträume: Wenn dem Träumenden eine Gehaltserhöhung verweigert wird, fließt ihm Geld aus einer unerwarteten Quelle zu, bekommt er dagegen eine Erhöhung, gilt das als

Warnung, daß er bei der nächsten Beförderung übergangen wird, wenn er sich nicht mehr ins Zeug legt.

Lokomotive

(→ Eisenbahn)

Lokomotiven symbolisieren Reisen und in einigen Fällen auch die Möglichkeit, unerwartet Besuch zu bekommen. Europäische Traumdeutungsbücher behaupten, wenn man eine Lokomotive in schneller Fahrt sieht, weist das auf eine rasche Beförderung hin, ist man allerdings in ein Zugunglück verwickelt, muß man mit dem Verlust von Besitztümern rechnen. Britische Quellen glauben, es sei ein gutes Zeichen, sich im Traum als Lokomotivführer zu sehen – man dürfe in diesem Fall ein Erbe erwarten –, während in Amerika der Traum von einer Lokomotive, die in der Ferne verschwindet, vom Verlust eines Liebespartners kündet.

Lösegeld

(→ Entführung)

Eine Entführung mit Lösegeldforderung ist ein klassischer Gegenteiltraum und ein Hinweis darauf, zu Geld zu kommen. Die Menschen im viktorianischen Zeitalter hatten gegen diese Definition allerdings Vorbehalte und glaubten, der Träumende liefe in Wirklichkeit Gefahr, von Menschen getäuscht zu werden, die nur auf sein Geld aus waren. Ein amerikanischer Experte behauptete vor kurzem, daß eine Frau, die im Traum festgehalten wird, um Lösegeld zu erpressen, sich nach einem aufregenderen Sexualleben sehnt.

Löwe

Der Löwe, der »König des Tierreichs«, nimmt seit biblischen Zeiten eine wichtige Stellung in der Traumdeutung ein, wo man ihn für das Symbol von Macht und Autorität hält. In vielen Ländern glaubt man, der Traum sei besonders für Männer relevant und weise darauf hin, daß sie die Gelegenheit hätten, im beruflichen und gesellschaftlichen Leben zu brillieren. Jungen Frauen prophezeie er einen neuen und faszinierenden Liebhaber. In Europa symbolisiert ein Löwe im Käfig, daß der Träumende auf starke Opposition bei seinen derzeitigen Plänen stoßen wird. Wenn man von einem Löwen gejagt wird, kommt Schande über den Träumenden. Sieht man im Traum junge Löwen, ist das ein Hinweis auf neue Freundschaften, während der Tod eines Löwen angeblich den Tod eines prominenten Menschen vorhersagt. Laut einer vor kurzem veröffentlichten Studie taucht der Löwe oft in Träumen von Menschen mittleren Alters auf und symbolisiert unkontrollierte Energien, mit denen sich die Träumenden in Zukunft werden messen müssen.

Luft

Obwohl Luft als solche in Träumen selten vorkommt, gehört sie bei Träumen vom Wetter, Aktivitäten von Vögeln oder dem Fliegen einfach dazu. Die Luft wird daher für ein Prinzip des psychischen Lebens gehalten, und Traumdeuter fügen ihren Büchern seit dem 16. Jahrhundert diesbezügliche Einträge hinzu. In *Somnile Josephi* (Die Träume des Joseph, 1566), einer berühmten Quelle, steht zu lesen: »Träumet einem, das die Lufft rein und klar, ist daz allen gut und glückhafft; träumet aber einem, das die Lufft ist schwarz, unreyn oder wolkig, bedeüt das viles unglücks und bekümmerniß.« Ein europäischer Almanach aus dem 18. Jahrhundert erklärte, wenn man im Traum heiße Luft atme, würde man unter schlechten Einfluß geraten, während das Einatmen kalter Luft zu Problemen in geschäftlichen und häuslichen Belangen führe. Eine hohe Luftfeuchtigkeit lasse erahnen, daß künftige Pläne zerschlagen würden, hieß es weiter. Die moderne Traumforschung bekräftigt diese Definitionen, betont jedoch gleichzeitig, daß andere Aktivitäten in Zusammenhang mit der Luft zur Deutung des Traums von immenser Bedeutung sind.

Lügen

Die Fachleute sind hinsichtlich Träumen von Lügen geteilter Meinung. Einige frühe Kalenderbücher behaupten, wer im Traum lüge, um einer Bestrafung zu entgehen, sei unschuldig, während andere Quellen die Ansicht vertreten, daß ein Mensch, der lügt, um seine Freunde zu schützen, schreckliche Kritik ertragen müsse. Europäische Fachleute sind heute der Meinung, daß es zu Schwierigkeiten führt, wenn man sich im Traum töricht verhält und daraufhin zu Lügen und Ausflüchten greift. Mehrere amerikanische Quellen behaupten dagegen, ein solcher Traum sei das Symbol für ein langes und glückliches Leben. Wenn im Traum jedoch andere Leuten lügen, hält man das auf beiden Seiten des Atlantiks für einen Hinweis auf unerwartete Hilfe bei der Lösung eines schwierigen Problems.

Lumpen

(→ Flicken, Kleidung)

Die Adligen in römischer Zeit waren angeblich besonders beunruhigt bei Träumen, in denen sie oder ihre Bekannten in Lumpen auftauchten, da diese angeblich das Symbol von gesellschaftlicher Ächtung und Unglück waren. Im Mittelalter glaubte man ebenfalls, daß es von Zwist und Hader künde, wenn man Menschen im Traum Lumpen waschen oder Kinder in schmutzigen und zerrissenen Kleidern sah. Die viktorianische Besessenheit in bezug auf Kleidung ist reichlich dokumentiert, und ein Almanach aus jener Zeit erklärte, daß eine junge Frau, die im Traum Lumpen trüge, in die Fänge eines arroganten Mannes gerate. Eine zeitgenössische französische Quelle besagte, ein Traum von einem Lumpensammler führe zu einem gesellschaftlichen Aufstieg. Moderne Fachleute halten diesen Traum für die Aufforderung zu moralischen Verhaltensweisen oder alternativ für die Notwendigkeit, härter zu arbeiten, um nicht zu verarmen.

Lüsternheit

(→ Sex)

Lüsternes Verhalten in Träumen scheint ein besonders im Westen verbreitetes Merkmal zu sein, und Kalenderbücher in den letzten zwei Jahrhunderten waren sich darin einig, daß dieser Traum davor warnt, sich an ruchlosen Aktivitäten zu beteiligen. Wenn der Träumende lüstern ist, dann hat diese Aktivität wahrscheinlich mit seinem Beruf zu tun, verhält sich jemand anderes auf diese Weise, dann beziehen sich die Vorzeichen auf sexuelle Beziehungen.

Mädchen
(→ Frauen)
Wenn ein Mann von einem Mädchen träumt, so ist das laut den meisten Fachleuten ein Zeichen von großem Glück und Gelassenheit, mir einer Ausnahme: wenn das Mädchen am Fenster sitzt. Das symbolisiert einen drohenden Streit mit einer Angehörigen des anderen Geschlechts. Wenn die junge Frau eine wunderschöne Fremde ist, dann kann sich der glückliche Träumer auf einige unerwartete und gute Neuigkeiten freuen, und küßt man gar »die Frau seiner Träume«, kündet das sowohl im Beruf wie im Privatleben von Erfolg. Träume, in denen Männer sich selbst als Mädchen sehen, werden ebenfalls von mehreren Kalenderbüchern aufgeführt. Ein viktorianischer Almanach vertrat sogar die lächerliche Auffassung, daß der Träumende »schwachen Geistes ist oder den Beruf des Schauspielers ergreift und weibliche Rollen spielt«. In neuerer Zeit sieht man diesen Traum als Symptom für ein sexuelles Problem, bei dem man professionelle Hilfe in Anspruch nehmen sollte.

Mahlzeit
(→ Essen, Lebensmittel)
Eine Mahlzeit zu sich zu nehmen wird im allgemeinen als Gegenteiltraum betrachtet: je üppiger die Speisen, desto schwerer die Probleme, denen sich der Träumende gegenübersieht. Die Vorstellung, daß ein einfaches Mahl Symbol von Wohlstand und Fülle ist, scheint aus den frühen Tagen der Christenheit zu stammen. Fachleute sind sich einig, daß Fleischgerichte Glück bedeuten – außer wenn das Fleisch roh ist, denn dann kündet es vom Tod eines Freundes. Eine neuere Erklärung eines britischen Experten besagt, daß jeder Traum von einer Mahlzeit eine in Kürze stattfindende Unterbrechung bei einem wichtigen Ereignis oder einer ge-

schäftlichen Verpflichtung darstellt. Wenn man die Überreste der Mahlzeit im Traum wegwirft, ist das eine Warnung vor Verschwendungssucht.

Make-up

Frauen benutzen seit Jahrhunderten Make-up, und interessanterweise erklärt die früheste, schriftlich vorliegende Deutung – aus dem 16. Jahrhundert –, wenn ein Mann im Traum eine Dame mit »Make-up« im Gesicht sieht, müsse er sich vor Täuschung hüten! Eine Frau mit diesem Traum war auch nicht besser dran, denn sie würde »Schwierigkeiten in ihren Liebesbeziehungen bekommen«. Die Deutung von Kosmetika scheint sich im Laufe der Jahre geändert zu haben, denn heute hält man es für ein gutes Zeichen für Frauen, das finanzielle Sicherheit und ein zufriedenstellendes Liebesleben verspricht. Auch Männer dürfen sich auf glückliche Beziehungen zum anderen Geschlecht freuen, wenn sie träumen, wie eine Frau ihr Make-up auflegt.

Malerarbeiten

Malerarbeiten im Haus sind ein Symbol für Pläne, die verwirklicht werden, obwohl es seit dem viktorianischen Zeitalter als Warnung gilt, aufgrund ungerechtfertigter Kritik anderer unglücklich zu werden, wenn man im Traum Farbspritzer auf seiner Kleidung sieht. Wenn man in Europa einen Maler eine Leiter hochsteigen sieht, soll das angeblich auf die Nachricht von einem wichtigen Ereignis hinweisen. Steigt der Mann von einer Leiter herab, wird eine Liebesaffäre enden. Wenn man sich im Traum selbst als Maler sieht, symbolisiert das in Amerika, daß der Träumende mit der Arbeit, der er bereits nachgeht, in Wirklichkeit sehr glücklich ist. In Großbritannien ist ein solcher Traum ein Hinweis darauf, daß der Betreffende versucht, einen geheimen Besitz zu verstecken. Ein neuerer australischer Almanach meint erkannt zu haben, daß jeder Traum von Malerarbeiten den

Träumenden dazu auffordert, mit dem Leben, das er führt, zufrieden zu sein, anstatt ständig etwas Neues zu wollen.

Männer

Wenn eine junge Frau im Traum einen gutaussehenden Mann sieht, den sie nicht kennt, so gilt er seit Jahrhunderten als Vorzeichen von finanziellem Glück, nicht als Bote einer Herzensangelegenheit. Ein häßlicher Mann dagegen kündet von Schwierigkeiten mit jemandem, den sie für einen Freund hält. Traumbücher des 17. Jahrhunderts warnten junge Frauen, die von einem bewaffneten Mann träumten, daß eine Krankheit bevorstehe, während jungen viktorianischen Damen ein »wohlgeformter und fügsamer Mann« prophezeit wurde, der ihnen ein »überaus erfreuliches Leben mit vielen reichen Besitztümern« bieten wird. Die Deutung hinsichtlich des »Traummannes« von heute werden von seinem Aussehen und seinem Umfeld bestimmt. Alles in allem kündet der Traum eher von gesellschaftlichen Verpflichtungen und neuen Freunden als von einer Liebesbeziehung.

Manuskript

(→ Bücher, Lesen)

Schon viele Schriftsteller müssen von Manuskripten geträumt haben, und Kalenderbücher verzeichnen seit annähernd 300 Jahren entsprechende Deutungen. Wenn man von einem unvollendeten Manuskript träumt, ist das (laut mehreren europäischen Quellen) ein Zeichen dafür, daß es niemals veröffentlicht wird. Ein amerikanischer Fachmann erklärt dagegen, jedes unvollendete Schriftstück deute auf eine Enttäuschung bei einem derzeitigen Projekt hin – literarisch oder nicht. Ein beliebtes viktorianisches Traumdeutungsbuch ließ seine Leser und Leserinnen wissen, wenn man im Traum ein Manuskript verbrannte, sei das eine Garantie dafür, daß sich zumindest ein Teil der literarischen Arbeit des Träumenden einer Veröffentlichung erfreuen würde.

Marine

(→ Armee)

Nautische Kalenderbücher behaupten, daß ein Traum von der Marine ein Symbol für einen inneren Kampf ist, gegen Schwierigkeiten anzukämpfen – und ebenso ein Symbol für die Sehnsucht nach weit entfernten Orten. In den großen Seefahrernationen heißt es, solche Träume werden sich verwirklichen, außer wenn der Träumende Angst hat angesichts der Aussicht, zur See zu fahren, oder die Schiffe nicht seetüchtig erscheinen. Eine europäische Quelle behauptet, wenn man im Traum Freunde in der Marine sieht, künde das von Krankheit, während ein amerikanischer Almanach erklärt, daß ein verheirateter Mann, der davon träumt, in der Marine zu dienen, insgeheim ahnt, daß seine Frau Ehebruch begeht.

Markt

Ländliche Kalenderbücher behaupten selbstverständlich, daß jeder Traum von einem Markt ein gutes Zeichen ist und Wohlstand symbolisiert, natürlich nur solange auf dem Markt geschäftiges Treiben herrscht und die Stände reich bestückt sind. Ein verlassener Markt mit verderbenden Produkten gilt als Zeichen von Krankheit, und wenn eine Frau von einem leeren Marktstand träumt, so heißt das, daß bald eine leere Krippe in ihrem Haus stehen wird. Moderne Quellen erklären, wenn man sich im Traum auf einem geschäftigen Markt befände, sei das ein Zeichen für neue Freundschaften, verschwende man jedoch dort seine Zeit, sei das eine Warnung vor verpaßten Gelegenheiten.

Marmelade

Eingemachtes hat einen glücklichen Ruf in der Traumdeutung, und es gibt eine bemerkenswert große Anzahl von Träumen, in denen Marmelade vorkommt. Sie ist angeblich das Symbol häuslichen Glücks, und wenn eine Frau Marmelade einkocht, wird sie ein glückliches Zuhause haben und viele Freunde, die sie schätzen. Ißt man im Traum ein Marmeladenbrot, symbolisiert das in ganz Europa eine Überraschung – meistens eine unerwartete Reise, bei der man mit einem alten Freund wiedervereint wird.

Marschieren

Die alten Römer pflegten ihren Söhnen zu erzählen, wenn sie im Traum marschierten, sei das ein Zeichen dafür, daß sie später Soldaten würden. Im 17. Jahrhundert hielt man diesen Traum dagegen für einen Vorboten schlechter Nachrichten, und je länger der Träumende sich übers Land marschieren sah, desto wahrscheinlicher war es, daß ein Todesfall in der Familie bevorstand. Viktorianische Kalenderbücher informierten ihre weiblichen Leserinnen, wenn sie im Traum marschierende Männer sähen, sei das ein Zeichen für ihren Ehrgeiz, einen Mann in einer öffentlichen Stellung zu ehelichen, sahen sie sich jedoch im Traum an der Seite des Marschierenden, bestand die Gefahr, daß sie ihre Ehre verlieren könnten. Moderne Quellen behaupten, ein Traum, in dem marschiert wird, weise auf die Notwendigkeit hin, bei einem Projekt, dem mit Teamarbeit am besten gedient wäre, die Hilfe andere zu suchen.

Maschinen

(→ Motor)

Maschinen sind seit der Industriellen Revolution Teil der Traumdeutung. Eine der frühesten Deutungen erklärte, Dampfmaschinen im Traum »künden von Glück und Wohlstand«. Seit dieser Zeit verbindet man mit Maschinen gute Vorzeichen. Europäische Quellen erklären beispielsweise, sie seien ein Hinweis auf den Beginn neuer beruflicher Wagnisse, die – wenn sie auch nicht leicht sind – schließlich Früchte trügen. Problemlos laufende Maschinen symbolisieren in Großbritannien Erfolg in derzeitigen Plänen, während man angesichts von uneffizienten oder defekten Maschinen mit Rückschlägen bei ehrgeizigen Vorhaben rechnen muß. Wenn man sich in Amerika vor Maschinen fürchtet, gilt das als Mahnung, vorsichtig an neue Pläne heranzugehen.

Maske

Masken kommen seit vielen Jahrhunderten in Träumen vor, obwohl die meisten Deutungen den vergleichsweise neueren europäischen Quellen entstammen. Masken symbolisieren im allgemeinen eine Täuschung, und der Träumende muß sich davor hüten, in Beruf oder Liebe von einem Rivalen ausgetrickst zu werden. Italienische Fachleute sind der Meinung, wer im Traum eine Maske trägt, werde infolge von Mißverständnissen Probleme mit einem Familienangehörigen bekommen, während eine spanische Quelle diesen Traum so deutet, daß man viel Geld machen wird! Ein interessanter britischer Almanach behauptete vor kurzem, wer im Traum eine Maske trägt, wird letztendlich aus einem Plan Vorteile ziehen, der eigentlich darauf abzielte, ihn zu hintergehen.

Mauern

(→ Hürde)

Mauerträume gelten seit langem als klassische Hindernisträume, und wenn man Schwierigkeiten vermeiden möchte, muß man sie überwinden. Die Römer waren der Ansicht, wenn der Träumende über eine Mauer springt, würde ihn das befähigen, seine Pläne zu verwirklichen, und man glaubte auch, daß ein Traum von einer Mauer finanzielle Sicherheit prophezeit. Mittelalterliche Quellen behaupteten, wenn man im Traum eine Mauer zerstöre, habe das den Untergang seiner Feinde zur Folge, wenn man aber im Traum von einer Mauer herunterfiel, stünde viel schwere und unnötige Arbeit bevor. Wenn Männer oder Frauen sich im Traum hinter einer Mauer verstecken, symbolisiert das laut heutigen Quellen, daß sie eine geheime Schuld verbergen.

Mäuse

Mäuse kommen schon seit langem in der Traumdeutung vor, wo sie als Symbol für häusliche Probleme bei Frauen und beruflichen Sorgen bei Männern gelten. Eine einzelne Maus im Traum mahnt zur Vorsicht angesichts der Aktivitäten eines Bekannten. Die Menschen im viktorianischen Zeitalter glaubten, wenn man im Traum sähe, wie eine Katze eine Maus töte, sei das ein Symbol für das Ende gegenwärtiger Probleme, könne die Maus jedoch entfliehen, würden sich die Probleme verdoppeln. Die Franzosen behaupten, eine Frau, die von einer Maus auf ihren Kleidern träumt, würde zwangsläufig zum Mittelpunkt eines Skandals werden.

Messer

Ein Messer (oder ein Dolch) gilt seit den Zeiten der Römer als schlechtes Traumzeichen. Es symbolisiert zwar nicht den Tod, ist jedoch ein Hinweis auf Trennung und Streit unter Familienangehörigen oder Verwandten. Je schärfer das Messer ist, desto größer die Sorgen – sagen alte europäische Kalenderbücher. Ein zerbrochenes Messer symbolisiert das Ende einer Liebesaffäre, während ein Messer in einer Scheide oder einem Futteral Schwierigkeiten mit dem Gesetz vorhersagt. In einer amerikanischen Quelle heißt es, daß ein einfaches Tafelmesser eine Einladung zum Abendessen symbolisiert, und jede Art von Schnittwunde durch ein Messer den Träumenden auffordere, übereilte Emotionen zu zügeln.

Milch

Milch ist das Symbol guter Gesundheit, und ländliche Kalenderbücher behaupten, ein Bauer, der im Traum ein Glas Milch trinkt, kann sich einer reichen Ernte sicher sein. Die Römer waren der Ansicht, wenn man im Traum in Milch bade, sei das ein Symbol für Glück und angenehme Gesellschaft, und die wohlhabenderen Angehörigen der Gesellschaft haben das im wirklichen Leben auch tatsächlich praktiziert. Seit dem Mittelalter gilt ein Traum von verschütteter Milch als Hinweis auf Geschäftsverluste, heiße Milch kündet von Familienstreit und saure Milch führt zum Verlust eines Freundes. Europäische Quellen behaupteten jüngst, eine verheiratet Frau, die von einer Milchkanne träume, würde bald schwanger werden, während sich ein Mann auf eine lange und erfolgreiche Geschäftsreise freuen dürfe.

Mißbildungen

(→ Buckeliger, Häßlichkeit)

Die psychiatrische Arbeit läßt auf eine beträchtliche Zahl von Menschen schließen, die sich im Traum auf irgendeine Weise verunstaltet sieht. Das ist keineswegs ein neuzeitliches Phänomen. Alte Dokumente aus dem Mittelalter deuteten es als Zeichen von Hunger und Kummer in der Familie, wenn man sich im Traum als Krüppel sah. In der viktorianischen Ära verstand man derartige nächtliche Visionen als Kunde eines baldigen Hilferufs von Verwandten oder Freunden, dem man sich besser nicht verschloß. Laut modernen Experten benötigt der Träumende Hilfe, um sein Leben »zurechtzubiegen«, obwohl derartige Träume im allgemeinen nur auf kleinere Familienzwistigkeiten hindeuten. Wenn man im Traum verunstaltete Menschen sieht, ist das gemäß einer amerikanischen Quelle eine Warnung, sich vor der Scheinheiligkeit anderer in acht zu nehmen.

Mode

(→ Kleidung)

Der Traum, sich modisch oder unmodisch gekleidet zu sehen, ist erst in den letzten Jahren aufgekommen. Er repräsentiert offiziell das tiefverwurzelte Bedürfnis, die richtige Kleidung zu tragen und an den richtigen Orten gesehen zu werden. Ein französisches Traumlexikon erklärt Träume, in denen man an einer Modenschau teilnimmt oder Models auf- und abgehen sieht, zum Symbol eines langen Lebens. Eine amerikanische Quelle behauptet, wenn man sich im Traum in den Anblick einer Schaufensterpuppe in den Fenstern eines Kaufhauses vertieft, kündet das von einem Streit unter den Familienangehörigen des Träumenden.

Mond

Laut uralten ägyptischen Quellen sind Träume vom Mond ein günstiges Vorzeichen und symbolisieren Vergebung. In römischer Zeit glaubte man, der Mond stelle einen weiblichen, ja gar mütterlichen Aspekt dar. Seit damals wurde jedoch eine Vielzahl von Träumen über den Mond mit der Liebe in Verbindung gebracht. So gilt beispielsweise der Vollmond als Symbol für ein aktives Sexualleben. Ein Mann, der im Traum im Mondlicht badet, findet bald eine neue Geliebte. Im Mittelalter symbolisierte der Traum von einem blutroten Mond Zwistigkeiten, während ein Mond, der teilweise von Wolken verdeckt war, auf Familienprobleme hinwies. Neumond soll gut für geschäftliche Angelegenheiten sein, und ländliche Kalenderbücher vertreten die Meinung, daß der Vollmond zur Tag- und Nachtgleiche im Herbst von finanziellen Vorteilen kündet. Neuere Untersuchungen haben auch erwiesen, daß Mondlicht, das sich im Traum im Wasser widerspiegelt, für eine junge Frau ein Vorzeichen von großem Glück ist und auf einen neuen Mann in ihrem Leben hinweist.

Moor

(→ Treibsand)

Im Traum im Moor zu versinken störte schon den Schlaf der Europäer des 17. und 18. Jahrhunderts, und die Tatsache, daß es sich um einen symbolischen Kampf darum handelte, seinen Verpflichtungen nachzukommen, war ihnen beim Aufwachen kein großer Trost. Britische Quellen aus derselben Zeit erklärten, wenn man einen anderen Menschen im Moor ums Überleben kämpfen sah, wies das darauf hin, daß das eigene Leben durch das Scheitern anderer beeinträchtigt würde. Dieser bedrückende Traum wurde auch später noch gemeldet, und heute geht man davon aus, daß er eine Warnung vor drohender Krankheit darstellt.

Mord

(→ Kriminalfall, Töten)

Von einem Mord zu träumen ist nicht nur unangenehm, sondern auch ein schlechtes Omen. Die alten Griechen hielten es als erste für eine Prophezeiung von Trauer und Versagen, spätere Schriftsteller erklärten, wenn man selbst der Mörder sei, wäre das ein Symbol dafür, daß man aufgrund seiner Beteiligung an einigen unehrlichen Unternehmungen in Kürze in Unehre fallen würde. Hat man unter der Androhung eines Mordes zu leiden, ist das laut mehreren europäischen Quellen eine Warnung vor den hinterhältigen Ränken von Rivalen. Ein amerikanisches Traumdeutungsbuch hat in neuerer Zeit erklärt, wenn man beobachtet, wie jemand anderes einen Mord begeht, ist das ein Zeichen für langes Leben.

Motor

(→ Maschinen)

Motoren, gleichgültig welcher Art, gelten in der Traumdeutung schon immer als Symbol für Probleme – insbesondere hinsichtlich künftigen Reiseplänen. Die Menschen im viktorianischen Zeitalter glaubten, wenn man im Traum einen defekten Motor sähe, brächte das Unglück, und jedes Lebensziel des Träumenden würde ernstlich verzögert. Wenn man im Traum an einem Motor arbeitet, weist das auf unmittelbar bevorstehende und erzwungene Veränderung bei der Arbeit und/oder zu Hause hin. Sieht man im Gegensatz dazu im Traum einen Mechaniker, kündet das laut einer neueren Traumforschungsstudie von großem Glück.

Musikinstrumente

(→ Konzert, Oper)

Italienische und deutsche Quellen bieten einige der frühesten Deutungen in bezug auf Träume von Musikinstrumenten. Ihrer Ansicht nach künden derartige Träume von neugefundenen Vergnügungen im Leben, und es kommt nicht darauf an, ob der Träumende das betreffende Instrument auch tatsächlich spielen kann. Wer von einem beschädigten Instrument träumt, muß mit dem Ende einer Freundschaft rechnen, sieht man sich dagegen im Traum bei der Reparatur eines Instruments, kündet das von guten Neuigkeiten – wahrscheinlich in bezug auf eine Liebesbeziehung. In einer britischen Quelle heißt es, wenn man im Traum ein Musikinstrument trägt, ist das »ein Zeichen von Erfolg beim anderen Geschlecht«.

Mutter

Träume von der Mutter kennt man seit dem Altertum. Seit jeher ist es ein Traum mit den günstigsten Vorzeichen. Wenn man im Traum mit seiner Mutter spricht oder sie umarmt, ist das ein Symbol für sehr gute Neuigkeiten, und wenn sie sich dabei im Haus der Familie befindet, dann verspricht das Erfolg bei geschäftlichen Wagnissen. Europäische Fachleute erklären, daß ein großes Familientreffen unmittelbar bevorsteht, wenn sich die Mutter guter Gesundheit erfreue. Jeder Hinweis auf Krankheit bezieht sich glücklicherweise nicht auf sie, sondern ist eine Warnung angesichts des Lebensstils des Träumenden. Eine neuere britische Quelle glaubt, daß ein Traum von einer bereits verstorbenen Mutter dem Träumenden als Warnung vor persönlicher Gefahr dienen soll.

Nabel

Die Buddhisten behaupten seit Jahrhunderten, daß ein Traum von Buddha, der über seinen Nabel meditiert, ein Zeichen großen Glücks ist, und diese Definition wurde von anderen Kulturen übernommen. Jeder Traum, in dem ein Nabel vorkommt, soll ein Symbol dafür sein, daß sich ein neues Projekt verwirklichen wird. In Europa heißt es, daß es den Anfang einer neuen Liebesbeziehung kennzeichnet, wenn man vom Nabel eines anderen Menschen träumt.

Nachbarn

Wenn man im Traum mit seinen Nachbarn spricht und fröhlich lacht, so ist das ein Gegenteiltraum, denn er kündet von Problemen mit eben diesen Menschen. Ein amerikanischer Experte schreibt, wenn man im Traum einen Nachbarn auf der Straße trifft, wird ein unwillkommener Gast auf eine Stippvisite kommen, besucht man dagegen seine Nachbarn, beschwört das einen Familienstreit herauf. Einige europäische Quellen sind jedoch mit dieser Definition nicht einverstanden und behaupten, daß ein Traum, in dem man einem Nachbarn hilft, zu kleinen finanziellen Gewinnen führt.

Nachruf

Die Deutung eines Traums von einem Nachruf ist ein Gegenteiltraum: Es handelt sich dabei in Wirklichkeit um ein Symbol guter Nachrichten. Kirchliche Aufzeichnungen aus dem 16. Jahrhundert weisen darauf hin, daß es selbst damals schon als Zeichen einer guten Nachricht galt, wenn man im Traum einen Nachruf auf einen Verwandten oder Freund erhielt, und wenn der Nachruf zufällig einem Feind galt, dann stand ein glückliches Ereignis wie eine Hochzeit oder eine Geburt bevor. Mehrere europäische Quellen fügten vor kurzem hinzu, daß ein Traum, in dem man einen Nachruf schreiben muß, wahrscheinlich in einigen unangenehmen Pflichten resultiert, obwohl man im Verlauf dieser Pflichten einen höchst attraktiven Angehörigen des anderen Geschlechts begegnen wird.

Nacktheit

(→ Entkleiden)

Ein weiteres berühmtes Traumerlebnis, das oft als Symbol für Offenheit und Verletzlichkeit dargestellt wird. Offenbar drangen schon bald nachdem Männer und Frauen begonnen hatten, sich zu bekleiden, Träume in den Schlaf ein, in denen man nackt wie die Altvorderen herumrannte. Die Römer erklärten diesen Traum als erste zum Vorzeichen für Unglück oder sogar Skandal. Innerhalb weniger Jahrhunderte galt ein Mädchen, das sich im Traum nackt sah, als arrogant, während ein Mann sich über die Aufdeckung eines Geheimnisses sorgte. Seit dem Mittelalter heißt es, daß sich eine junge Frau, die im Traum nackt herumtollt, nach einer unerlaubten Affäre sehnt, und ein Mann angesichts eines solchen Traums offensichtlich seinen Ehrgeiz verloren hatte. Heutzutage darf der Träumende, der ohne Kleidung erscheint, sich eines kleinen Geldsegens erfreuen. Sieht man allerdings unbekleidete Fremde, gilt das als Warnung davor, anderen allzu vertrauensvoll zu begegnen. Eine amerikanische Quelle hat weiter ausgeführt, wenn man von Nacktheit träumt, so fürchtet der Träumende insgeheim, daß man über ihn klatscht oder ein Geheimnis »aufgedeckt« wird.

Nadel

(→ Näharbeit)

Die Deutungen von Nadelträumen sind gemischt, obwohl einer der frühesten Berichte erklärt, daß sie ein Symbol für Intrigen sind! In europäischen Aufzeichnungen, die bis ins 14. Jahrhundert zurückreichen, heißt es, wenn man von einer Nadel gestochen wird, kündet das von Schwierigkeiten in der Familie, herbeigeführt durch das Pech eines Verwandten. Wenn man eine Nadel verliert, ist das eine Warnung vor einer Gefahr, die infolge der Sorglosigkeit des Träumenden droht. Fädelt man im Traum jedoch einen Faden ein, ist das ein gutes Zeichen – insbesondere in Liebesangelegenheiten, da es den Träumenden eng mit seinem Partner verbindet. Eine amerikanische Quelle weiß zu berichten, daß man einen verständnisvollen neuen Freund findet, wenn man eine Nadel findet. Wer im Traum eine Nadel auf sich gerichtet sieht, muß das als Warnung werten, daß jemand hinter seinem Rücken gehässig über ihn spricht.

Näharbeiten

(→ Nadel, Stopfen)

Seit dem Mittelalter wird das Nähen als Symbol harter Arbeit betrachtet, wenn man im Traum dagegen eine Näharbeit vollendet, kündet das von Erfolg in laufenden Unternehmungen. Im 19. Jahrhundert wies ein Traum, in dem man Kleider nähte, auf eine Phase häuslicher Harmonie hin, obwohl es ein schlechtes Zeichen war, von einer Schneiderin zu träumen, denn das prophezeite einen Todesfall in der Familie. Seit Anfang des 20. Jahrhunderts gilt eine Nähmaschine bei europäischen Quellen als Aufruf zur Vorsicht in geschäftlichen Angelegenheiten. Neuere Umfragen haben ergeben, daß das Nähen an sich den Träumenden warnt, eine ausreichende Versorgung seiner Zukunft sicherzustellen – für den Fall, daß schwere Zeiten kommen.

Namen

Namen haben eine besondere Bedeutung, in erster Linie aufgrund der Häufigkeit, mit der sie in biblischen Träumen erwähnt werden. Aus diesen Ursprüngen stammt der Glaube, daß gute Nachrichten zu erwarten sind, wenn man im Traum seinen eigenen Namen hört. Wird man allerdings mit dem falschen Namen angeredet, weist das auf drohende persönliche Probleme hin. Seit mehreren Jahrhunderten soll es zu einer glücklichen Vereinigung mit dem Menschen kommen, dessen Namen man im Traum ruft, und wenn man den Namen eines Kindes ausspricht, bringt das dem Kleinen Glück. Eine britische Quelle fügte jüngst hinzu, wenn man im Traum nicht in der Lage sei, sich an seinen eigenen Namen zu erinnern, müsse man das als Warnung vor einer unerlaubten Affäre betrachten.

Nase

Die römische Traumdeutung war von Nasen ganz besonders fasziniert, und man hegte die feste Überzeugung, daß ein Traum von einer blutenden Nase Symbol einer Katastrophe sei. Man glaubte auch, wenn man von einer wunderschönen Nase träumte, stelle das einen Auftrieb für das Selbstvertrauen dar, obwohl eine Nase, die kleiner als gewöhnlich aussah, auf eine Reihe von Fehlschlägen schließen ließ. Heutige Fachleute erklären, eine blutende Nase sei ein Symbol finanzieller Probleme, während eine große Nase auf sexuelles Können hinweist! Eine gekrümmte Nase an einer Frau soll (laut amerikanischen Quellen) Ehebruch symbolisieren, während ein britischer Experte schrieb, wenn man im Traum eine verstopfte oder verletzte Nase habe, warne das vor Widerständen gegen die Wünsche des Träumenden.

Nebel

Sich im Traum in dichtem Nebel zu verirren, gehört mit Sicherheit zu den unheimlichsten Traumerfahrungen, obwohl diese nächtlichen Visionen erst seit den letzten zwei Jahrhunderten verzeichnet werden. Für Männer ist dieser Traum ein Zeichen für geschäftliche Sorgen, während er eine Frau vor einem drohenden Skandal warnt, in den sie verwickelt werden könnte, wenn sie nicht sehr vorsichtig in der Wahl ihres Umgangs ist. Eine neuere britische Quelle behauptet, der Traum deute darauf hin, daß dem Träumenden Steine in den Weg gelegt werden, obwohl alle Fachleute sich einig sind, daß es eine erfolgreiche Lösung der Probleme verspricht, wenn man aus dem Nebel auftauchen kann, bevor man aufwacht.

Netz

Die Deutungen von Träumen, in denen Netze vorkommen, stammen wahrscheinlich aus der Antike, und es gibt ganz eindeutige Definitionen für Träume, in denen man Netze auswirft, und für Träume, in denen man sich in einem Netz verstrickt. Die Fischer glaubten als erste, daß es Erfolg in ihrem Beruf versprach, wenn sie im Traum ein Netz auswarfen. Sahen sie jedoch tatsächlich Fische im Netz, galt das als schlechtes Omen, denn es kündete von stürmischem Wetter, was sie sehr wohl davon abhalten konnte, auf See zu fahren. Bis zum Mittelalter war ein Traum, in dem man etwas in seinem Netz fing, für den Träumenden ein Zeichen, daß er skrupellos in seiner Vorgehensweise sein würde. In neuerer Zeit kann sich eine Frau, die im Traum ein Netz auswirft, auf eine lange und glückliche Ehe freuen, wohingegen ein Mann sich bald verlieben wird. Das Gefühl, sich in einem Netz verfangen zu haben, soll angeblich symbolisieren, daß der Träumende Schwierigkeiten hat, denen er seiner Meinung nach nicht entfliehen kann; er sollte schleunigst Rat suchen.

Nummern

(→ Zahlen)

Es ist zwar nicht ungewöhnlich, im Traum Nummern zu sehen, aber es kommt nur selten vor, daß sich der Träumende beim Erwachen noch daran erinnert. Aus diesem Grund verallgemeinern die Fachleute gern die Deutung: In einem viktorianischen Almanach steht beispielsweise, daß ein solcher Traum »auf beunruhigende Umstände im Geschäft hinweist, die Ihnen Unbehagen und Unzufriedenheit verursachen«, während ein neueres amerikanisches Buch schreibt, Nummern zu zählen, »führt zu guten Nachrichten«. Eine moderne britische Quelle glaubt, der Traum sei in Wirklichkeit ein Symbol für eine Phase der Verwirrung und Überraschungen. Ein europäischer Autor erklärt, wenn der Träumende sich an eine Zahl aus dem Traum erinnern könne, so sei das seine Glückszahl und er solle sie beim Glücksspiel nutzen!

Nuß

Träume von Nüssen gelten seit mehreren Jahrhunderten als gutes Omen. Wenn man im Traum Nüsse sammelt, symbolisiert das seit dem 17. Jahrhundert eine neue Liebesbeziehung, knackt man dagegen eine Nuß, weist das auf geschäftliche Erfolge hin. Der Mensch, der im Traum Nüsse sammelt, hat laut europäischen Quellen die Chance, zu Geld zu kommen. Sind diese Nüsse allerdings in keinem guten Zustand, dann brauen sich Probleme wegen einer Täuschung zusammen. Nüsse zu essen gilt schon immer als Zeichen guter Gesundheit.

Oase

Einige merkwürdige Deutungen gibt es zu Träumen von Oasen, obwohl dieser willkommene Anblick in der arabischen Welt natürlich immer als Symbol einer erfolgreichen Wüstendurchquerung betrachtet wurde. Träumt man in Europa von einer Oase, wird man einen neuen Freund finden, in Großbritannien hat man Erfolg in einer wichtigen neuen Unternehmung, und wenn man in Amerika im Traum eine Oase in der Gesellschaft anderer Menschen entdeckt, weist das auf eine unglückliche Zeit in Liebesdingen hin!

Obelisk

Die frühesten Bezüge auf Träume von Obelisken stammen aus dem 16. Jahrhundert, als ein Almanachschreiber erklärte: »Ein Obelisk, der wuchtig und kalt in Ihren Träumen aufragt, ist der Bote schmerzlicher Kunde.« Mehrere viktorianische Quellen hielten diesen vierkantigen Pfeiler dagegen für das Symbol von Wohlstand und die Fähigkeit, im beruflichen Umfeld geschickte Abschlüsse zu tätigen. Moderne Traumforscher neigen allerdings eher zu der Überzeugung, daß der Obelisk in Wirklichkeit ein Phallussymbol ist und Zweifel hinsichtlich der sexuellen Potenz symbolisiert, die ihrer Ansicht nach durch eine bessere Gesundheitsvorsorge ausgeräumt werden könnten.

Obstgarten

(→ Garten)

Eine der frühesten Deutungen in Zusammenhang mit einem Obstgarten besagt merkwürdigerweise, daß, wenn man im Traum wilde Tiere Fallobst fressen sähe, bedeute, daß man »bei dem Versuch, etwas zu beanspruchen, was einem nicht wirklich gehört«, Besitztümer verlieren würde. Jahrhundertelang jedoch hielt man Obstgärten für das

Symbol großen Glücks, und ein Garten voller reifer Früchte kündete von der erfolgreichen Verwirklichung aller Pläne. Europäische Quellen vertreten die Ansicht, daß Obstgärten voller grüner Früchte auf langsamen Fortschritt in laufenden Plänen hinweisen. Laut einem amerikanischen Almanach symbolisiert ein Obstgarten allerdings falsche Freunde.

Ohren

Die alten Ägypter berichteten als erste von Träumen, in denen menschliche Ohren vorkamen, und sie gelangten zu dem Schluß, daß der Träumende bald aufregende Neuigkeiten erfahren würde. Im mittelalterlichen Europa betrachtete man in den Häusern der Wohlhabenden Träume, in denen Menschen die Ohren eines Esels hatten, als Zeichen dafür, daß man der Dienerschaft des Hauses trauen konnte, während die Ohren eines Hundes angeblich Vertrauen zwischen Ehemann und Ehefrau symbolisierten! Jede Art von Problem mit den Ohren – wie zum Beispiel Gehörverlust, Verletzung oder Deformierung – galt als schlechtes Zeichen und kündete von Schwierigkeiten von unerwarteter Seite. Die Franzosen glauben, daß jeder Traum von attraktiven Ohren eine Liebesbeziehung symbolisiert.

Okkultismus

Okkulte Träume sind seit unbestimmten Zeiten Teil der Traumdeutung, obwohl im Mittelalter jeder, der im Traum einen Menschen mit okkulten Kräften sah, angeblich in den Besitz geheimen Wissens gelangen würde, das er zu seinem Vorteil nutzen könne. Die Okkultisten selbst neigen dazu, ihre Fähigkeiten mit dem Schleier des Geheimnisses zu verhüllen. Aus diesem Grund deuteten die meisten Kalenderbücher des 17. und 18. Jahrhunderts Träume vom Okkulten als relativ schlechtes Zeichen, bei dem möglicherweise sogar die geistige Gesundheit bedroht war. Für die modernen

Fachleute symbolisiert der Traum jedoch den Wunsch nach einer höheren Bewußtseinsebene.

Öl

Es überrascht sicher nicht, wenn man hört, daß ein Traum von Öl davon kündet, daß man ein Vermögen machen wird. Vor nur einem Jahrhundert, als das britische Weltreich seine beste Zeit hatte, galt derselbe Traum allerdings als Hinweis auf eine Phase »vergnüglicher Unternehmungen«! Die alten Ägypter glaubten, daß jemand, der im Traum mit Öl eingerieben wurde, Einfluß auf wichtige Staatsangelegenheiten nehmen würde, während ein Dokument aus dem Mittelalter eröffnet, daß ein Mann, der im Traum mit Öl handelt, in seinem Sexualleben nicht allzu erfolgreich sei! Heutzutage kündet ein Traum, in dem man Öl verschüttet, von einem Geschäftsverlust, entdeckt man dagegen einen Ölfleck auf seiner Kleidung, weist das auf einen kleinen Geldsegen hin. Laut einer amerikanischen Quelle besitzt man einen genialen Zug, den man an sich noch nicht entdeckt hat, wenn man im Traum auf eine Ölquelle stößt!

Oper

(→ Gesang, Konzert)

Italienische Quellen aus dem 17. Jahrhundert führen als erste Träume von Opern auf. Ein Dokument aus Florenz (wo die ersten Opern auf die Bühne kamen) erklärt, wenn man im Traum an einer Opernaufführung teilnimmt, ist das ein Symbol für gute Freundschaften und erfolgreiche Geschäftsabschlüsse. Spätere europäische Quellen vertraten jedoch die Ansicht, daß die Oper in Wirklichkeit Unruhe in der Familie symbolisiere. Laut einer amerikanischen Quelle stellt ein solcher Traum eine Warnung vor den Täuschungsversuchen anderer Menschen dar. Eine neuere Umfrage fügt noch hinzu, daß der Inhalt der Oper – dramatisch, tragisch oder komisch – ebenfalls ein Hinweis darauf ist, was die Zukunft für den Träumenden bereithält.

Operation

Träume, in denen man sich einem chirurgischen Eingriff unterzieht, kommen in einer Reihe von neueren Traumstudien vor. Die Experten sind sich darin einig, daß sich die Deutung eher auf das Alltagsleben des Träumenden bezieht als auf seine Gesundheit. Wenn man während einer Operation – entweder als Patient oder als Beobachter – anwesend ist, gilt das laut einer amerikanischen Quelle als Warnung vor Geschäftsabschlüssen und neuen Freundschaften. Dagegen symbolisiert dieser Traum in Großbritannien, daß man mit einigen unerwarteten Neuigkeiten zu rechnen hat und seine Lebensweise ändern muß.

Orange

Obwohl die Orange der goldene Apfel aus dem Garten der Hesperiden ist, sind die Fachleute seit mindestens 1.500 Jahren geteilter Meinung hinsichtlich der Deutung eines Traums von diesen köstlichen Früchten. Frühe Traumdeuter dachten, es handele sich um einen Gegenteiltraum: Ein Orangenbaum symbolisiere Tränen, und wenn man eine Orange schäle, würde das zum Tod eines Verwandten führen. Wenn man im 18. Jahrhundert im Traum eine Orange aß, galt das als schlechtes Zeichen und kündete von der Erkrankung eines Familienangehörigen. Junge Frauen mußten bei einem solchen Traum mit dem Ende einer Liebesbeziehung rechnen. Neuere Quellen erklären, daß es auf eine kurze, aber leidenschaftliche Liebesaffäre hindeutet, wenn man im Traum Orangensaft trinkt, während ein Traum von Orangenblüten eine Hochzeit prophezeie.

Orden

Europäische Quellen sind der Ansicht, daß jeder Traum, in dem Orden eine Rolle spielen, die Anerkennung mühevoller, aber lohnender Leistungen symbolisiert. In Amerika wird der Traum dagegen einfach als Symbol für das erfolgreiche Ende einer Zeit der Angst gedeutet. Sieht man Orden an anderen Menschen, mahnt das laut britischen Fachleuten, eifersüchtige Impulse zu kontrollieren. Verliert man einen Orden, muß man durch die Sorglosigkeit anderer mit Pech im Beruf rechnen. Einem Mädchen, das von Orden träumt, steht eine aufregende Phase gesellschaftlicher Aktivitäten bevor.

Orgie

(→ Party)

Die Geschichte läßt vermuten, daß die berüchtigten römischen Orgien der Ursprung jener Träume von Ausschweifungen waren, die von den Kalenderbüchern und der Traumforschung seit vielen Jahren verzeichnet wurden. Ein viktorianisches Traumdeutungsbuch behauptete, wenn ein Mann im Traum an Orgien teilnahm, sei das ein Symbol für seine Angst, aufgrund seiner Promiskuität an Syphilis zu erkranken. Wenn eine junge Frau einen solchen Traum hatte, machte sie sich Sorgen, ob sie eventuell frigide sei. Die moderne Forschung hat beide Deutungen verworfen und erklärt, daß ein solcher Traum in Wirklichkeit den Träumenden davor warnt, daß seine Exzesse beziehungsweise Verdrängungen sehr wohl zu Schwierigkeiten führen können, wenn er nicht bald Mäßigung an den Tag lege.

Ozean

(→ Wasser)

Die Weltmeere sind seit vielen Jahrhunderten Teil der Traumdeutung, und die Fachleute sind sich einig, daß es der Zustand der Wasseroberfläche ist, der über die Deutung entscheidet. Ein ruhiger Ozean gilt als gutes Omen für eine Reise, aber ein stürmisches Meer ist schlecht für die Pläne des Träumenden, da er wirkliche Entschlossenheit an den Tag legen muß, um Erfolg zu haben. Wenn man übers Meer reist, ist das ein gutes Zeichen für Geschäftsabschlüsse, kentert oder sinkt das Schiff jedoch, so wirkt sich das ungünstig auf eine Liebesbeziehung aus. Laut einer britischen Quelle symbolisiert es häusliche Streitigkeiten, wenn man brechende Meereswellen am Strand sieht. Ein amerikanischer Experte hat sich vor kurzem gegen die allgemein akzeptierte Auslegung in bezug auf einen ruhigen Ozean gestellt und erklärt, in Wirklichkeit künde ein solcher Traum von einem stürmischen Eheleben.

Paket

Der Traum, ein Päckchen oder ein Paket zu erhalten, ist älter als der Zustelldienst der Post und wurde anfangs für einen Hinweis auf die Rückkehr eines abwesenden Verwandten oder Freundes gehalten. Zu Beginn dieses Jahrhunderts wurde diese Definition verworfen, und der Traum gilt jetzt als Signal einer unmittelbar bevorstehenden Veränderung der Lebensumstände. Läßt man das Paket allerdings fallen, muß man eine unangenehme Aufgabe erledigen. Amerikanische Quellen gehen heute davon aus, daß jeder Traum, in dem ein Paket vorkommt, ein Geldgeschenk prophezeit, obwohl europäische Fachleute die Ansicht vertreten, es handele sich in Wirklichkeit um eine Warnung vor einer oder mehreren Personen, die ihre Sorgen dem Träumenden aufbürden.

Palast

(→ Burg)

Prunkvolle Paläste kommen seit dem Mittelalter gleichermaßen in den Träumen der Reichen und Armen vor, und man ist sich darin einig, daß sie eine allgemeine Verbesserung in den Aussichten des Träumenden symbolisieren. Sieht man im Traum vornehme Menschen in einem Palast tanzen, verspricht das laut einer Quelle aus dem 17. Jahrhundert angeblich neue Freunde. Irrt man jedoch in den Zimmerfluchten eines ausgedehnten Palastes herum, ohne jemandem zu begegnen, so muß man vor seinen Feinden auf der Hut sein. Im 18. Jahrhundert durfte eine junge Frau, die von einem Palast träumte, erwarten, einen wohlhabenden und wichtigen Mann zu ehelichen. Ein moderner britischer Experte behauptet, daß der Traum vor übermäßiger Eitelkeit warnt, die – wenn man sie nicht beherrscht – Verwandte und Freunde zur Verzweiflung treibt.

Palmen

Ein Traum von Palmen und tropischen Inseln kommt sehr häufig vor und symbolisiert das Verlangen nach Veränderung und neuen Erfahrungen. Mehrere viktorianische Kalenderbücher sind sich darin einig, daß sich junge Frauen, die im Traum eine von Palmen gesäumte Straße entlangschreiten, auf einen treuen Ehemann und ein gutes Heim freuen können. In Frankreich hält man die Palme für das Symbol einer neuen und besseren Stellung im Leben. Ein britischer Autor dagegen hat unlängst seiner Meinung Ausdruck verliehen, daß ein solcher Traum eine Enttäuschung ankündigt, höchstwahrscheinlich weil man von einem Freund im Stich gelassen wurde.

Panther

Die indianische Traumdeutung sieht im Panther das Symbol des Bösen, außer wenn der Träumende ihn tötet. In Südamerika hält man ihn dagegen für das Symbol des Sieges über seine Feinde. Wenn man im Traum von einem Panther erschreckt wird, ist das laut mehreren westlichen Quellen des 18. Jahrhunderts ein Zeichen dafür, daß unerwartet ein Geschäftsvertrag gebrochen oder eine Liebesbeziehung beendet wird. In den Vereinigten Staaten wurde jüngst in einem Traumalmanach behauptet, daß man bald ins Ausland reist, wenn man eine Gruppe von Panthern sieht. Wird man im Traum von einem dieser Tiere angegriffen, kündet das von Erfolg in persönlichen Angelegenheiten.

Papagei

Der Papagei soll das Symbol für Klatsch und Tratsch sein, meinen die meisten Traumspezialisten. Europäische Quellen behaupten, daß Träume von diesem Vogel auch ein Hinweis darauf sein können, leichtfertig zu werden und Gefahr zu laufen, der Lächerlichkeit preisgegeben zu werden. Ein plappernder Papagei kündet laut einer britischen Quelle von geschäftlichen Problemen, während ein toter Vogel die Abreise einiger Freunde prophezeit. In einem reizenden französischen Almanach, der vor kurzem veröffentlicht wurde, steht zu lesen, daß eine junge Frau, die im Traum einen Papagei besitzt, von ihrem Liebsten für zänkisch gehalten wird. Eine ebenso amüsante amerikanische Quelle deutet an, daß man nach einem solchen Traum beim Aufwachen »die Familie seiner Verlobten unter die Lupe nehmen sollte«!

Parfüm

Parfümträume wurden zuerst im Fernen Osten verzeichnet. Wenn man dort einen zarten Duft einatmete, galt das als Zeichen von Glück. Die Römer glaubten, wenn man im Traum Parfüm auf seinen Kleidern hatte, sei das ein Symbol für Macht und Bewunderung, und die Franzosen behaupten seit Jahrhunderten, im Traum Parfüm zu schnuppern künde von einer aufregenden neuen Liebesbeziehung. Wenn man ein Parfümflakon fallenläßt oder Parfüm verschüttet, steht der Verlust von Gegenständen bevor, die vom Träumenden sehr geschätzt werden. Viktorianische Kalenderbücher erklärten naserümpfend, daß ein Mann, der von Parfüm träumt, mit Mißverständnissen sowohl in geschäftlichen als auch in privaten Angelegenheiten zu rechnen hat. Ein neuerer amerikanischer Almanach weiß zu berichten, daß eine Frau, die im Traum ein bestimmtes Parfüm bevorzugt, in Liebesdingen betrügerisch ist, während ein Mann, der im Traum eine Frau mit Parfüm besprüht, Ehebruch begehen wird.

Park

(→ Garten)

Träume von Parkanlagen lassen sich bis ins 17. Jahrhundert zurückverfolgen, als ein gepflegter Park angeblich eine Phase der Zufriedenheit und Muße verkörperte. Wenn man in Europa davon träumte, im Park von seinem Liebsten begleitet zu werden, galt das als Symbol für eine glückliche Ehe. Amerikanische Fachleute teilen dagegen die weitverbreitete Ansicht, daß ein ungepflegter Park eine Phase der Einsamkeit und Umstellung im Leben des Träumenden symbolisiert. Eine neuere britische Quelle sieht eine tiefere Bedeutung in diesem Traum: Er spiegele das Bedürfnis wider, sich zu entspannen und die Natur zu genießen, anstatt unablässig käuflichen Dingen nachzustreben.

Party

(→ Bankett, Orgie)

Träume von Parties hält man im allgemeinen für ein schlechtes Zeichen. Das mag auf die mittelalterliche Traditionen zurückzuführen sein, als jemand, der sich im Traum mitten in einer Gruppe zechender Männer wiederfand, damit rechnen mußte, bald darauf ausgeraubt zu werden. Heutzutage kündet es laut europäischen Quellen von Streitigkeiten, wenn man selbst eine Party gibt. Wird für den Träumenden eine Party gegeben, so führt das zu Enttäuschungen in der Liebe. Wenn die Party lärmig wird und außer Kontrolle gerät, findet sich der Träumende bald im Mittelpunkt eines Skandals wieder. Ein amerikanischer Almanach erklärt, wenn man sieht, wie jemand bei einer Party verletzt wird, sei das ein Zeichen eines langen Lebens. In einer neueren britischen Quelle heißt es dagegen, daß der wiederkehrende Traum von der Teilnahme an einer Party eine Warnung vor übermäßiger Genußsucht ist.

Peinlichkeit

(→ Skandal)

Ganz einfach: Je peinlicher es für den Träumenden wird, desto besser sind die Vorzeichen für künftigen Erfolg und Wohlbefinden. Dieser Traum gilt als Paradebeispiel für einen Gegenteiltraum, und viele Traumdeutungsbücher behaupten, daß jeder Liebende, der Peinlichkeiten erlebt, einer glücklichen Werbung sicher sein kann. Sogar ein Traum, in dem andere Menschen Peinlichkeiten erleben, ist ein Zeichen von Glück, obwohl einige Fachleute darauf drängen, diesen Traum als Warnung aufzufassen und sich auf sein persönliches Urteil zu verlassen und nicht auf den Rat anderer.

Penis

Träume vom männlichen Geschlechtsorgan werden von Männern und Frauen gemeldet und sollen laut den Fachleuten ein Symbol für die innere Einstellung des Träumenden sein. Wenn eine Frau wiederholt von einem Penis träumt, ist das ein Hinweis darauf, daß sie sich nach einer erfüllenderen Beziehung sehnt. Träumt ein Mann von seinem eigenen Geschlechtsteil, so ist das ein Zeichen für ein gutes Liebesleben, hat er jedoch im Traum mit seinem Penis irgendwelche Probleme, dann gilt das als Warnung vor übermäßiger Genußsucht. Stellt man im Traum das Sexualorgan zur Schau, symbolisiert das sexuelle Frustrationen.

Perlen

Die Deutungen von Perlen im Traum variieren beträchtlich. In Europa künden sie von Wohlstand und einer besseren gesellschaftlichen Stellung, in Amerika dagegen symbolisieren sie Tränen und Unglück. In vielen Teilen der Welt gilt es als ein Zeichen von Pech, wenn man im Traum eine Perlenkette verliert oder zerreißt – in Amerika dagegen als Ankündigung, bald neue Freunde zu gewinnen! Eine Frau, die im Traum Perlen als Geschenk erhält, hat einen treuen Partner und wird eine gute Ehe schließen.

Pfandhaus

Pfandhäuser kommen seit mehreren Jahrhunderten in der Traumdeutung vor, erlangten jedoch die größte Aufmerksamkeit in viktorianischen Aufzeichnungen, in denen man sie im allgemeinen als Gegenteiltraum beschrieb. Wenn man im Traum ein Pfandhaus aufsuchte, kündete das angeblich von einer Verbesserung der finanziellen Lage, und einen Gegenstand im Pfandhaus zu versetzen, führte zum Ende eines quälenden Problems. Eine verheiratete Frau, die im Traum ein Pfandhaus betritt, hat laut einer Quelle aus dem frühen 20. Jahrhundert eine Indiskretion begangen, während jede junge Frau, der es im Traum nicht gelingt, einen versetzten Gegenstand zurückzukaufen, von ihrem Liebhaber hintergangen wird.

Pferde

(→ Jockey, Koppel)

Die Römer und Araber kannten eine ausführliche Deutung von Träumen über Pferde. Diese Tiere trugen natürlich entscheidend zu ihrem Wohlbefinden bei, und daher glaubten diese alten Völker, Pferde seien das Symbol für Wohlstand. Alle Träume, in denen man auf einem Pferd ritt – insbesondere auf einem weißen Pferd –, wiesen auf eine zufriedene Zukunft und gute Beziehungen zu Familienangehörigen und Freunden hin. Wenn man im Traum Pferde galoppieren sah, kündete das von der erfolgreichen Verwirklichung von Plänen, ein verletztes oder totes Pferd galt jedoch als Vorzeichen für einen Krankheitsfall in der Familie. Die Italiener sind der Ansicht, daß ein Mann, der sich im Traum auf einem braunen Pferd sieht, bald in den Genuß einer neuen und leidenschaftlichen Liebesbeziehung kommen wird, während eine Frau, die von einem schwarzen Pferd träumt, vor der Untreue ihres Ehemannes gewarnt wird. Die Spanier sagen, wenn man im Traum von einem Pferd getreten oder abgeworfen wird, muß man damit rechnen, von einem geliebten Menschen verschmäht zu werden und Geld zu verlieren – wahrscheinlich durch ein geschäftliches Wagnis. Pferdeträume wurden vor kurzem als ein unterbewußter Ausdruck für ein Verlangen nach Freiheit und das Gefühl unterschwelliger Ambitionen und Ziele definiert.

Pflanzen

Pflanzenträume sind ziemlich eindeutige Prophezeiungen der Zukunft. Sind die Pflanzen gesund und stehen in voller Blüte, werden anstehende Pläne ein gutes Ende finden, verkümmern sie dagegen und sterben ab, dann ist mit Problemen zu rechnen. Ländliche Kalenderbücher behaupten, daß blühende Pflanzen finanzielle Gewinne symbolisieren. Gießt man im Traum eine Pflanze, läßt das auf eine Geburt in der Familie schließen. Im weitesten Sinne sind sich die Fachleute einig, daß Pflanzen ein glückliches häusliches Leben versinnbildlichen.

Pforte

(→ Türen)

Es gibt zahlreiche Deutungen von Pfortenträumen; mehrere von ihnen widersprechen einander. In Großbritannien gilt der Traum von einer offenen Pforte beispielsweise als Zeichen sich bietender Gelegenheiten; wenn man dagegen in Amerika durch eine Pforte schreitet, bedeutet das, daß man bald schlechte Neuigkeiten hören wird. Die Europäer glauben, daß eine geschlossene Pforte ein Symbol für unüberwindliche Probleme ist, während in Asien eine verschlossene Pforte auf große geschäftliche Erfolge hinweist. Anscheinend ist allen Ländern eine Deutung gemeinsam: Pforten symbolisieren das Bedürfnis nach Entscheidungskraft sowie nach der Entschlossenheit, jedwede Entscheidung auch auszuführen, um eine glückliche Lösung zu erreichen.

Piraten

Kalenderbücher aus dem 18. Jahrhundert sind voll von Bezügen auf Piraten, und obwohl der Traum heutzutage seltener geworden ist, findet sich der Akt der Piraterie in der einen oder anderen Form auch in der modernen Traumforschung. Vor zweihundert Jahren galt ein Traum von Piraten als Warnung vor den Machenschaften seiner Feinde. Wenn eine junge Frau von Freibeutern träumte – insbesondere wenn sie von Piraten gefangen wurde –, lief sie Gefahr, zu einem Leben in Sünde verlockt zu werden. Heutzutage sind die Fachleute in bezug auf Träume von Piraten geteilter Meinung: Einerseits hält man sie für eine Warnung vor Täuschungen in finanziellen Dingen, andererseits rät ein solcher Traum zur Vorsicht bei jedem neuen Unterfangen. Man sollte insbesondere das finanzielle Fundament seiner Geschäftspartner überprüfen.

Planeten

(→ Mond, Sonne)

Eine ganze Reihe der frühesten Science-fiction-Bücher basierten auf Träumen der Autoren, in denen sie zu Planeten wie Mars und Venus gereist waren, und tatsächlich werden derartige Traumerfahrungen seit den Tagen der griechischen Antike als Ankündigung einer langen und unbequemen Reise geführt. Frühe europäische Kalenderbücher warnten den Träumenden davor, nicht allzu abergläubisch zu sein. Bis zur viktorianischen Ära hatte sich die Definition stark verändert, und ein solcher Traum symbolisierte nun ein unerreichbares Ziel. Heute sind die Fachleute der Ansicht, daß jeder Traum von Planeten ein weiteres Beispiel für einen inneren Konflikt darstellt, der die Notwendigkeit nach Veränderung widerspiegelt.

Politik

(→ Regierung)

Vor einem Jahrhundert sagte der Traum von einem Politiker »unangenehme Gefährten« voraus. Verstrickte man sich in eine politische Auseinandersetzung, wies das auf Mißverständnisse und das Zerwürfnis mit Freunden hin! Heute wird der Traum von Politikern mehr als Symbol dafür gesehen, daß ein derzeitiges Problem erfolgreich gelöst werden kann

– außer wenn es in dem Traum um einen Streit mit einem Angehörigen des anderen Geschlechts geht, wie manche Fachleute sagen. In diesem Fall wird der Träumende vor allzuviel Anstrengung in einem Projekt gewarnt, das zum Scheitern verurteilt ist.

Polizei

(→ Kriminalfall, Mord)

Träume, in denen Polizisten vorkommen, deuten nicht auf die Schwierigkeiten hin, die man sich in diesem Zusammenhang vielleicht vorstellt. Vielmehr sind sich moderne Fachleute darin einig, daß die Polizei Sicherheit symbolisiert. Selbst wenn man im Traum verhaftet wird, ist das in Wirklichkeit ein Gegenteiltraum: Hilfe von unerwarteter Seite wird es dem Träumenden bald ermöglichen, ein schwieriges Problem zu lösen. In Europa sind die Traumdeutungsbücher etwas skeptischer und vertreten die Ansicht, wenn man im Traum Polizisten sieht, sei das ein Zeichen für eine drastische Veränderung der Lebensumstände. In Amerika kündet derselbe Traum dagegen von einer peinlichen Situation, die von der finanziellen Sorglosigkeit eines anderen Menschen verursacht wird. Gemäß einer neueren Untersuchung kann der Traum auch ein Hinweis darauf sein, daß man in einer Routine gefangen ist, der man besser entfliehen sollte.

Prinz

Seit dem Mittelalter wird jeder Traum von einem Prinzen oder einer Prinzessin als Zeichen eines besseren Lebens mit rosigen Aussichten gewertet. Die frühesten Kalenderbücher sprachen von der Begegnung mit einem Prinzen als Hinweis auf ein Geschenk. Die Audienz bei einem Prinzen oder einer Prinzessin würde zu Erfolg in beruflichen Angelegenheiten führen. Viktorianische Traumdeutungsbücher hielten es für ein sehr gutes Zeichen, wenn man im

Traum mit einem Prinzen sprach, da dies von einem neuen Kreis einflußreicher Freunde kündete. Sprach man dagegen mit einer Prinzessin, war eine äußerst vorteilhafte Eheschließung die Folge. Moderne Untersuchungen kommen zu dem Schluß, daß Träume dieser Art das unbewußte Verlangen nach mehr Selbstachtung ausdrücken, was auch tatsächlich erreicht werden könnte, wenn der Träumende entspannter und geselliger würde.

Prostituierte

Huren kommen in mehreren der frühesten Arbeiten zur Traumdeutung vor und wurden damals – wie auch noch viele Jahrhunderte danach – als Symbol des Ruins verurteilt. Im Mittelalter ließen Träume von diesen Frauen angeblich auf Krankheit und Armut schließen, und die Menschen im viktorianischen Zeitalter informierten jeden Mann, der im Traum zu einer Prostituierten ging, daß er riskiere, aufgrund seiner Indiskretionen zum Gespött seiner Familie und seiner Freunde zu werden. Moderne Autoren sind sich einig, daß ein solcher Traum die Angst vor sexueller Unzulänglichkeit symbolisiert. Ein Mann, der im Traum von einer Hure angesprochen wird, erhält dadurch eine Warnung, daß er leicht zum Opfer der Schmeicheleien von Frauen werden könnte. Eine amüsante amerikanische Umfrage brachte vor kurzem zutage, daß ein Mann, der im Traum die Nacht mit einer sehr entgegenkommenden Prostituierten verbringt, damit rechnen muß, schon sehr bald in eine äußerst nachteilige berufliche Situation zu geraten!

Prozeß

(→ Gericht, Geschworene, Richter)

Seit vielen Jahren werden Träume von Gerichtsprozessen als Warnung vor schlechten Nachrichten gewertet. Im 18. Jahrhundert bezogen sich diese Nachrichten insbesondere auf die Familie des Träumenden. In Europa wurde ein weiteres Element hinzugefügt: Der Traum konnte auch von einem Unrecht künden, das einem Verwandten oder Freund zugefügt wurde. Eine spätere amerikanische Quelle behauptete, wenn man im Traum ungerechtfertigterweise vor Gericht angeklagt würde, so sei das ein Zeichen für ein überaus leidenschaftliches Liebesleben! Neuere Untersuchungen kommen zu dem Schluß, daß dieser Traum zur Vorsicht mahnt, sich nicht an zweifelhaften Unternehmungen zu beteiligen.

Prüfungen

(→ Schule)

Da Prüfungen im Leben der meisten Menschen eine so wichtige Rolle spielen, überrascht es kaum, wenn man hört, daß Träume von dieser mentalen Folter häufig gemeldet werden und auch überaus genau untersucht wurden. Man geht heute davon aus, daß man mehr lernen sollte, wenn man sich im Traum einer Prüfung unterzieht, noch bevor diese in Wirklichkeit ansteht. Sowohl europäische als auch amerikanische Quellen halten es für eine Warnung, daß sich der Träumende unvernünftig hohe Ziele gesteckt hat, wenn man im Traum in einer Prüfung durchfällt oder nicht in der Lage ist, die Fragen zu beantworten. Besteht man die Prüfung dagegen mühelos, ist das ein Zeichen, daß Erfolg im Leben als Ganzes genossen wird. In Großbritannien ist ein Traum, in dem Kinder eine Prüfung bestehen, sehr tröstlich für die Eltern, denn er sagt vorher, daß sich ihre Ambitionen für ihren Nachwuchs realisieren werden. Die Fachleute sind sich heute einig, daß Prüfungsträume ein Symbol dafür sind, daß man hinsichtlich einer wichtigen Lebensfrage getestet wird, jedoch befürchtet, nicht zu bestehen.

Quacksalber

(→ Arzt)

Der Quacksalber mit seinen Arzneiwässerchen und -salben hat seit dem 17. Jahrhundert seinen Platz in der Traumdeutung. Damals führte man ihn als Symbol des Mißtrauens. Eine der frühesten Deutungen besagte, wenn man im Traum einen Quacksalber sähe, künde das von einer Krankheit, die falsch diagnostiziert und behandelt wurde. Eine amerikanische Quelle aus dem 19. Jahrhundert erklärte, wenn man von einem Quacksalber träumt, weise das auf eine Veränderung der Umgebung hin. Eine europäische Quelle aus unserer Zeit hält es für wahrscheinlicher, daß der Träumende über bestimmte Probleme krank wird und intensiv daran arbeiten sollte, diese Probleme zu lösen. Ein neuerer Bericht erklärt, der Traum mahne zur Vorsicht bei neuen Freunden: Man solle sie nicht einfach unbesehen akzeptieren.

Rache

(→ Haß)

Die Menschen haben zu allen Zeiten der Geschichte von Rache geträumt, sowohl bildlich als auch buchstäblich, und die frühesten Aufzeichnungen weisen darauf hin, daß Rache im Traum als Symbol der Demütigung gedeutet wurde. Im Mittelalter galt jeder Traum, in dem man Rache nahm, als Botschaft bevorstehender sorgenvoller Zeiten, und wenn man die Rache mit eigener Hand ausübte, mußte man sich vor seinen Feinden hüten. Viktorianische Kalenderbücher vertraten die Ansicht, ein solcher Traum symbolisiere ein »schwaches und hartherziges Naturell«, das der Kontrolle bedürfe, und der Mensch, der im Traum an einem Liebesrivalen Rache nahm, nur unter Schwierigkeiten eine neue Herzallerliebste gewinnen könne. Heute gehen die Fachleute davon aus, daß dieser Traum einen engstirnigen Ansatz bei der Bewältigung von Problemen darstellt.

Rachen

Der bedrohlich geöffnete Rachen eines wilden Tieres ist ein weiteres Traumelement, das zu den ältesten Aufzeichnungen zurückverfolgt werden kann. Damals glaubte man, ein solcher Traum sei eine Warnung, daß Feinde Intrigen gegen den Träumenden schmiedeten. Im Mittelalter forderte jeder Traum eines deformierten Kiefers den Träumenden zur Vorsicht bei geschäftlichen Angelegenheiten auf, während eine Kieferverletzung als Hinweis auf Unstimmigkeiten unter Freunden galt. Moderne Fachleute vertreten dagegen die Ansicht, daß jemand, der im Traum Schmerzen im Rachen hat, zur Zielscheibe gehässigen Klatsches wird. Wenn man dagegen von einem offenen Rachen jedweder Art bedroht wird, symbolisiert das heute Probleme finanzieller Natur.

Räder

Räder sind seit den Tagen des Römischen Reiches ein starkes Traumsymbol: Ein Rad, das sich schnell dreht, weist auf geschäftliche Erfolge hin, und selbst ein Rad, das sich in Zeitlupe dreht, läßt auf gute Leistung hoffen, solange genug Anstrengung in die Bewegung hineingelegt wird. Ein zerbrochenes Rad kündet dagegen vom Tod oder von der unerwarteten Abwesenheit einer Person im Haushalt des Träumenden. Die Deutung von Rädern der verschiedenen Transportformen kann in den entsprechenden Abschnitten dieses Buches nachgelesen werden. Es sollte noch hinzugefügt werden, daß eine amerikanische Untersuchung vor kurzem zu dem Schluß gelangte, daß man in eine höchst peinliche Situation geraten wird, wenn man von einem Roulettetisch träumt!

Rasur

Allgemein gesagt beziehen sich Träume von einer Rasur bei Männern auf Geschäfte und Finanzen und bei Frauen auf Herzensangelegenheiten. Die frühesten Aufzeichnungen weisen darauf hin, daß ein Mann, der im Traum rasiert wird, wegen unzuverlässiger Freunde Geld verliert; eine Frau, die im Traum sieht, wie einem Mann der Bart gestutzt wird, denkt über Untreue nach. Wenn man im 19. Jahrhundert eine schlechte Rasur verpaßt bekam, wies das auf berufliches Versagen hin, und eine Frau, die sich im Traum das Gesicht rasierte, hatte keinen Erfolg bei Männern. In einer neueren amerikanischen Quelle heißt es, daß jeder Mann, der von einer Rasur träumt, sich vom Glücksspiel fernhalten sollte, und eine Frau, die ihre Achseln rasiert, aufgrund ihrer leidenschaftlichen Natur beim anderen Geschlecht beliebt ist!

Ratschläge

Seit der Antike werden im Traum Ratschläge gegeben oder empfangen. Die Vorzeichen sind bemerkenswert direkt. Wer einen Rat erteilt, wird eine neue Freundschaft schließen, wer dagegen einen Rat erhält, sei davor gewarnt, getäuscht zu werden. Laut späteren europäischen Quellen deutete es auf einen Aufstieg im gesellschaftlichen Status hin, wenn man im Traum Ratschläge erteilte. Suchte man dagegen rechtlichen Beistand, kündete das von geschäftlichen Problemen. Ein deutscher Almanach des 17. Jahrhunderts besagt, von einem Priester Rat zu bekommen, würde zu Einsamkeit führen, während eine amerikanische Veröffentlichung letztens erklärte, wer im Traum in Geldangelegenheiten Ratschläge erteilt, werde finanzielle Belohnungen erhalten!

Ratten

In China und im alten Ägypten galten Ratten als Götter der Pest (trotz der Tatsache, daß in Wirklichkeit Fliegen die verheerende Seuche von den Ratten auf die Menschen übertragen), und Träume von diesen Nagern galten demzufolge als Symbol dafür, daß dem Träumenden eine Erkrankung drohte. Im Mittelalter kündeten Träume von Ratten angeblich davon, von Nachbarn getäuscht und verletzt zu werden, tötete man jedoch eine Ratte, so war ein kleiner Triumph über seine Feinde zu erwarten. Viktorianische Kalenderbücher erklärten, daß Rattenplagen ernsthafte häusliche Probleme prophezeien, während es in einer neueren amerikanischen Quelle heißt, daß man sich nach einem Traum, in dem man eine Ratte fängt, von einem leidenschaftlichen Liebhaber bezaubern läßt! Tatsächlich haben einige Traumforscher der Rattenschnauze aufgrund ihrer Form eine phallische Bedeutung zugeschrieben, obwohl der Abscheu, mit dem die Menschheit auf den Nager reagiert, dazu geführt hat, daß man den durch die Rattenschnauze verkörperten Sex – vielleicht auch in Form einer Vergewaltigung – für unwillkommen hält.

Raub

(→ Diebstahl, Einbrecher)

Im Mittelalter galten Träume, in denen man ausgeraubt wurde, zu einer bestimmten Zeit als Gegenteilträume, so daß jeder, der im Traum bei einem Raubüberfall seine Wertsachen verlor, sich auf eine Zunahme seines Wohlstands freuen konnte. Einige Quellen erklärten sogar, wenn man von Räubern angegriffen werde, sei das ein Symbol für erfolgreiche Handelsabschlüsse. Sah man jedoch den Räuber flüchten (so ein französischer Experte), dann würde der Träumende eine Enttäuschung in der Liebe erleiden! Die moderne Forschung ist zu dem Schluß gekommen, daß ein Traum, in dem man seines Geldes beraubt wird, zu größerer Vorsicht in finanziellen Angelegenheiten aufruft.

Regen

(→ Sturm)

Zwar macht es nicht gerade viel Spaß, in einen Regenschauer zu geraten, aber es ist ein gutes Zeichen, wenn man davon träumt. Einige der ältesten Traumbücher sprechen vom Regen als dem Symbol für »herabfallende Segnungen«, und seit mindestens 400 Jahren gilt es als Botschaft unerwarteten finanziellen Glücks, wenn man im Traum in einen Sturm gerät. Viktorianische Quellen erklären, wenn man Regen durch ein Fenster sieht, weist das auf eheliche Freuden hin, tropft der Regen allerdings durch ein undichtes Dach, werden auf den Träumenden »recht unerwartet verbotene Vergnügungen zukommen«! Einige moderne Quellen sind der Meinung, daß ein schwerer Regenfall auch die Notwendigkeit symbolisiert, sich einer Krise zu stellen. Jedoch geht man mit der alten Traumdeutung konform, daß der Traum von einem Regenbogen ein Hinweis auf das Ende einer problematischen Phase ist und ein Zeichen von Glück für Liebende.

Regierung

(→ Politik)

Es liegen einige interessante Träume von Menschen vor, die sich selbst in hohen Regierungsämtern sahen – und dabei handelte es sich keineswegs immer um Politiker oder Männer und Frauen mit dem Ehrgeiz zu regieren! Seit Ende des 19. Jahrhunderts werden Träume, in denen man mit der Regierung zu tun hat, von amerikanischen Quellen als Zeichen für eine Reihe von erfreulichen gesellschaftlichen Verpflichtungen gedeutet. In Europa ist es jedoch umgekehrt, und der Träumende hat eine Phase der Unsicherheit zu erwarten. Wenn man in Frankreich im Traum einen Regierungsposten angeboten bekommt, soll das von häuslicher Unruhe künden.

Reis

Die Chinesen haben Reisträume schon immer für ein Symbol von Wohlstand und Glück gehalten. Im Westen ersetzte man Wohlstand und Glück durch »feste Freundschaften«, mit einem Hauch von Vorsicht beim Pläneschmieden. Fernöstliche Quellen erklären, daß Bauern, die von üppigen Reisernten träumen, keine häuslichen Probleme kennen, schmutzige oder verunreinigte Reiskörner symbolisieren dagegen Krankheit. Der Verzehr von Reis in Gesellschaft anderer Menschen gilt weltweit als gutes Zeichen, und eine junge Frau, die im Traum ein Reisgericht zubereitet, wird bald für eine eigene Familie kochen. Einige Experten glauben heute, bei einem Traum von Reisfeldern sei die Zeit gekommen, eine alte Verpflichtung zu erfüllen.

Reise

(→ Ausflug, Weltreise)

Reisen, die man im Traum unternimmt, verkörpern eine alte Tradition. Einige der ersten Reisen dieser Art wurden in der arabischen Welt verzeichnet. Dieser Traum gilt oft als Symbol für Veränderungen der Lebensumstände – ob zum Besseren oder zum Schlechteren hängt von der Art der Reise ab. Wenn die Erfahrung angenehm ist, sieht die Zukunft einträglich aus, auch wenn jede Form von Unfall Schwierigkeiten im Familienleben vorhersagt. Eine Reise zu Fuß deutet auf einen steinigen Weg zum Erfolg hin. Je schneller das Transportmittel, desto schneller wird der Träumende seine derzeitigen Pläne verwirklichen. Mehrere europäische Quellen behaupten, wenn man auf seiner »Traum«-Reise in schlechtes Wetter gerät, ist das eine Aufforderung, sich um seine persönlichen Angelegenheiten zu kümmern. Trägt man im Traum Waffen auf der Reise, gilt das als Symbol für eine Eheschließung. Jede Reise mit Kindern soll laut einer britischen Quelle ein gutes Omen sein.

Reißverschluß

Das Gefühl, einen offenen Reißverschluß an der Hose oder dem Rock zu haben, ist uns im wirklichen Leben nur allzu vertraut, aber in Träumen gilt es als Warnung, in seinen Beziehungen ungebührend gleichgültig geworden zu sein. Sicherlich ist ein Traum dieser Art eine Warnung vor Peinlichkeiten – wahrscheinlich in Form von unwillkommenen Nachrichten hinsichtlich einer verbotenen Beziehung. Hier handelt es sich um ein Thema, das möglicherweise zu Recht für manch einen heiteren Kommentar in Traumdeutungsbüchern sorgte. So heißt es beispielsweise in einer neuen amerikanischen Veröffentlichung, daß es von guter Gesundheit kündet, wenn man den Reißverschluß an einem Kleidungsstück öffnet, zieht jedoch ein Mann den Reißverschluß an den Kleidern einer Frau auf (oder umgekehrt), wird er schon bald »Reichtümer« erhalten.

Reptilien

Angriffe durch Reptilien kommen seit römischer Zeit in Träumen vor, und obwohl sie von Gefahr künden, kann das Schlimmste verhindert werden, wenn es gelingt, die Kreatur zu töten. Die frühesten Aufzeichnungen erklären, daß es auf heimliche Feinde hinweist, wenn man von einem Reptil wie beispielsweise einer Schlange träumt. Selbst wenn der Träumende das Tier lebend einfängt, bliebe er immer noch Gegenstand verleumderischer Bemerkungen. Europäische Quellen stehen den Reptilien auch nicht freundlicher gegenüber: In Frankreich zeugt ein totes Reptil von Streit, sieht man dagegen in Spanien ein Reptil in Gefangenschaft, ist das eine Warnung, in beruflichen Belangen vorsichtig zu sein. Eine britische Quelle erklärte vor kurzem, Reptilien hätten auch eine sexuelle Komponente: Eine junge Frau, die von einer Anzahl von Reptilien träumt, hat Rivalinnen in der Gunst ihres Liebsten – und wenn sie gebissen wird, verliert sie ihren Herzensprinzen an eine andere.

Rettung

(→ Gefahr, Held)

Im Traum von jemandem gerettet zu werden ist ein berühmter Gegenteiltraum: Er deutet auf drohendes Pech. Wenn man selbst einen anderen Menschen rettet, kündet das von geschäftlichen Verlusten. Im 18. Jahrhundert galt ein Traum, in dem man jemanden vor dem Ertrinken errettete, als ganz persönliche Ermahnung, nicht zur See zu fahren, und viktorianische Kalenderbücher informierten ihre Leser und Leserinnen, daß es zu einem heftigen Streit in der Familie führe, wenn man einen Verwandten rette. Laut heutigen Fachleuten ist dieser Traum ein Alarmsignal, daß auf den Träumenden eine unfallreiche Phase zukommt und er die größte Vorsicht walten lassen sollte.

Richter

(→ Gericht, Geschworene, Prozeß)

Richter gelten seit mindestens 400 Jahren häufig als Vorzeichen von Pech und symbolisieren Trauer und Unglück. Europäische Fachleute glauben, daß jeder Traum, in dem der

Träumende einen Richter sieht oder selbst Richter zu sein scheint, auf schwere Zeiten hinweist. Diese Ansicht wird in Amerika allerdings durch die Behauptung gemildert, die Probleme wären nur vorübergehend. Im Osten kündet ein Traum, in dem ein Richter einen Angeklagten freispricht, von einem Erbe.

Riese

Frühere Generationen glaubten, daß jeder Traum, in dem ein Riese auftauchte, von Erfolg künde, nachdem man alle Schwierigkeiten erfolgreich bekämpft habe – je größer der Riese, desto besser falle letztendlich die Belohnung aus. Wenn man in Europa im Traum einem Riesen gegenüberstand, mußte man sich tunlichst vor den Machenschaften seiner Feinde hüten, und die Spanier waren der Ansicht, wenn man von mehr als einem Riesen träumte, weise das auf Erfolg in Liebesdingen hin. Die moderne Traumdeutung erklärt dagegen, daß die Symbolik hinter dem Auftauchen eines überlebensgroßen Menschen im Traum für den Träumenden die Notwendigkeit widerspiegelt, mehr Selbstvertrauen zu entwickeln.

Rinder

Die ländlichen Kalenderbücher Amerikas deuten seit langem schon Träume in Zusammenhang mit Rindern. Die meisten Deutungen sind zweifelsohne europäischen Ursprungs und verheißen in aller Regel Gutes. Wenn es um große, gesunde Herden geht, die zufrieden grasen, künde das von Wohlstand und Glück, doch eine außer Kontrolle geratene, rasende Rinderherde zeige dem Träumenden an, daß er alle ihm zur Verfügung stehenden Kräfte einsetzen muß, um beruflichen Erfolg zu haben. Wenn man viele Kälber sieht, deute das auf einen großen Gewinn in bevorstehenden Verhandlungen. In Großbritannien symbolisieren Kälber für einen Mann eine verbesserte gesellschaftliche

Stellung und für eine Frau einen treuen Liebhaber. Die Franzosen behaupten, daß ein schwaches und mageres Rind von einem Leben voller Mühsal und Kampf kündet, wenn man jedoch davon träumt, wie eine Kuh gemolken wird, ist das ein Zeichen von künftigem Glück.

Ringe

Der Ring ist seit Jahrhunderten ein beliebtes Traumsymbol und wird weithin als Symbol der Liebe gewertet. Die Römer glaubten, wenn man im Traum einen Ring geschenkt bekam oder einen fand, sei das ein Zeichen für einen neuen Liebespartner, und im Mittelalter finden sich erste Aufzeichnungen, daß ein zerbrochener Ring Unglück und Trennung symbolisiert. Im Europa des 19. Jahrhunderts war man der Ansicht, daß Träume von Ringen, die mit Edelsteinen besetzt waren, auf Wohlstand hindeuteten – vielleicht auch auf die Geburt eines Kindes –, und wenn man Ringe an anderen Menschen bemerkte, kündete das von neuen Freundschaften. Einige moderne Autoren gehen davon aus, daß es zu Erfolg in beruflichen Unternehmungen führt, wenn man im Traum einen Ring verliert.

Rosen

Herrliche Rosen waren immer schon ein Symbol von Glück, insbesondere in Liebesdingen. Die frühesten Aufzeichnungen erklären, daß eine junge Frau, die im Traum Rosen pflückt, bald um ihre Hand gebeten wird, verblühte Rosen sind allerdings ein Zeichen dafür, daß man von seinem Herzallerliebsten betrogen wird. Die Menschen im viktorianischen Zeitalter schätzten rote Rosen als Symbol von Ehe und Vitalität, träumte man jedoch von weißen Rosen, galt das als Prophezeiung von Krankheit. Moderne Quellen sind sich einig, daß man sowohl körperlich als auch geistig geliebt wird, wenn man im Traum Rosen geschenkt bekommt.

Rotkehlchen

Dieser entzückende kleine Singvogel mit seiner auffälligen roten Brust ist in Europa, Teilen von Asien und Afrika heimisch und wird seit Jahrhunderten als Zeichen großen Glücks betrachtet. Im 16. Jahrhundert sahen als erste europäische Quellen in ihm ein Symbol für Glück im Familienleben, und in Asien galten Träume von diesem Vogel als Ankündigung positiver Nachrichten aus weiter Ferne. Die afrikanische Überlieferung fügt hinzu, daß derartige Träume von der Geburt von Söhnen künden, die zu großen Anführern heranwachsen, und wenn man in Großbritannien im Traum ein Rotkehlchen vorbeifliegen sieht, wird man einen neuen Freund gewinnen.

Rotwild

Rotwild gilt seit Jahrhunderten als Vorzeichen von Glück, und wenn man von einer ganzen Herde träumt, so ist das ein Hinweis auf eine tiefe Freundschaft. Laut britischen Quellen kündet ein einziger Hirsch von einer guten Nachricht, während mehrere Hirsche auf der Flucht bedeuten, daß es bei der Nachricht um Geld geht. Ein gefangener Hirsch warnt vor Unglück. Obwohl Jahrhunderte lang der Tod eines Hirsches als Symbol für ein Erbe galt, stellen neuere Erkenntnisse fest, daß er von Vorsicht gegenüber vorgeblichen Freunden kündet.

Ruder

Die Menschen der Antike wußten alles über Träume, in denen Ruder vorkamen. Man betrachtete sie damals als Warnung. Wenn man im Traum ein Ruder benutzte, sollte das von erschöpfender Arbeit für andere künden. Zerbrach man ein Ruder, führte das zu familiären Problemen, verlor man dagegen eines, waren anstehende Pläne vergeblich. Einige europäische Quellen glauben, wenn man im Traum ein kleines Boot rudert, ist das in Wirklichkeit ein vielversprechendes Omen, und der Träumende darf erwarten, einige gute geschäftliche Transaktionen durchzuführen. Laut einem neueren amerikanischen Almanach sind Ruder jedoch in Wirklichkeit ein Symbol der Oberflächlichkeit.

Ruhm

Berühmt zu sein – wer kennt diesen Wachtraum nicht? Und dieser Traum ist auch nachts nicht ungewöhnlich, obwohl die Deutung keineswegs günstig ausfällt. Viktorianische Kalenderbücher rügten ihre Leser, die davon träumten, berühmt zu werden, und sprachen in diesem Zusammenhang von »enttäuschten Hoffnungen« – wenn man allerdings von berühmten Menschen träumte, »prophezeit das Ihren Aufstieg von Unbekanntheit zu einem Ehrenplatz«! Nach Meinung heutiger Fachleute strebt der Träumende in Wirklichkeit nach etwas, was eigentlich außerhalb seiner Reichweite liegt, und sie raten ihm, seine Erwartungen herunterzuschrauben. Eine amerikanische Quelle behauptet, daß eine Ehefrau, die davon träumt, daß ihr Ehemann berührt wird, in Wirklichkeit einen bösen Schock erleiden wird – denn er liebt jetzt eine andere Frau!

Safe

Ein Safe gilt als Symbol der Sicherheit, und mehrere viktorianische Kalenderbücher behaupteten, der Traum verheiße jedem Geschäftsmann Gutes, der sich über berufliche Rückschläge Sorgen mache. Wenn man im Traum krampfhaft versuche, einen Safe zu knacken, symbolisiere das jedoch, daß bestimmte Pläne nicht zur Vollendung reifen, und ein leerer Safe bestätige, daß Probleme zu erwarten seien. Vor kurzem erklärten einige britische und amerikanische Forscher, daß es sich hierbei um einen Gegenteiltraum handeln könnte, und wenn man einen Safe voller Wertgegenstände öffnet, künde das von einer ganzen Reihe von Schwierigkeiten.

Salz

Die Römer maßen dem Salz einen hohen Stellenwert bei und glaubten, wenn man davon träume, sei das ein gutes Zeichen, das Wohlstand in Hülle und Fülle prophezeie. Im mittelalterlichen Dokumenten hieß es, daß es von Wohlstand künde, wenn man im Traum ein Salzkaufmann sei, gehe man mit dem Salz jedoch nachlässig um, führe das zu Familienstreitigkeiten. Salz zu verschütten wies ebenfalls auf Schwierigkeiten hin, die allerdings nicht von langer Dauer waren. Laut heutigen Fachleuten symbolisieren Salzträume Geld, das mit großer Umsicht investiert werden sollte, um eine sichere Zukunft zu gewährleisten.

Samen

Die Menschheit war immer schon abhängig von Samen, und die Traumdeutung hält sie für ein Zeichen von Wachstum und Wohlstand. Die frühesten Autoren bestanden darauf, daß dieser Traum überaus bedeutsam sei, gleichgültig wie ungünstig die Bedingungen auch sein mochten, und in Familien, wo das Anpflanzen von Sämereien die Verantwortung anderer war, galt der Traum als Symbol einer bevorstehenden Hochzeit. Heute stellt jeder Traum, in dem Samen vorkommen, neue Gelegenheiten dar, die ergriffen werden sollten, um ein besseres und erfüllteres Leben zu führen.

Sand

(→ Strand)

Die frühesten Aufzeichnungen von Sandträumen lassen vermuten, daß sie als Symbol von Hunger und Verlusten galten. Die Araber vertraten jedoch die Ansicht, es handele sich dabei um einen Gegenteiltraum, und ein solcher Traum verheiße langes Leben; sah man eine riesige Sanddüne, hatte man viele Freunde und Verwandte, auf die man sich verlassen konnte. Afrikanische Überlieferungen behaupten merkwürdigerweise, daß der Träumende auch im wirklichen Leben ein neues Haus bauen sollte, wenn das eigene Heim im Traum von einem Sandsturm zerstört wird. In modernen amerikanischen Kalenderbüchern heißt es, Sand ist das Symbol von »kleinen Ärgernissen« aufgrund der Unentschlossenheit des Träumenden. Britische Quellen ziehen die Erklärung vor, daß Sandträume davor warnen, sich von neuen Bekannten nicht ausnutzen zu lassen.

Saphir

Saphiere, diese herrlichen blauen Edelsteine, gelten seit biblischen Zeiten als Symbole spirituellen Segens. Laut den frühesten Traumaufzeichnungen symbolisieren sie »glückliche Gewinne« für Männer und einen passenden Partner für Frauen. Laut europäischen Quellen sind Saphire, die von anderen getragen werden, seit mindestens 500 Jahren ein Hinweis auf einen gesellschaftlichen Aufstieg, obwohl sie in Asien von Streit unter Freunden künden. Ein britischer Experte hat vor kurzem geäußert, wenn man im Traum Saphire trägt, ist das eine Warnung vor impulsivem Verhalten.

Sarg

(→ Beerdigung, Leichenbestatter)

Seit dem Mittelalter hält man Träume von einem Sarg im allgemeinen für ein gutes Omen, und wenn der Träumende sich selbst im Sarg sieht, spricht das für ein langes Leben und Glück. In den dazwischenliegenden Jahren haben einige europäische Jahrbücher Särge als Symbol für Schulden, Krankheit und Trauer beschrieben. Man ist sich darin einig, daß es sich hier um einen Gegenteiltraum handelt: Wenn man von einem Sarg träumt, heißt das keineswegs, daß jemand stirbt, viel wahrscheinlicher ist eine gute Nachricht wie beispielsweise ein Erbe. Einige amerikanische Quellen glauben, ein Sarg könne sogar auf eine Hochzeit hinweisen, während die neuere Forschung zu dem Schluß kommt, daß ein derartiger Traum das Ende eines bestimmten Lebensabschnitts des Träumenden und den Anfang einer neuen und aufregenderen Phase symbolisiert.

Schachteln

In manch einem Traum wurden schon Schachteln gesehen, aber in vielen Fällen konnte der Träumende nicht ganz sicher sein, was sich in der Schachtel befand, oder ob überhaupt etwas darin war! Im Inhalt liegt auch der Schlüssel zur Deutung des Traums. Es überrascht nicht, daß eine leere Schachtel angeblich ein Symbol für ein Versagen der einen oder anderen Art im Leben des Träumenden ist, während eine volle Schachtel baldige Reisen verspricht. Sieht man bestimmte Dinge in der Schachtel, sollte man den entsprechenden Eintrag in diesem Buch nachschlagen – obwohl Geld oder ein Wertgegenstand ganz allgemein Glückssymbole sind.

Schafott

(→ Galgen)

Laut mittelalterlichen Aufzeichnungen zogen die Menschen Trost aus Träumen, in denen jemand auf dem Schafott hingerichtet wurde, da dies von einem langen Leben künden sollte! Fiel man jedoch von einem Schafott herunter, wurde das merkwürdigerweise als Zeichen gesehen, daß man überführt würde, gegen andere intrigiert zu haben. Als das Schafott des Henkers nicht länger in Gebrauch war, wurden die Träume zum Symbol für den Verlust eines geliebten Menschen, während sie heutzutage als ernsthafte Gefährdung künftiger Aussichten infolge einer Indiskretion gelten.

Schallplatten

(→ Gesang)

Es kommt jeden Tag vor, daß jemand von einer Karriere als Plattenstar träumt, doch wenn man das im Tiefschlaf träumt, gilt es als Symbol für gesteigerte gesellschaftliche Aktivitäten. Europäische Experten vertreten die Ansicht, wenn man im Traum Schallplatten hört, ist das eine Warnung, von einschmeichelnden Worten eingefangen zu werden, und wenn man Platten kauft, ist Vorsicht vor Verschwendungssucht geraten. In einer britischen Quelle hieß es vor kurzem, daß es das erste Zeichen für das Scheitern einer Beziehung ist, wenn man von einem Plattenspieler oder einem Kassettenrekorder träumt.

Schauspieler

(→ Theater)

Schon in alten Überlieferungen in Amerika und Indien kamen Träume über die Mitglieder des Schauspielerstandes vor, und die Deutung dieser Träume variiert beträchtlich. Am häufigsten bestand die Sorge, sich in einen Schauspieler oder eine Schauspielerin zu verlieben, denn das galt als Zeichen dafür, daß Talente und Neigungen auf Vergnügen anstatt auf harte Arbeit gerichtet sind. Wenn eine Frau davon träumt, einen Schauspieler zu heiraten, wird sie unter Umständen bald schon ein glamouröses oder oberflächliches Vergnügen in ihrem Leben bedauern, während der Traum für einen Mann eine unglückliche Phase mit seiner Partnerin oder seiner Ehefrau vorhersagt. Wenn man sich im Traum selbst als Angehöriger dieses Berufsstandes sieht, so ist das für beide Geschlechter ein Zeichen, daß eine Menge harter Arbeit bevorsteht, die zu einem befriedigenden Ergebnis führt. Indische Überlieferungen besagen, wenn man von einem Schauspieler träumt, der entweder krank oder tot ist, deutet das, daß dem Träumenden eine Zeit des Leids bevorsteht. In Amerika hält man es für eine Warnung, im Schlaf mit einem Schauspieler oder einer Schauspielerin zu sprechen. Man darf in einem solchen Fall keinen Klatsch verbreiten, außer man wäre bereit, sich bösen Konsequenzen unter seinen Freuden zu stellen. Eine neuere britische Untersuchung hat ergeben, daß ein solcher Traum Symbol der Selbsttäuschung ist und wahrscheinlich eine Veränderung des Lebensführung erfordert.

Scheidung

(→ Laufpaß)

Praktisch alle Fachleute sind sich darin einig, daß bei einem Traum von Scheidung die Ehe des Träumenden auf einer festen Grundlage aufgebaut ist! Wenn im Gegensatz dazu alleinstehende Menschen von einer Scheidung träumen, sollten sie einen genauen Blick auf ihren momentanen Lebenspartner werfen, der sie wahrscheinlich betrügt. Wenn sich im Traum Verwandte oder Freunde scheiden lassen, ist das laut britischen Quellen eine Warnung, daß Klatsch über Sie oder Ihren Partner verbreitet wird, sieht man dagegen im Traum, wie man selbst alle Schritte des Scheidungsverfahrens vollzieht, steht Wohlstand bevor.

Schiedsrichter

Von einem Schiedsrichter zu träumen, gleichgültig in welcher Sportart, kann ganz unterschiedlich gedeutet werden – je nachdem, an welchem Ort auf der Welt der Träumende lebt. In Europa ist dieser Traum eine Warnung, daß man seinen Sport allzu ernst nimmt und ihn mehr genießen sollte. In Amerika kündet dieser Traum davon, in einer prinzipiellen Angelegenheit ungerecht behandelt zu werden. Die Erklärung eines australischen Traumdeutungsbuches, daß man ein ruhiges und vergnügliches Leben genießt, wenn man im Traum als Schiedsrichter agiert, war wohl nicht ganz so ernst gemeint!

Schiffe

(→ Flotte, Jacht, Marine)

Obwohl ein Schiff im Traum heute im allgemeinen als Symbol für das Leben des Träumenden erachtet wird, brachten antike arabische Traumbücher alle maritimen Expeditionen mit Gefahr und Illusion in Verbindung und glaubten, derlei nächtliche Visionen seien eine Anspielung auf Abenteuer mit Frauen! Die römischen Orakel behaupteten dagegen, die Umstände, in denen das Schiff gesehen werde, bestimme die Deutung. Es hieß, wenn man davon träumte, geschickt ein Boot zu steuern, sei das ein gutes Omen; wenn die See jedoch rauh werde, dann seien unglückliche Veränderungen im Leben zu erwarten. Europäische Quellen des 17. Jahrhunderts vermeldeten, daß der Mann, der im Traum Schiffbruch erlitt, von einer Frau betrogen werde; eine Frau, die eine Flotte kleinerer Schiffe im Traum sah, werde ein sehr glückliches gesellschaftliches Leben führen. Eine neuere amerikanische Quelle fügt hinzu, daß jeder, der im Traum über Bord fällt, dem Tod knapp entgehen wird – wahrscheinlich ein Echo der antiken Tradition, die Toten in kleinen Booten dem Meer zu überantworten.

Schinken

Träume von einem Stück Schinken werden seit mindestens 300 Jahren in ganz Europa für Vorzeichen von Wohlstand und guter Gesundheit gehalten. Wenn man im Traum Schinken in Scheiben schneidet, weist das auf die Fähigkeit hin, anstehende Probleme zu überwinden, wenn man dagegen Schinken ißt, stehen erfolgreiche Geschäftsabschlüsse bevor. Obwohl amerikanische Quellen behaupten, daß es von einem wichtigen und sehr günstigen zukünftigen Ereignis kündet, wenn man im Traum Schinken brät, sagen sie gleichermaßen, wenn man im Traum anderen Menschen Schinken serviert, wird das zu Familienstreitigkeiten führen.

Schirm

Chinesische Quellen erklärten den Schirm zum Symbol für Sicherheit, und sie glaubten, wenn man im Traum einen aufgespannten Schirm über dem Kopf trug, künde das von Vergnügen und Wohlstand. Spätere europäische Fachleute waren da etwas skeptischer und behaupteten, wenn man einen geschlossenen Schirm bei sich trug, sei das eine Warnung vor mehreren unmittelbar bevorstehenden Problemen kleineren Ausmaßes, während ein defekter oder zerrissener Schirm dazu führen würde, daß Freunde des Träumenden ihn verleumdeten. Die meisten Quellen sind sich einig, daß es Unglück bringt, wenn man davon träumt, im Haus einen Schirm zu öffnen. Neben dem Aspekt des Schutzes symbolisiert der Schirm auch die Meinungen anderer Menschen, hinter denen sich der Träumende nur allzu gern versteckt, anstatt seine eigenen Überzeugungen zu vertreten.

Schlacht

(→ Kampf, Krieg)

In den ältesten existierenden Dokumenten der Ägypter gelten Träume von Schlachten buchstäblich als Prophezeiung drohender Konflikte. Die römischen Orakel vertreten dagegen die Ansicht, solche Träume müßten persönlich ausgelegt werden: Eine Landschlacht sei eine Warnung vor geschäftlichen Transaktionen, und eine Schlacht auf See zeuge von Problemen in Herzensangelegenheiten. Im Mittelalter galt es als Zeichen von Glück, bei einer Schlacht auf der Seite der Sieger zu sein, wenn man dagegen auf Seiten der Verlierer stand, würden andere Menschen die Pläne des Träumenden vereiteln. Jahrbücher der viktorianischen Ära hielten es für ein sehr gutes Zeichen, von einer Schlacht zu träumen, da dies zur Lösung eines bestehenden Problems führen würde. Heutzutage herrscht Einstimmigkeit, daß ein solcher Traum von einem tiefsitzenden Groll gegen einen anderen Menschen kündet, der offengelegt werden muß.

Schlafzimmer

Es gilt als Zeichen von Veränderung, wenn man von einem Schlafzimmer träumt, und sieht man im Traum ein Schlafzimmer, das vor kurzem neu möbliert wurde, verspricht das glückliche Erfahrungen in der Zukunft. Mehrere altenglische Kalenderbücher behaupten, wenn man im Traum in einem fremden Raum im Bett liegt, symbolisiere das den unerwarteten Besuch von Freunden oder eine Verbesserung geschäftlicher Angelegenheiten, wohingegen eine Frau, die im Traum die Betten macht, bald eine neue Beschäftigung haben wird – oder einen neuen Liebhaber. Seit Jahrhunderten hält man es für ein schlechtes Zeichen, wenn ein Kranker davon träumt, im Bett zu liegen, da dies zu weiteren Komplikationen führen könnte. In Rußland heißt es, wenn man im Traum Wanzen im Bett sieht, prophezeie das eine lange Krankheit, möglicherweise einen Todesfall im Familienkreis – außer der Träumende sei in der Lage, die unangenehmen Insekten loszuwerden. Wenn man im Traum mit jemandem im Bett liegt, den man noch nie zuvor getroffen hat, ist man gegenüber jenen Menschen, mit denen man in Kontakt kommt, in unvernünftigem Maße mißtrauisch. Vor kurzem stand in amerikanischen Quellen zu lesen, daß jeder Traum von einem Schlafzimmer oder von einem Bett die Sorgen und Ängste des Träumenden hinsichtlich seines Sexuallebens symbolisiert.

Schlamm

(→ Moor)

Die Traumdeutung kennt zahllose Hinweise auf das Gefühl, im Schlamm zu versinken, oder auf das Auftauchen von formlosen Schlammwesen. Da Schlamm ein Produkt aus Erde und Wasser ist, wird er als Symbol der Schöpfung gesehen. Die frühesten Quellen behaupteten, jeder Traum von Schlamm künde davon, in den Besitz verborgener Reichtümer zu gelangen – wahrscheinlich zu Gold. Wenn man im Schlamm versinkt, gilt das aufgrund seiner Heilkraft als Hinweis auf eine rasche Genesung von Krankheit. Sieht man sich von Schlamm umgeben, wird das seit ungefähr 200 Jahren als Ankündigung eines Skandals interpretiert, und Schlamm zu formen oder zu kneten, bringt großes Glück. Freud vertrat die Ansicht, Träume von Schlamm legten eine Analfixierung bloß, obwohl andere Fachleute der Meinung sind, daß Schlamm nicht mit Exkrementen gleichgesetzt werden kann, da er kein Nebenprodukt des menschlichen Körpers ist.

Schlange

Eine Schlange im Traum wird heute weithin als Phallussymbol gedeutet, obwohl die frühesten Fachleute erklärten, sie sei ein Zeichen des Bösen, das Krankheit und Verrat prophezeie. Sah man im Traum eine ganze Reihe von sich windenden Schlangen, kündete das von Unwohlsein und Erkrankung, und wenn sie sich auf den Träumenden zuschlängelten oder ihn sogar bissen, so galt das als Warnung vor den Machenschaften seiner Feinde. Spätere europäische Fachleute behaupteten, daß Schlangen Unfälle symbolisieren, und nur wenn man sie tötet, kann ein Unglück vermieden werden. Zu Beginn des 19. Jahrhunderts wurde zum erstenmal die Warnung ausgesprochen, daß man auf sexuelle Abwege geführt wird, wenn man von Schlangen träumt, und die nachfolgende Forschung hat diese Definition bestätigt: Eine Schlange auf dem Körper ist ein Symbol für sexuelle Leidenschaften oder Verdrängungen.

Schleier

(→ Geheimnis)

Im Osten gilt der Schleier seit Jahrhunderten als Symbol von Geheimnissen und Sittsamkeit, obwohl er im Laufe der Zeit im Westen eine stärkere sexuelle Komponente erhalten hat. Beispielsweise galten Träume von verschleierten Frauen eine Zeitlang als Zeichen, daß der Träumende in persönlichen Angelegenheiten verschwiegen war. Im 18. Jahrhundert wurde der Schleier mit sexuellen Abenteuern gleichgesetzt. Eine Frau, die im Traum einen Schleier anlegt, plant, ihren Ehemann oder Liebsten zu hintergehen, wenn sie ihren Schleier dagegen abnimmt, gilt das als Aufforderung zur Verführung. Ein zerrissener Schleier warnt, daß eine unerlaubte Affäre kurz vor der Entdeckung stand, und wenn man einen Schleier verliert, ist eine kleine Peinlichkeit alles, was der Träumende erleiden muß, obwohl er eine große Indiskretion begangen hat! Heutige Fachleute sind sich darin einig, daß der Traum ein Symbol für das Ringen des Träumenden mit seiner sexuellen Libido ist.

Schloß

(→ Schlüssel)

Eine mehrere Jahrhunderte alte Legende besagt, daß ein Traum, in dem man einer Frau ein Schloß anlegt, die Inspiration für den berüchtigten Keuschheitsgürtel gewesen sei. Ob das nun wahr ist oder nicht, Schlösser werden seit langem mit sexueller Treue in Verbindung gebracht. Asiatische Quellen behaupten, daß ein Mann, der im Traum ein Schloß öffnet, mehrere Geliebte haben wird, während eine Frau ihren Partner mit einem anderen betrügt. Ein britischer Experte erklärt, wenn man im Traum ein Schloß aufbricht, weist das auf eine peinliche Situation hin, in die man aufgrund der Verwicklung in Angelegenheiten eines anderen Menschen gerät, während die Franzosen behaupten, daß beim Anblick eines geöffneten Schlosses der Augenblick gekommen sei, um eine neue Liebeswerbung zu beginnen.

Schlüssel

(→ Schloß)

Träume von Schlüsseln sind viel älter als man denkt – eingedenk der Tatsache, daß Schlüssel viele Jahrhunderte lang ausschließlich in Schlössern, Herrenhäusern und Prachtvillen in Gebrauch waren. Die am weitesten verbreitete Deutung besagt, daß Schlüssel das Enträtseln eines Geheimnisses symbolisieren. In Europa wird betont, daß die Lösung so gut wie sicher zutage tritt, wenn im Traum Schlüssel gefunden werden. Natürlich folgen dem Verlust von Schlüsseln schlechte Nachrichten, und in Asien künden zerbrochene Schüssel von Trennung, möglicherweise auch von ernster Krankheit oder Tod. Wenn man im Traum von einem anderen Menschen Schlüssel erhält, weist das auf die Hilfe von Freunden hin. Heutige Fachleute glauben darüber hinaus, Schlüssel seien ein Sexsymbol. Sie erklären, daß Träume, in denen man einen Schlüssel in ein Schlüsselloch steckt, von einem guten Sexualleben künden.

Schmuck

(→ Halsketten, Ringe)

Ein ganzer Katalog von Deutungsmöglichkeiten steht hinsichtlich den verschiedenen Arten von Schmuck und Juwelen zur Verfügung, aber es gibt in Wirklichkeit nur wenige Unterschiede zwischen den einzelnen Auslegungen. Die

Römer erklärten als erste, daß Schmuck ein Vorzeichen für großes Glück sei, solange er verschenkt oder empfangen wird. Wenn man im Traum protzig wertvolle Edelsteine zur Schau stellte, galt das jedoch als Warnung vor impulsivem Verhalten und der Möglichkeit, seiner Eitelkeit zum Opfer zu fallen. Deutsche Quellen gaben an, beschädigte Schmuckstücke seien ein Zeichen einer zerbrochenen Freundschaft oder Liebesbeziehung, und wenn man im Traum Juwelen kaufte, kündete das von einem Unfall. Viktorianische Kalenderbücher warnten ihre jungen Leserinnen, daß ein Traum, in dem man Schmuck verlor, das Risiko in sich bergen konnte, einen süßholzraspelnden jungen Mann zu treffen, der die Träumende nur aus Arglist umschmeicheln würde. Moderne Quellen gehen davon aus, daß die Deutung eines Verlusttraums davon abhängt, ob der Gegenstand vor dem Aufwachen wiedergefunden wird oder nicht.

Schmutz

(→ Kleidung)

Träume, in denen man sich mit Schmutz bedeckt sieht, sind weit verbreitet und haben unterschiedliche Deutungen. Im Mittelalter durfte jeder, der im Traum besonders schmutzige Kleidung trug, in dem beglückenden Bewußtsein aufwachen, daß er einer ansteckenden Krankheit entgehen würde. Etwa seit dem 17. Jahrhundert wird in europäischen Quellen von Träumen berichtet, in denen Menschen im Traum mit Schmutz und Dreck beworfen werden. Man hielt das für eine Warnung, daß Feinde versuchen würden, den Ruf des Träumenden zu ruinieren. Seit kurzem sind einige Fachleute davon überzeugt, daß dieser Traum eine Vernachlässigung der eigenen Person symbolisiert, die medizinische Aufmerksamkeit erfordert. Tritt man dagegen in einen Schmutzhaufen, soll das merkwürdigerweise bedeuten, daß die Geschäfte des Träumenden blühen werden.

Schnee

(→ Lawine)

Trotz der Probleme, die heftiger Schneefall verursachen kann, ist er im Traum ein gutes Omen und symbolisiert Schutz und Erhaltung (der Erde) – insbesondere wenn der Traum nicht im Winter auftritt. Träumt man beispielsweise in Skandinavien im Sommer von Schnee, wird das für den Bauern zu einer guten Ernte im Herbst führen, für den Geschäftsmann zu hervorragenden Gelegenheiten im Winter und für Frauen zu einer Liebesaffäre im Frühling. Europäische Fachleute sind der Ansicht, ein Traum von Tiefschnee weise auf gute Nachrichten hin, wahrscheinlich finanzieller Natur. Wenn man mit einem Fremden Ski fährt, führt das zu einer neuen Liebesbeziehung. Schmutziger Schnee kann laut britischen Kalenderbüchern von Krankheit künden, und wenn man im Traum einzelne Schneeflocken sieht, wird das zu einer Kabbelei unter Liebenden führen. Schmelzender Schnee wird gemeinhin als Ankündigung einer Phase der Verinnerlichung gesehen, die sich bald in Glück wandelt.

Schneider

(→ Näharbeiten)

Mittelalterliche Quellen waren die ersten, die einen Traum von einem Schneider deuteten – und zwar als unerwartete Reise, wahrscheinlich aufgrund eines familiären Problems. Ein Almanach aus dem 17. Jahrhundert behauptete, daß eine junge Frau, die von einem Schneider träume, unter ihrem Stand heiraten würde, und ein Mann sollte bei diesem Traum in geschäftlichen Angelegenheiten besondere Vorsicht walten lassen. Wenn in Europa von einem Schneider im Traum maßgenommen wird, kündet das von Streitigkeiten. Moderne Fachleute erklären, dieser Traum sei eine Warnung, gegenüber Menschen außerhalb der Familie nicht allzu vertrauensselig zu sein.

Schoß

Mehrere viktorianische Kalenderbücher erwähnen Träume, in denen man auf dem Schoß eines Vertreters des anderen Geschlechts sitzt – und deuten diese Tat auch sofort. Ein Almanach behauptet, dieser Traum symbolisiere die »angenehme Sicherheit von irritierenden Verpflichtungen«, während ein anderer glaubt, ein derartiger Traum sei eine Warnung vor einem unpassenden Verehrer. Moderne Fachleute erkennen die sexuellen Andeutungen des Traums an. Sie zitieren frühe Deutungen aus dem Mittelalter, als junge Frauen gewarnt wurden, daß eine Schlange auf ihrem Schoß vom Untergang ihres Schamgefühls künde und eine Katze auf ihrem Schoß vor den Ränken eines Verführers warne. Heute wird der Traum als Symbol einer neuen Liebesbeziehung gewertet. Sollte das, was sich auf dem Schoß des Träumenden befindet, jedoch herunterfallen, wird er der Lächerlichkeit preisgegeben.

Schreiben

(→ Bücher, Manuskript, Unterschrift)

Laut einigen alten Quellen warnt ein Traum, in dem man schreibt, vor einem drohenden Fehler, der die Zukunft des Träumenden ernsthaft beeinträchtigen könnte. Ist die Schrift leserlich, gilt das als Zeichen, sich vor Feinden zu hüten. Ein europäischer Almanach aus dem 19. Jahrhundert ließ seine Leser wissen, wenn man im Traum einen Liebesbrief schreibe, würde das auf Glück hinweisen, ein Geschäftsbrief Gewinne ermöglichen und ein Brief an Freunde Anlaß zu mehreren gesellschaftlichen Verpflichtungen geben. Neuere Untersuchungen kommen zu dem Schluß, wenn es möglich ist, sich an den geschriebenen Text zu erinnern, läßt sich die Bedeutung des Traums entschlüsseln. Wenn das nicht gelingt, kann es sich bei diesem Traum laut einem britischen Experten auch einfach um die mahnende Erinnerung handeln, daß der Träumende jemandem einen Brief schreiben wollte!

Schuhe

(→ Füße)

Schon in den Tagen der Römer hielt man Schuhe im Traum für einen Hinweis auf das, was die Zukunft dem Träumenden versprach. Enge Sandalen galten beispielsweise als Hinweis auf finanzielle Probleme, bequeme kündeten dagegen vom Glück in der Liebe. Wenn man in Europa von Holzschuhen träumte, versprach das profitable Handelsabschlüsse, während Lederschuhe als Symbol für eine gute Ehe galten. Britische Fachleute behaupten wiederum, wenn sich Schnallen oder Schnürsenkel im Traum öffnen, sei mit Familienstreitigkeiten zu rechnen, und träumt man von Kinderschuhen, weist das auf einen Umzug hin. Die moderne Traumforschung erklärt, daß vernünftige und bequeme Schuhe finanzielle Sicherheit symbolisieren, schäbige und abgelaufene Schuhe haben Unglück im Privatleben zur Folge, und wenn man ein Paar Schuhe verliert, verschwendet der Träumende Zeit für unproduktive Tätigkeiten.

Schulden

Dieser oft vermeldete Traum wirft die Frage auf: Hat man in letzter Zeit jemanden im Stich gelassen oder schuldet man jemandem Geld? Wenn man eine Schuld zurückzahlt, weist das darauf hin, daß ein nützliches Ereignis bevorsteht. Wird dagegen eine Schuld an den Träumenden zurückgezahlt, sollte er einen Verlust einkalkulieren. Laut einem amerikanischen Almanach muß sich jeder, der im Traum fest entschlossen ist, eine Schuld nicht zurückzuzahlen, auf einige äußerst ernste Probleme in seinem Privatleben gefaßt machen.

Schule

(→ Lehrer, Universität)

Seit den letzten 300 Jahren werden Schulen als Symbole für die einfachen Freuden und das Vertrauen der Kindheit gesehen, und jeder Traum von einer Schule symbolisiert das unterbewußte Verlangen, den Gefühlen der Unzufriedenheit über die Gegenwart zu entfliehen, insbesondere wenn man sich im Traum wieder als Kind im Unterricht sitzen sieht. Kalenderbücher aus dem 19. Jahrhundert behaupteten, wenn man im Traum in die Schule gehe, symbolisiere das Wissensdurst, und im Traum ein Lehrer zu sein, prophezeie Gutes für den Beruf. Die moderne Forschung ist der Ansicht, daß der Traum auch das Zögern verkörpert, mit alten Bindungen zu brechen, die in Wirklichkeit den Träumenden nur behindern.

Schwäne

In Europa werden Schwäne seit vielen Jahrhunderten als Zeichen des Glücks betrachtet, wenn man dagegen in Australien von einem schwarzen Schwan träumt, soll das von Pech künden, insbesondere in geschäftlichen Angelegenheiten. Seit dem 16. Jahrhundert gelten Träume, in denen diese majestätischen Vögel fliegen, als Prophezeiung von Wohlstand. Wenn man einen verletzten Schwan sieht, ist das für den Träumenden eine Warnung vor Selbstgefälligkeit und Selbstzufriedenheit. Amerikanische Quellen besagen, daß Schwäne, die im Traum auf einem See schwimmen, zur Lösung eines Geheimnisses beitragen können. Alle wichtigen Fachleute sind sich einig, daß Heim und Familie zerbrechen werden, wenn man im Traum einen Schwan tötet.

Schwangerschaft

Die Deutungen eines Schwangerschaftstraums variierten in Laufe der Jahrhunderte beträchtlich. Lange sah eine Frau, die im Traum schwanger wurde, dieses Ereignis damit angeblich voraus. Vor 300 Jahren wurde diese Ansicht revidiert, und nun gilt die Träumerin als unglücklich verheiratet. Eine alleinstehende junge Frau, die im Traum schwanger ist, läuft Gefahr, verführt zu werden, und wird noch lange Zeit unverheiratet bleiben. Die modernen Fachleute sind sich einig, daß jede Frau, die im Traum schwanger ist, sich eines Geldsegens erfreuen wird. Der Mann, der im Traum eine Frau schwängert, muß das allerdings als Warnung vor häufig wechselnden Sexualpartnerinnen auffassen.

Schweine

Schweine betrachtet man seit dem Mittelalter als gutes Omen. Damals galten sie als Symbole von Wohlstand. Ländliche Kalenderbücher behaupten, daß fette und gesunde Schweine erfolgreiche Unternehmungen versprechen, wenn sich die Tiere allerdings im Schlamm suhlen, sollte der Träumende besser auf den Rat von Freunden hören. Eine europäische Quelle aus dem 19. Jahrhundert erklärte, daß jede junge Frau, die von Schweinen träume, ihre Tage mit einem eifersüchtigen und habgierigen Mann beschließen werde. Moderne Fachleute sind sich dagegen einig, daß Schweine ein Symbol für einen ausreichenden Lebensunterhalt sind.

Schwester

Die Deutung eines Traums von einer Schwester hat sich im Laufe der Jahre nur sehr wenig verändert. Die Fachleute sind sich einig, daß eine Frau, die von ihrer Schwester träumt, sehr bald schon in einen Familienstreit verwickelt sein wird, träumt dagegen ein Mann von seiner Schwester, symbolisiert das großes Glück und emotionale Sicherheit. Wenn es mehr als eine Schwester in der Familie gibt, variiert die Deutung des Traums entsprechend den Umständen, obwohl die meisten Träume dieser Art sich auf die Nähe von Beziehungen und die Notwendigkeit, in allen Situationen aufrichtig zu sein, beziehen.

Schwimmen

(→ Wasser)

Die ersten Aufzeichnungen von Träumen über das Schwimmen lassen sich nur schwer finden, aber im Frankreich des 17. Jahrhunderts wurden sie zweifelsohne als Symbol von Erfolg im Leben beschrieben – solange man im Wasser kein Unbehagen verspürte. Europäische Quellen glaubten, wenn man in Richtung auf einen Strand schwimme, werde man seine Probleme überwinden, entferne man sich jedoch schwimmend vom Strand, sei das ein eindeutiges Zeichen dafür, jegliche Orientierung im Leben verloren zu haben. Britische Traumdeutungsbücher versichern, daß es für die Deutung des Traums entscheidend ist, wo man schwimmt – ob im Meer, in einem Fluß oder im Swimming Pool. Man ist sich darin einig, daß dieser Traum auch ein Ansporn ist, seine Ziele mit Entschlossenheit und Hingabe zu verfolgen.

See

(→ Ozean)

Europäische Quellen behaupten, Träume von einem klaren und friedlichen See seien ein Hinweis auf Glück und gute Beziehungen; während ein stürmischer beziehungsweise schlammiger See als Symbol von Unruhe und Problemen gilt. Solche Träume kommen besonders häufig unter jungen Frauen vor, daher behauptet eine Reihe von alten Kalenderbüchern, ein vom Mond beschienener See sei ein gutes Zeichen in bezug auf Liebesangelegenheiten. Watet oder schwimmt man jedoch im Traum in einem See, so sei das eine Warnung vor allzu häufig wechselnden Sexualpartnern. In Amerika heißt es, je größer der See, desto besser die gegenwärtige Liebesbeziehung. Ist das Wasser allerdings absolut still, erhält man angeblich von seinem Partner den Laufpaß.

Segeln

(→ Jacht)

Ebenso wie das Segeln bei gutem Wetter auf ruhiger See eine große Freude sein kann, so symbolisiert ein Traum darüber Vergnügen und Glück. Die Griechen gingen als erste von der Vorstellung aus, daß das Wetter bei der Deutung entscheidend ist. Weniger wichtig ist, ob der Träumende sich an Bord des Segelschiffes befindet oder es nur aus der Ferne vorbeisegeln sieht. Schlechtes Wetter und eine unruhige See künden von Enttäuschung. Die Traumdeutungsbücher sind sich auch einig, daß es von dem Gefühl der Ruhelosigkeit kündet oder eine lange Reise beziehungsweise wichtige Nachrichten aus dem Ausland unmittelbar bevorstehen, wenn man im Traum ein Seemann ist. Amerikanische Quellen fügen noch hinzu, daß es ein Zeichen von großem Glück ist, wenn man im Traum ein Segel setzt. Setzen allerdings andere Personen die Segel, befindet sich eine Liebesbeziehung in Gefahr.

Seide

Seit Jahrhunderten beschreiben die Chinesen Seide als glückbringendes Omen, das Stolz und Luxus verkörpert. Europäische Fachleute folgten dieser Deutung und erklärten, Träume von diesem Stoff symbolisierten Profit und Ehre, und Menschen, die im Traum Kleidung aus Seide trugen, verfolgten ehrgeizige Pläne. Im 19. Jahrhundert galten Frauen, die im Traum seidene Kleider kauften, als verliebt, wenn sie ein seidenes Kleid jedoch zerrissen oder beschmutzten, galt das als Hinweis, daß sie hintergangen wurden. Nur schwarze Seide deutete man als schlechtes Vorzeichen, obwohl sie sehr beliebt blieb. Ein ungewöhnlicher viktorianischer Almanach behauptete, daß eine junge Frau, die von alter Seide träumte, von »einem wohlhabenden, wenn auch älteren Mann umworben« würde. Heutzutage darf eine junge Frau, die im Traum seidene Unterwäsche oder ein seidenes Nachthemd trägt, hoffen, sehr bald schon einem leidenschaftlichen Liebhaber begegnen.

Seile

(→ Knoten)

Das Seil ist ein weiteres Symbol, das seit biblischen Zeiten in der Traumdeutung vorkommt und auf Komplikationen im zwischenmenschlichen Bereich hinweisen soll. Frühe Quellen erklären, ein Traum, in dem man ein Seil dreht, führt zur Lösung eines schwierigen Problems, und wenn man ein Seil hochklettert, gelingt es dem Träumenden, seine Feinde auszutricksen. Wurde man im Mittelalter mit einem Seil gefesselt, kündete das von einer problematischen Beziehung zu einem Angehörigen des anderen Geschlechts, und vor gefährlichen Spekulationen wurde gewarnt, wenn man an einem Seil entlangging. Viktorianische Kalenderbücher erklärten, eine Anzahl von zusammengebundenen Seilen symbolisiere, daß der Träumende getäuscht würde, könne er sie jedoch entwirren, prophezeie das einen Neuanfang in seinem Leben. Moderne Quellen sind sich einig, daß ein Seil die symbolische Einladung darstellt, im Leben aufzusteigen.

Sex

(→ Orgie)

Sexuelle Zügellosigkeit in Träumen wurde in verschiedenen Untersuchungen, einschließlich der klassischen Arbeit von Sigmund Freud, in aller Ausführlichkeit beschrieben. Es herrscht Meinungseinheit darüber, daß sie ein Symbol für Unterdrückung beziehungsweise Frustration sind. Auch die Sexualorgane selbst waren Gegenstände von Untersuchungen: Bei Männern gelten kranke oder deformierte Genitalien als Warnung vor Ausschweifungen, während sowohl Männer als auch Frauen, denen im Traum sämtliche Sexualorgane fehlen, Hilfe und Anleitung in ihrem Sexualleben benötigen. Träume, in denen man seine Geschlechtsteile herzeigt, treten ebenfalls sowohl bei Männern als auch bei Frauen auf. Diese Träume sind eine Warnung vor Indiskretionen. Zu den Gegenständen, die zu den üblichen Phallussymbolen in Träumen gehören, zählen Waffen, Stöcke, Schlüssel und Werkzeuge. Die weibliche Sexualität wird dagegen durch Schachteln, Räume und Taschen symbolisiert.

Shampoo

Sich die Haare zu shampoonieren steht seit vielen Jahrhunderten in Zusammenhang mit Liebe und Sex. Eine Quelle aus dem 19. Jahrhundert behauptet zum Beispiel beschönigend, daß alle, die im Traum ihre eigenen Haare waschen, bald eine aufregende Reise unternehmen, die sie genießen werden, solange sie den wahren Zweck vor Familienangehörigen und Freunden geheimhalten! Ein seltsamer Almanach aus dem Jahr 1919 meldet, wenn man im Traum sieht, wie anderen Menschen die Haare shampooniert werden, schwelge man in »unwürdigen Affären, nur um anderen zu Gefallen zu sein«. Moderne Fachleute sind der Ansicht, daß es ein leidenschaftliches und erfüllendes Sexualleben symbolisiert, wenn man im Traum die Haare eines anderen Menschen shampooniert.

Skandal

(→ Peinlichkeit)

Romantische Kalenderbücher aus dem Frankreich des 18. Jahrhunderts informierten ihre Leser und Leserinnen, daß der Traum von einem Skandal junge Männer warnt, bei der Auswahl ihrer Gefährten sorgfältiger vorzugehen, und junge Frauen, sich vor den Schmeicheleien älterer Männer zu hüten. Im viktorianischen England setzte sich eine Frau, die über einen Skandal tratschte, der Gefahr einer Verführung aus und würde wahrscheinlich nie die Freuden der Ehe genießen können. Einige amerikanische Quellen glauben, daß hier Elemente eines Gegenteiltraums zu finden sind: Frauen werden demnach einen Heiratsantrag bekommen, und Männer dürfen finanzielle Gewinne erwarten. Eine neue britische Untersuchung kommt zu dem Schluß, daß man insgeheim etwas sehr bedauert, wenn man im Traum in einen Skandal verwickelt ist. Wenn der Skandal andere Menschen betrifft, dann wird die Integrität des Träumenden durch einen Angehörigen des anderen Geschlechts in Frage gestellt.

Slip

Die Vorzeichen, die bei Träumen von sogenannten Pantalons, den im 18. Jahrhundert getragenen Herrenhosen, galten, wurden praktisch unverändert auf die Slips übertragen. Wenn ein Mann im Europa des 18. Jahrhunderts von einem Mädchen träumte, das Pantalons trug, sollte das darauf hinweisen, daß er Glück in der Liebe hatte. Wenn eine Frau das träumte, durfte sie sich in ihrer eigenen Beziehung sicher fühlen. Sowohl britische als auch amerikanische Quellen sind sich einig, daß es ein Zeichen für ein erfülltes Sexualleben ist, wenn man heutzutage von Slips träumt. Die Franzosen fügen hinzu, daß ein Mann, der von einer Frau im Slip träumt, deren Gesicht maskiert oder unerkenntlich ist, in Liebesangelegenheiten naiv ist.

Sohn

Eltern haben immer schon von Söhnen geträumt, und die Fachleute sind sich einig, daß zwar Träume, in denen der eigene Junge auf irgendeine Weise eine Leistung erbringt, auf einen künftigen Erfolg hinweisen, jede Andeutung von Schwierigkeiten, Problemen oder Gefahr jedoch in Wirklichkeit dem Träumenden selbst bedroht. Ein Almanach aus dem 19. Jahrhundert macht das ganz deutlich: »Wenn Ihr Sohn krank ist, dann sind Sie es, den die Krankheit heimsuchen wird.« Ähnlich zweifelhafte Ermutigungen finden sich auch in europäischen Quellen, die erklären, daß jedes Elternteil, das einen Sohn aus Gefahr errettet, erwarten darf, ihn zu einer herausragenden Position im Leben aufsteigen zu sehen. Nur in Amerika führt ein Traum, in dem man sich mit seinem Sohn unterhält, angeblich zu geschäftlichen Verlusten!

Sommersprossen

Alle romantischen Traumbücher betrachten Sommersprossen als Zeichen der Beliebtheit beim anderen Geschlecht, obwohl mindestens ein Almanach aus dem 18. Jahrhundert behauptet, daß eine Frau, deren Gesicht im Traum voller Sommersprossen ist, in der nahen Zukunft eine Reihe von unangenehmen Vorfällen erleiden wird. Mehrere europäische Quellen glauben, daß es auf eine künftige Liebesbeziehung hindeutet, wenn man im Traum einen mit Sommersprossen übersäten anderen Menschen sieht. Wenn man dagegen in einem Spiegel sein eigenes Gesicht voller Sommersprossen sieht, kündet das vom Verlust seines Liebespartners.

Sonne

Obwohl die Sonne in den ältesten Kulturen stets entweder das männliche oder das weibliche Prinzip symbolisierte, glaubten die arabischen Traumdeutungsbücher, daß sie sowohl den Vater als auch die Mutter repräsentierte und daher ein überaus gutes Omen war. Römische Quellen hielten die Sonne, die an einem klaren Himmel schien, für den Boten von häuslichem Frieden und familiärer Harmonie, obwohl nichts als Sorgen resultierten, wenn man eine Sonne sah, die dunkel oder blutgetränkt war. Im Mittelalter wurde die Sonne als Symbol von Fortschritt und Wachstum betrachtet, und kurz danach symbolisierte sie die Entwicklung von Bewußtsein und Intelligenz, mit anderen Worten – das Öffnen von Türen zu neuen Gelegenheiten und Herausforderungen des Lebens. Die moderne Forschung hält Sonnenträume für das Versprechen von aufregenden Veränderungen zum Besseren.

Spazierengehen

Träume von Spaziergängen werden sehr von den Umständen beherrscht, und die meisten Fachleute sind sich einig, daß es sich hierbei um einen Hindernistraum handelt, bei dem der Ausgang des Traums über die Deutung entscheidet. Die frühesten Aufzeichnungen beschreiben den Traum als Symbol erreichter Leistung. Glück und Wohlstand sind die Folge eines Bummels durch eine herrliche Landschaft. Ein Spaziergang bei Nacht über rauhes Terrain – insbesondere ein Gelände mit Dornensträuchern und anderen Hindernissen –, weist auf gesundheitliche Probleme und das Ringen um Seelenfrieden hin. Im 18. Jahrhundert galt ein Traum, in dem man auf seinem Spaziergang zügig ausschritt, als Aufforderung, dringende Angelegenheiten zu regeln, während das Gefühl, sehr langsam oder sogar rückwärts zu gehen, zu finanziellen Verlusten führen sollte. Laut heutigen Fachleuten ist dieser Traum ein klarer Hinweis darauf, daß Entschlossenheit und Geduld für den Träumenden notwendig sind, um seine Pläne zu verwirklichen.

Spiegel

Schon im Altertum war es ein schlechtes Zeichen, wenn man im Traum sein Gesicht in einem Spiegel sah, denn das symbolisierte den eigenen Tod oder den eines Familienangehörigen – zweifelsohne ein Echo der Legende von Narziß, der ertrank, während er sein Spiegelbild im Wasser anstarrte. Im Verlauf der Zeit hat sich diese Deutung jedoch geändert. Im Fernen Osten wird angeblich jeder, der ein Familienmitglied im Spiegel sieht, wohlhabend werden, während er in Europa Gefahr läuft, ausgeraubt zu werden. Alle Fachleute sind sich einig, daß ein Traum von einem zerbrochenen Spiegel von schlechten Nachrichten und Trauer kündet. Heute erklären Traumforscher, wenn man das Gesicht anderer Menschen im Spiegel sieht, sollte man das als Warnung auffassen und vor unehrlicher Behandlung auf der Hut sein.

Spiele

(→ Wurfspiel)

Die viktorianischen Traumbücher waren die ersten, die Deutungen für Spiele anboten. Sie stimmten darin überein, daß derartige Träume von finanziellen Gewinnen kündeten. Es war für diese Prophezeiung wichtig, daß man das Spiel in vollen Zügen genoß, denn jedes Anzeichen von mangelnder Fairneß würde auf den Träumenden zurückfallen. Heute sehen die meisten Quellen dies als einen Gegenteiltraum: Wenn man ein Spiel gewinnt, weist das auf bevorstehende Schwierigkeiten hin, verliert man dagegen Punkte, stehen wichtige und vorteilhafte Neuigkeiten ins Haus. Die Amerikaner sind da genauer und erklären, wenn man ein Spiel gewinnt, wird das zu Einsamkeit führen. Sie sagen auch, daß ein Traum, in dem Kinder Augenbinden tragen und Spiele spielen, ein Zeichen dafür ist, daß man von einem Angehörigen des anderen Geschlechts hintergangen wird.

Spielzeug

(→ Spiele)

Spielzeug kommt in den Träumen von Erwachsenen ebenso vor wie in den Träumen von Kindern und gilt als Symbol von angenehmen neuen Entwicklungen. Europäische Quellen erklären, daß Spielzeug von Familienglück kündet, wenn man es im Traum allerdings verschenkt, wird man von der Gesellschaft geächtet werden. Sowohl britische als auch amerikanische Quellen wissen zu berichten, daß Träume von zerbrochenem Spielzeug von einem Krankheitsfall in der Familie künden. Die moderne Forschung hat außerdem festgestellt, daß Träume von beschädigten Spielsachen eine Warnung an den Träumenden vor kindischem Verhalten sind, da dies sein Berufs- und Privatleben ernsthaft beeinträchtigen könnte.

Spinne

Obwohl Spinnen viele Menschen erschrecken, sind sie im Traum ein gutes Omen und das Symbol von Ausdauer und Geduld. Das Spinnennetz wird seit dem Mittelalter mit häuslichem Glück in Verbindung gebracht, und wenn man im Traum eine Spinne klettern sieht, weist das auf Erfolge in Wirtschaft und Handel hin. Arbeitet die Spinne eifrig an ihren Netz, wird der Träumende stetig Wohlstand anhäufen. Vielleicht verwundert es ein wenig, daß der Traum, in dem man eine Spinne tötet, von guten Nachrichten künden soll (denn laut dem Aberglauben bringt dies Pech), aber noch mehr überrascht ein amerikanischer Experte mit seiner Aussage, daß jeder, der im Traum eine Spinne verspeist, ein »äußert sinnlicher Mensch« ist! Die moderne Traumforschung kommt zu dem Schluß, daß dieser Traum im Grunde einen Aufruf darstellt, angesichts momentaner Probleme Geduld zu zeigen. Freudianer behaupten allerdings, die Spinne symbolisiere eine schreckenerregende Mutter, die versuche, ihren Sohn von einer anderen, jüngeren Frau fernzuhalten.

Spion

Das Gefühl, anderen nachzuspionieren oder selbst bespitzelt zu werden, hat in der Traumdeutung eine lange Tradition, und wird weltweit als Warnung vor impulsivem oder unbesonnenem Handeln gewertet. Ein interessanter französischer Almanach aus dem 18. Jahrhundert behauptete, wenn man im Traum von Spionen belästigt wird, weise das auf ein Gefühl des Unbehagens, das zu potentiell gefährlichen Streitigkeiten führen konnte. In einem viktorianischen Traumdeutungsbuch steht zu lesen, daß jeder, der sich im Traum als Spion sieht, »unglückselige Wagnisse auf sich nehmen«

wird. Die moderne Forschung erklärt den Traum zum Symbol des Bedürfnisses nach mehr Abenteuern, rät aber zur Vorsicht angesichts der Risiken bei allzu waghalsigen Abenteuern.

Spitze

(→ Kleidung)

Viele Jahrhunderte lang hielten die Chinesen Spitze für ein Zeichen der Treue in der Liebe, und auch im Westen symbolisierte jedes Kleidungsstück aus Spitze Erfolg beim anderen Geschlecht. Frauen, die von Spitze träumen, werden ihre Pläne verwirklichen können, heißt es in einer Reihe von europäischen Quellen. Wenn man im Traum allerdings Spitze herstellt und verkauft, so ist das eine Warnung, seine Fähigkeiten nicht überzustrapazieren. Französische Quellen behaupten, daß eine junge Frau, die im Traum Spitzenunterwäsche trägt, einen gutaussehenden Liebhaber findet, während Amerikanerinnen, die im Traum von ihrem Liebsten Spitze geschenkt bekommen, ein langes Leben vorherbestimmt ist.

Sport

(→ Fitneß)

Träume von sportlichen Aktivitäten beziehen sich laut der neueren Traumforschung nicht notwendigerweise auf körperliches Können. Ebenso können sie mit häuslichen und gesellschaftlichen Leistungen in Zusammenhang stehen. Das Gefühl, im Sport Sieger zu sein, kündet Gutes für Beziehungen zu anderen Menschen, und sogar eine Verletzung bringt nicht Schmerz, sondern wichtige Nachrichten. Von den einzelnen Sportarten ist Fußball gut für geschäftliche Unternehmungen beziehungsweise Cricket für gesellschaftliche Verpflichtungen und Leichtathletik symbolisiert Reisen beziehungsweise Tennis Begegnungen mit dem anderen Geschlecht. Amerikanische Quellen fügen noch hinzu, daß Basketball ein abwechslungsreiches und erfülltes Sexualleben symbolisiert, beteiligt man sich dagegen an einem Boxkampf, wird das zum Verlust eines Freundes führen.

Sprung

Ein Sprung im Traum soll ein Symbol für den Versuch sein, trotz Hindernissen zum Erfolg zu kommen – und das in einer Zeit, in der man mit Problemen schwer zu kämpfen hat. Die Menschen im viktorianischen Zeitalter glaubten, wenn man nach dem Sprung wieder zu Boden fiele, sei das ein Hinweis darauf, daß größere Anstrengungen vonnöten seien, um Schwierigkeiten zu überwinden. Sprang man dagegen von einem höhergelegenen Punkt in die Tiefe, kündete das von einer rücksichtslosen Tat oder einer Enttäuschung in der Liebe. Amerikanische Fachleute erklärten vor kurzem, Sprungträume seien ein Hinweis darauf, daß der Träumende in seinen Liebesaffären sehr inkonsequent sei – wenn man allerdings erfolgreich irgendeinen Gegenstand überspringt, seien glückliche Neuigkeiten auf dem Weg. Die Franzosen glauben, wenn man im Traum ins Wasser springt, sei das ein Zeichen, daß der Träumende verfolgt werden wird.

Steuern

(→ Einkommenssteuer)

Römische Quellen verzeichneten als erste Träume von Steuern und versicherten, daß der Träumende genug Geld haben werde, um alle Forderungen zu erfüllen. Spätere europäische Fachleute waren der Ansicht, daß ein Traum, in dem man seine Steuern zahlte, einem laufenden Streit ein Ende bereitete, wenn man dagegen im Traum selbst Steuereintreiber war, kündete das von einer günstigen Veränderung im Leben. Heute ist man sich darüber einig, daß es sich hierbei um einen Gegenteiltraum handelt: In Großbritannien stehen bei einem solchen Traum erfolgreiche Zeiten bevor, und wenn man in Amerika im Traum seine Steuererklärung ausfüllt, weist das auf eine Gehaltserhöhung hin!

Stimmen

(→ Geister)

Träume, in denen man die Stimme eines toten Vorfahren hört, gehören zu den unheimlichsten überhaupt. Eine solche Stimme stellt eine Warnung angesichts des Gesundheitszustands des Träumenden dar, und ein Almanach aus dem 19. Jahrhundert erklärt diesen Traum wie folgt: »Die Stimme ist ein Echo, das aus der Zukunft auf den subjektiven Geist zurückgeworfen wird ... ein bestimmter Teil des Geistes bleibt im Familienstammbaum immer derselbe.« Allgemeiner gesagt: Wenn man im Traum eine Stimme hört, ist das ein Zeichen für eine wichtige Botschaft, und ist die Stimme gar einem bestimmten Familienmitglied oder einem Freund zuzuordnen, dann kündet sie von Pech, vielleicht von Krankheit, unter den Menschen, die einem am nächsten stehen. Eine Anzahl fremder Stimmen, die den Träumenden rufen, prophezeit Schwierigkeiten im Berufsleben.

Stopfen

(→ Flicken)

Kleidungsstücke zu stopfen und zu flicken sind laut alten Kalenderbüchern beliebte Trauminhalte. Sie werden als Anzeichen von nicht allzu harter Arbeit, aber finanziellen Gewinnen definiert. Schmutzige und verdreckte Kleidungsstücke zu reparieren, findet in mehreren Dokumenten des 17. Jahrhunderts Erwähnung, die besagen, daß der Träumende ein Unrecht wiedergutmachen wird. Europäische Quellen sind sich darin einig, daß es als Warnung zur Vorsicht in Liebesangelegenheiten gilt, wenn man andere Menschen dabei beobachtet, wie sie Kleider stopfen. Ein neuerer italienischer Almanach erklärt, junge Mädchen, die im Traum

Kleider flicken, werden sich ihrem zukünftigen Ehemann als große Hilfe erweisen.

Strand

(→ Ozean, Sand)

Obwohl die Menschheit erst seit vergleichsweise kurzer Zeit Strände ausschließlich zur Erholung nutzt, kommen sie in der Traumdeutung schon lange vor der Zeit der alten Griechen vor. Die frühesten Bilder drehten sich in erster Linie darum, wie Wellen an den Strand schlugen, und symbolisierten den Rhythmus des Lebens: Höhe und Schwung der Brecher stellten Dauer und Gelassenheit im Leben des Träumenden dar. Mit der Zeit wurden Wellen mit »weißen Pferden« assoziiert und als Zeichen unterdrückter Emotionen gedeutet. Spätere europäische Experten waren der Ansicht, daß Träume, in denen man an einem Strand entlangging, davon kündeten, daß der Träumende bald schon finanzielle Hilfe in Anspruch nehmen müsse. Eine interessante Deutungsweise dieses doch eigentlich so glückverheißenden Traums ist die, daß Sand stets als Symbol für Hunger und Verlust betrachtet wurde.

Straße

(→ Gasse, Landstraße)

Die Straßen des alten Rom inspirierten wahrscheinlich die ersten Träume dieser Art, und die Tatsache, daß sie breit und offen waren, hat diese öffentlichen Wege zum Symbol für Wohlstand gemacht. Die schlammigen und dichtgedrängten Straßen der Städte im Mittelalter haben wahrscheinlich auf ähnliche Weise zu der Vorstellung von Pech und Sorgen in Zusammenhang mit Wegen dieser Art geführt. In neuerer Zeit geht man davon aus, daß gewundene Straßen Reisen prophezeien, lange Straßen die Notwendigkeit von Geduld und fremde Straßen neue Wagnisse. Wenn man sich auf einer Straße unbehaglich fühlt, sagen die Fachleute heute, sei das ein Hinweis darauf, daß der Träumende über eine Tat nachdenke, die sich sehr wohl als gefährlich erweisen könnte.

Streit

(→ Kampf)

Streitigkeiten kommen im Traum seit Beginn der schriftlichen Traumdeutung häufig vor. Heute geht man fast weltweit davon aus, daß es sich um einen Gegenteiltraum handelt. Obwohl einige römische Quellen erklärten, daß ein Traum von Streitereien mit Verwandten oder Freunden von Unglück kündete, wurde diese Definition durch die Überzeugung ersetzt, daß ein solcher Traum das Symbol für ein glückliches Familienleben und die Wiedervereinigung mit Freunden sei. In den letzten 300 Jahren galt es als Prophezeiung von Wohlstand, wenn man im Traum einen Streit anfing, insbesondere in geschäftlichen Angelegenheiten. Stritt man sich dagegen mit einem Familienangehörigen, führte das zu der schnellen Lösung eines Alltagsproblems. Nur ein Streit mit einem völlig Fremden hat, laut modernen Quellen, einen Haken, denn das bedeutet einen Wohnungswechsel.

Strickarbeit

(→ Nadel)

Im Traum einer Frau ist die angenehme Aufgabe des Strikkens ein Zeichen für ein ruhiges und friedliches Heim. Sollten sich solche Gedanken in den Schlaf eines Mannes mogeln, darf er sich auf die Erneuerung einer Freundschaft freuen – mit einer Frau. Viktorianische Kalenderbücher warnten als erste vor häuslichen Streitereien, wenn man im Traum bei der Strickarbeit eine Masche fallen ließ. Sollte sich ein Mann im Traum in irgendeiner Art von Webfabrik sehen, galt das als Symbol dafür, daß er ein ereignisloses und sparsames Leben führte. Seltsamerweise sind moderne amerikanische Quellen der Ansicht, daß eine junge Frau, die von einer Strickarbeit träumt, eine übereilte Ehe schließen wird.

Stroh

Ländliche Kalenderbücher betonen seit Generationen, was für ein gutes Zeichen Stroh im Traum ist, denn es soll Sicherheit und Wohlstand symbolisieren. Die ältesten Quellen behaupten, ein Traum, in dem man Stroh bündelt, sei ein Zeichen guter Geschäftsabschlüsse, während eine volle Scheune auf ein glückliches Familienleben hinweist. Wenn man auf Stroh liegt, kündet das von einer Geburt, sieht man dagegen Stroh lichterloh in Flammen stehen, warnt das vor Sorglosigkeit im Umgang mit Geld. Erdbeeren, jene köstlichen Früchte, die im Englischen *strawberries*, also »Strohbeeren«, heißen, gelten in Träumen gleichermaßen als Zeichen von Glück, denn sie symbolisieren Fülle und Glückseligkeit und – wenn man sie ißt – die Möglichkeit einer neuen Liebesbeziehung.

Strom

(→ Fluß)

Der sehr häufig vorkommende Traum von einem Strom symbolisierte nach Ansicht der alten Römer den Fluß des Lebens. Ein majestätischer Fluß, der kristallklar und ruhig durch eine herrliche Landschaft strömt, verweist auf ein langes und glückliches Leben des Träumenden. Ein gewundener und gestauter Strom kündet von einem Leben voll harter Arbeit und voller Probleme. Kalenderbücher aus dem 17. Jahrhundert warnten all jene, die im Traum in einen Strom marschierten, sich vor Feinden zu hüten, und wenn man unabsichtlich in das Wasser fiel, war Vorsicht angesagt vor Verhaltensweisen, die einen öffentlich blamieren konnten.

Sturm

(→ Regen, Wirbelsturm)

Stürme und Unwetter sind im Traum ein ebenso schlechtes Zeichen wie im Leben und künden von Problemen, die nur durch Entschlossenheit und Charakterstärke überwunden werden können. Die frühesten Quellen erklärten, daß auf einen Mann, der in seinem Traum Zeuge eines nahenden Sturmes werde, geschäftliche Sorgen zukämen, und eine Frau müsse damit rechnen, von ihrem Ehemann oder Liebsten getrennt zu werden. Experten aus dem 17. Jahrhundert behaupteten, daß jeder Sturm, der um ein Gebäude tobte, eine Warnung vor den Machenschaften der Feinde sei. In Europa symbolisierte ein Unwetter den Angriff auf die Moral und die Treue des Träumenden. Wenn der Sturm vor dem Aufwachen vorüberzog, war das ein Hinweis darauf, daß die Probleme nur vorübergehender Natur waren.

Suche

Das Gefühl, nach etwas zu suchen, kommt in der Traumdeutung oft vor, und in den meisten Fällen sollte die Deutung mit dem gesuchten Gegenstand in Zusammenhang gebracht werden. Ein Experte aus dem 18. Jahrhundert glaubte, daß dieser Traum ein Symbol für Untreue sei, und wenn man eine Gruppe von suchenden Menschen sah, bedeute das, daß über den Träumenden geklatscht werde. Viktorianische Kalenderbücher hielten eine solche Suche für eine Warnung vor jeglichem Tun, das Unehre über die Familie bringen könnte. In Europa galt dieser Traum als Aufforderung, sich vor Dieben zu hüten. Ein britischer Forscher kam jüngst zu dem Schluß, daß dem Träumenden dadurch geraten wird, keine Zeit auf sinnloses Streben oder eine zum Scheitern verurteilte Beziehung zu verschwenden.

Tal

Schon seit Jahrhunderten symbolisiert ein schönes grünes Tal Zufriedenheit und Wohlgefühl, während ein ödes und abgelegenes Tal von einer Zukunft voller Krankheiten und Problemen kündet. Mittelalterliche Dokumente behaupteten, daß ein Tal mit üppiger Flora und Fauna Wohlstand und Freundschaften symbolisiere, während spielende Kinder in einem Tal den Träumenden darauf hinweise, daß er früher als erwartet zu etwas Geld komme. Die moderne Forschung hat weiterhin erklärt, daß man den Traum von einem herrlichen Tal als Ermutigung auffassen sollte, sein Potential auszuschöpfen. Ein trostloses Tal symbolisiert Angst, die durch entschlossene Entscheidungen überwunden werden kann.

Talisman

Die alten Ägypter waren fasziniert von Träumen, in denen ein Talisman auftauchte, und hielten sie für ein Symbol dafür, Geschenke oder Gefälligkeiten zu erhalten. Alte Dokumente aus Europa behaupten jedoch, ein Talisman sei ein Zeichen von Täuschung: Eine Frau, die von einem Talisman träumt, sollte sich vor einem süßholzraspelnden Verführer hüten, und ein Mann wird von einem Freund betrogen werden. Wenn man in Asien von einem Talisman träumt, weist das auf die Lösung eines Geheimnisses hin, und in Amerika wird die junge Frau, die im Traum einen Talisman trägt, bald schon einen neuen Liebsten haben. Interessanterweise erklären einige Fachleute, wenn der Träumende den Talisman erkennt, soll er ihn als Glücksbringer wählen. Für den überwiegenden Teil der modernen Traumforschung symbolisiert dieser Traum eine schwierige Entscheidung, die der Träumende zu fällen hat und die er bald treffen sollte.

Tanzen

Tanzträume werden seit der Zeit der alten Griechen gemeldet, die glaubten, sie seien das Symbol von Freude und Glück. Es galt als besonders gutes Omen, Kinder und junge Menschen tanzen zu sehen, da dies auf ein glückliches Familienleben hinwies. Im Mittelalter kündete der Anblick von tanzenden Menschen von guten Nachrichten über abwesende Freunde, während jene, die sich selbst – sehr anmutig – tanzen sahen, in all ihren Plänen Erfolg haben würden. Im 18. Jahrhundert sagte man jungen Liebenden, die davon träumten, zusammen zu tanzen, voraus, daß ihre Liebe von ihren Eltern akzeptiert werden würde. Viktorianische Traumbücher behaupteten, daß die junge Frau, die davon träumte, auf einem Ball mit einem gutaussehenden jungen Mann zu tanzen, einen hervorragenden Ehemann finden würde – eine Deutung, die in vielen ähnlichen Büchern noch mehrmals wiederholt wurde. Neuere Forschungen haben festgestellt, daß der Traum den Wunsch nach mehr Vergnügen symbolisiert, um »die schlechte Laune wegzutanzen«.

Taschen

(→ Gepäck, Handtasche)

Gepäck wird als Symbol von Reisen und Wohlstand beschrieben, leere Taschen weisen jedoch auf finanzielle Probleme hin. Wenn man in früheren Zeiten von einem Gepäckwagen träumte, so galt das als Prophezeiung einer langen Reise, und wenn die Taschen von anderen getragen wurden, konnte der Träumende einen Wechsel des Schicksals zum besseren erwarten. Interessanterweise steht in mehreren Jahrbüchern aus der viktorianischen Ära zu lesen, daß man zu Geld kommt, wenn man eine Tasche verliert, sieht man im Traum allerdings das Gepäck anderer Leute, ist das ein schlechtes Zeichen für Liebesangelegenheiten. Amerikanische Traumbücher vertreten die Ansicht, wenn man Gepäck im Inneren eines Hauses oder Gebäudes sehe, sei das ein Zeichen dafür, daß eine Reise abgesagt wird.

Taschentuch

Die Menschen im elisabethanischen Zeitalter hatten ein großes Interesse an Träumen von Taschentüchern und erklärten sie zum Symbol von Schäkereien und Liebesaffären. Ein zerrissenes Taschentuch kündete von Schwierigkeiten zwischen Liebenden und ein verlorenes Taschentuch von einer aufgelösten Verlobung. Moderne Quellen sehen keinen Anlaß, diese Deutungen zu ändern, obwohl sie hinzufügen, daß ein schmutziges oder blutverschmiertes Taschentuch auf Familienzwist hindeutet. Wenn man im Traum Taschentücher kauft, ist Vorsicht bei neuen beruflichen Unternehmungen angesagt. Wenn man in Großbritannien im Traum seine Nase schneuzt, symbolisiert das seltsamerweise ein besseres gesellschaftliches Leben und neue Freunde. Eine junge Frau, die in Europa im Traum anderen Menschen mit einem Taschentuch zuwinkt, wird vor einer heimlichen Treffen mit einem Mann gewarnt, das zu ernsthaften Komplikationen führen könnte.

Tauben

Laut Dokumenten zur Traumdeutung, die bis zurück in die Zeit des Römischen Reichs datieren, symbolisiert eine fliegende Taube eine Nachricht aus weiter Ferne. Insbesondere weiße Tauben gelten als Zeichen häuslichen Glücks, und wenn man eine Gruppe dieser Vögel auf einer Stange sitzen sieht, ist das ein gutes Omen für Liebesangelegenheiten. Wenn man in Europa im Traum eine Taube erschießt, ist Vorsicht in geschäftlichen Angelegenheiten angesagt, da die Skrupellosigkeit des Träumenden sich gegen ihn selbst richten könnte. Britische Kalenderbücher behaupten, daß eine Taube, die auf der Erde trippelt, vor Familienstreitigkeiten warnt, und wenn man diese Vögel im Traum füttert, weist das auf quälende finanzielle Probleme hin, deren Lösung eine Zeitlang auf sich warten läßt.

Taubheit

In diesem seltsamen Traum scheint der Träumende taub beziehungsweise nicht in der Lage zu sein, mit einem anderen Menschen im Traum Kontakt aufzunehmen, weil auch dieser nicht hören kann. Trotzdem ist die Deutung dieses Traums keineswegs negativ, denn der Traum, taub zu sein, kündet von finanziellen Erfolgen, und wenn andere Menschen den Träumenden nicht hören können, dann werde bald eine Reihe von besorgniserregenden Problemen gelöst. Eine amerikanische Quelle behauptet, wenn man träumt, ganz plötzlich taub zu werden, so prophezeie das eine ebenso plötzliche Beförderung.

Taufe

Im Traum Zeuge einer Taufe zu werden ist in religiösen Schriften immer schon viel diskutiert worden. Meist hielt man einen solchen Traum für eine Warnung, daß der Charakter des Träumenden einer Stärkung bedürfe und er von »einer wollüstigen Tätigkeit« Abstand nehmen solle, um einen deutschen Experten aus dem 17. Jahrhundert zu zitieren, »sonst wird sein Schrecken vor Entdeckung gar groß«. Eine realitätsbezogenere Interpretation besagt, der Traum von einer Taufe sei ein Vorzeichen unvorhergesehener Umstände, die die Zukunft ungünstig beeinflussen, obwohl das Versprechen besserer Zeiten in greifbarer Nähe liegt.

Tausch

Der Akt des Austauschens ist im allgemeinen ein ungünstiges Traumzeichen, obwohl eine amerikanische Quelle angibt, daß man verlorene Wertgegenstände finden wird, wenn man im Traum einen Gegenstand in einem Geschäft umtauscht! Einigkeit herrscht darin, daß dieser Traum geschäftliche Probleme prophezeit. Wenn man dagegen Dinge mit Familienangehörigen austauscht, wird in diesem Haushalt eine Phase des Unglücks folgen. Ein viktorianischer Almanach weiß erfrischenderweise zu berichten, daß eine junge Frau, die im Traum ihren Herzensprinzen mit ihrer Freundin tauscht, wahrscheinlich gut daran täte, denn mit einem anderen Mann wäre sie glücklicher!

Tee

Die indische Überlieferung bringt Tee mit einem langen Leben und Wohlstand in Zusammenhang, und je beliebter er in aller Welt wurde, desto mehr setzte man Träume von Tee auf ähnliche Weise mit Glück und unbeschwerter Heiterkeit gleich. Einige viktorianischen Traumdeutungsbücher vertraten jedoch die Ansicht, wenn man Tee koche, wäre der Träumende »indiskreter Taten schuldig«, und wenn man Tee verschütte, weise das auf häusliche Unruhe hin. Moderne Fachleute erklären, wenn man im Traum Menschen Tee trinken sieht, kündet das von einer Reihe gesellschaftlicher Verpflichtungen, und wenn man im Traum Tee ausgießt, wird in Zukunft stets Geld fließen.

Testament

Wenn man im Traum sein Testament macht, wird das von Fachleuten nicht für eine Ankündigung des Todes gehalten, sondern vielmehr für einen Gegenteiltraum, angesichts dessen der Träumende jegliche Sorge, die er möglicherweise hinsichtlich seiner Gesundheit hegt, ablegen kann. Eine europäische Quelle aus dem 19. Jahrhundert behauptete, wenn man im Traum seinen letzten Willen schreibe, symbolisiere das eine Reihe von interessanten Spekulationen. Verlor man dagegen sein Testament, galt das als schlechtes Zeichen für berufliche Angelegenheiten. Ein viktorianischer Almanach erklärte, wenn man ein Testament zerstörte, wäre der Träumende Betrug und Täuschung ausgesetzt. Jeder Traum vom

Testament eines anderen Menschen weist auf Familienprobleme hin, heißt es in einer neuen britischen Untersuchung.

Teufel

(→ Böses)

Die Figur des Teufels taucht in einer Vielzahl von Verkleidungen auf und ist seit langem Teil der Traumdeutung, doch werden diese Träume nicht einheitlich gedeutet. Ein viktorianischer Almanach erklärt zum Beispiel: »Hüten Sie sich davor, sich mit dem Teufel zu verbünden – selbst im Traum –, denn er ist immer der Vorbote der Verzweiflung.« Der amerikanische Astrologe Zolar erklärt dagegen, ein Traum vom Teufel künde von »Reisen und Wohlstand«, und eine britische Quelle behauptet, der Träumende verheimliche eine geheime Schuld. Jede Begegnung mit dem Teufel scheint im allgemeinen als kurzer Zusammenstoß mit der Versuchung akzeptiert zu werden, zusammen mit Schwierigkeiten, die dem Privatleben des Träumenden dräuen. Jeder Traum eines Kindes von Dämonen ist ein Hinweis auf drohende Krankheit, so daß eine medizinische Untersuchung anzuraten ist. Freudianer sehen im Teufel ein Bild eines furchteinflößenden und lüsternen Vaters, aufgrund des Nicht-Zusammenpassens von Heranwachsenden und Vätern.

Theater

(→ Schauspieler)

Träume vom Theater haben in Europa eine lange Tradition, wo sie als Symbol für Geselligkeit gelten. In Deutschland führt ein Traum, bei dem man einer Theateraufführung beiwohnt, zu neuen Freunden, und wenn man sich in Italien ein Stück ansieht, bei dem die meisten Hauptrollen von Frauen gespielt werden, kündet das von einer neuen Liebesbeziehung. In Großbritannien kündigt ein dunkles Theater eine Phase der Langeweile an, und ein neuer amerikanischer Almanach behauptet, wenn man zusammen mit einer Gruppe von Menschen eine Theateraufführung besucht, führt das zu finanziellen Verlusten. Die Forschung erklärt diesen Traum zu einer Warnung vor dem Versuch, die Realitäten des Lebens hinter einer Illusion zu verbergen.

Thron

Auch bei Träumen von einem Thron handelt es sich um einen Gegenteiltraum, und sogar die frühesten Quellen waren sich darin einig, daß der Mensch, der eine Regentschaft anstrebte, sich auf eine Enttäuschung gefaßt machen mußte, möglicherweise sogar auf den Verlust seiner gesellschaftlichen Stellung. Europäische Quellen behaupten, wenn man im Traum auf einem Thron sitzt, würde das zum Verlust enger Freunde führen. Sieht man im Traum einen König oder den Papst auf einem Thron sitzen, weist das auf größere bevorstehende Probleme hin. Moderne Fachleute sind der Ansicht, daß dieser Traum mit der gesellschaftlichen Stellung in Zusammenhang steht, und je höher ein Mensch im Traum aufsteigt, ohne sich das Recht dazu verdient zu haben, desto tiefer wird er fallen.

Tiere

Frühe Quellen sprechen von wilden Tieren in Träumen als Symbole der Gefahr, obwohl die Assyrer glaubten, sie seien eine spezielle Warnung vor den Machenschaften prominenter oder einflußreicher Menschen. Von einem wilden Tier angegriffen oder verwundet zu werden, wies auf ernsthafte Familienprobleme oder auf eine Krankheit hin. Bis zum Mittelalter hatte sich dieser Traum jedoch ins Gegenteil verkehrt: Wilde Tiere symbolisierten entgegen allen Schwierigkeiten langes Leben und Wohlstand. In neuerer Zeit ist der Zustand der Tiere zu einem wichtigen Traumdeutungszeichen geworden. Ein gesundes Tier weist auf Glück in geschäftlichen Angelegenheiten hin, während ein kränkelndes Tier ein Scheitern in der Liebe prophezeit. Die Art, wie

Tiere im Traum behandelt werden, ist ebenfalls wichtig, denn Tierc, die sich dem Träumenden nähern, um gestreichelt zu werden, stellen gute Freunde dar. Hunde sind besonders gute Zeichen im Traum, denn auch sie symbolisieren Freundschaft und bevorstehende glückliche Zeiten.

Tierkreiszeichen

Das Interesse an Sternbildern kann bis zu den alten Griechen zurückverfolgt werden. Sie erfanden die Tierkreiszeichen, und natürlich waren sie auch die ersten, die Träume davon als Symbol von großem Glück deuteten. Obwohl jeder Traum von Tierkreiszeichen von einem Aufstieg in der gesellschaftlichen Stellung kündete, war die Chance auf Reichtümer für jene vorhanden, die ihr eigenes Sternzeichen sahen. Eine Reihe von europäischen Autoren schrieb, im Traum ein Tierkreiszeichen zu malen, symbolisiere nicht näher definiertes Glück, wenn das Zeichen sich jedoch dreht und auseinanderfällt, dann bestehe die Gefahr einer Krankheit. Auf jeden Fall ist es wahrscheinlich viel erhellender, sein Tierkreiszeichen im Wachzustand zu konsultieren als im Schlaf!

Tiger

Der Tiger ist seit biblischen Zeiten ein mächtiges Traumbild. Damals wurde er zum erstenmal als Symbol des Widerstands beschrieben. Die früheste Deutung besagt, daß der Traum von einem sich nähernden Tiger ein Zeichen dafür ist, daß der Träumende »von Feinden gequält und verfolgt wird«, außer wenn er das Tier vor dem Aufwachen verjagen kann. In Indien kündet ein herumstreifender Tiger von Krankheit in der Familie, während man bei einem Tiger, der frißt, zu Geld kommen wird. Ein neues amerikanisches Traumdeutungsbuch behauptet, wenn man einen Tiger im Zirkus auftreten sieht, hat man hilfreiche Freunde. Forscher haben erklärt, daß dieser Traum eine Ermutigung für all jene ist, die selbst den schlimmsten Widerständen beziehungsweise Hindernissen gegenüberstehen: Wenn sie mit Entschlossenheit vorgehen, werden sie Erfolg haben.

Tinte

Der Tintenfleck ist seit mehreren Jahrhunderten Teil der Traumdeutung. Eine der beliebtesten Definitionen lautete, daß die Liebe des Träumenden nicht erwidert würde. Andere Quellen geben an, daß der Fleck von einer Zeit des Unglücks künde, insbesondere von einer Reihe von Familienstreitigkeiten. Viktorianische Kalenderbücher glaubten, daß Tinte – auf Kleidern verschüttet – eine Warnung sei, sich vor kleinen Gemeinheiten zu hüten. Tintenflecke auf den Fingern galten als Zeichen für ein eifersüchtiges Naturell. Bei roter Tinte waren die Vorzeichen schlechter. Heute heißt es von praktisch allen Fachleuten, wenn man im Traum einen Brief mit Tinte schreibt, kündet das von einer Phase des Glücks.

Tisch

Der Tisch kommt in Träumen häufig vor, obwohl nur das, was auf ihm liegt, für die Deutung wichtig zu sein scheint. Die Römer beschlossen, daß ein Tisch, der mit Lebensmitteln und Wein eingedeckt war, ein Zeichen von Wohlstand sei, während ein leerer oder zerbrochener Tisch Härten und Auseinandersetzungen symbolisiere. Im Mittelalter wies ein festlich gedeckter Tisch auf Vergnügungen hin, wenn man jedoch im Traum sah, wie ein Tisch leergeräumt wurde, galt das als Warnung, daß den guten Zeiten schlechte folgen würden. Quellen aus dem 19. Jahrhundert behaupteten, daß ein Küchentisch harte Arbeit und ein Tisch für ein festliches Abendessen weitere gesellschaftliche Verpflichtungen symbolisiere, wohingegen ein Kartentisch ein Hinweis darauf war, es einmal mit Glücksspiel zu versuchen. Ein schmutziges Tischtuch kündete von einem Familienstreit.

Tochter

In viktorianischen Traumbüchern finden sich zahlreiche langatmige Einträge über Träume von Töchtern. Es herrscht die einheitliche Meinung, daß Harmonie und Zufriedenheit zu erwarten sind, wenn ein Elternteil von einer Tochter träumt – gleichgültig, wie unangenehm die Wirklichkeit zu Hause auch sein mag. Einige andere Quellen, vor allem europäische, sind da nicht so optimistisch. Die Deutschen glauben, daß es emotionale Trauer prophezeie, wenn man im Traum mit einer Tochter spricht, und die Franzosen sagen ernsthafte Schwierigkeiten voraus, wenn man von einer adoptierten Tochter träumt. Ein merkwürdiger italienischer Almanach fügt hinzu, wenn eine Mutter von ihrer einzigen Tochter träumt, wird diese bald darauf schwanger werden!

Tod

Träume vom Tod gehören zu den ältesten vermeldeten Träumen und haben durch führende Experten wie beispielsweise Paracelsus besondere Beachtung erlangt. Er schrieb: »Es kann geschehen, daß die Seele von Menschen, die vor vielleicht 50 Jahren bereits verstorben sind, uns in einem Traum erscheinen, und wir sollten dem unsere Aufmerksamkeit schenken, denn eine solche Vision ist keine Illusion oder Selbsttäuschung.« Die Deutung eines solchen Traums ist keineswegs negativ, denn es handelt sich um einen klassischen Gegenteiltraum: Der Traum vom Tod symbolisiert gute Nachrichten. Stirbt man im Traum selbst, dann kann eine Befreiung von Sorgen oder Krankheit erwartet werden, verstirbt jedoch jemand anderes, steht ein Erbe bevor. Traumbücher im Mittelalter werteten es als Hinweis auf eine Hochzeit, wenn man im Traum eine Leiche sah. Beobachtet man den Tod eines Feindes, wird man bald von einer Geburt erfahren, und wenn man zu einem Toten spricht, so prophezeit das ein langes Leben. Bei dem vielleicht bizarrsten Traum in dieser Kategorie sieht man einen Toten in einem

Sarg liegen – laut einem amerikanischen Almanach ist das ein Zeichen für Verstopfung!

Topf

Der Kessel als Symbol von Heim und Herd wird mindestens seit dem 16. Jahrhundert als wichtiges Traumthema betrachtet. Europäische Quellen sind sich einig, daß er harte Arbeit symbolisiert, ist der Kessel jedoch sauber und voller Wasser, dann garantiert er darüber hinaus auch Frieden und Zufriedenheit. Wenn eine junge Frau im Traum einen kaputten Topf sieht, ist das laut viktorianischen Kalenderbüchern ein Hinweis auf eine Enttäuschung in der Liebe. Moderne Quellen versichern den Frauen von heute, daß sie sich auf einen gut aussehenden und aufmerksamen Liebsten freuen können, wenn sie von einem Elektrokochtopf auf dem Herd träumen.

Töten

(→ Mord)

Einer der ältesten verzeichneten Träume und wieder ein Gegenteiltraum: Wer im Traum getötet wird, darf sich eines langen Lebens erfreuen. Die Griechen glaubten, wenn man im Traum ein Familienmitglied tötete, wie beispielsweise Mutter oder Vater, kündete das von einer Mißernte, wenn man dagegen ein wildes Tier tötete, würde das den Sieg in der Schlacht prophezeien. Beobachtet man in Europa im Traum, wie jemand getötet wird – ob Tier oder Mensch –, deutet das auf einige unglückliche Veränderungen im Leben hin, obwohl eine Quelle aus Amerika darauf besteht, daß es Sicherheit symbolisiert, wenn man einen Geschäftsmann tötet! Heute sind sich Fachleute einig, daß der Traum auf den Beginn einer Phase von emotionalem Streß hinweist, und man rät an, ärztliche Hilfe zu suchen.

Traurigkeit

Antike Dokumente beweisen, daß Araber und Chinesen von Träumen, in denen starke Gefühle der Traurigkeit vorkamen, zutiefst bewegt waren. Sie waren auch die ersten, für die ein solcher Traum großes Glück symbolisierte. Gemäß einigen Fachleuten handelt es sich hierbei um einen der ersten offiziellen Gegenteilträume: ein klares Zeichen, daß die Schwierigkeiten des Träumenden bald der Vergangenheit angehören würden. Die Griechen glaubten, dieser Traum verkörpere »dauerhafte Freude«, und wenn mehr als ein Familienmitglied im Traum traurig war, prophezeie das gute Zeiten. Es wird nur eine Ausnahme dieser Regel verzeichnet – in Amerika: Dort erklären zahlreiche Quellen, daß es von einem Familienstreit kündet, wenn man von traurigen Verwandten träumt.

Treibsand

(→ Moor)

Das Gefühl, in Treibsand zu versinken, gilt seit dem Mittelalter als Symbol der Versuchung. Der Träumende, der im Treibsand absackt, wird davor gewarnt, in Hinterlistigkeiten unterzugehen, insbesondere im Hinblick auf das andere Geschlecht. Viktorianische Quellen glaubten, der Traum weise auf die Gefahr eines unmoralischen Lebenswandels hin. Junge Damen sollten dagegen zu höheren Dingen ermutigt werden, indem man ihnen sagte, wenn sie im Traum ihren Liebsten aus dem Treibsand retteten, würden sie mit einem würdigen und treuen Ehemann belohnt. Moderne Fachleute glauben, der Traum könne sehr wohl die warnende Aufforderung darstellen, nicht in den Angelegenheiten anderer Menschen herumzuschnüffeln.

Treppen

(→ Leiter)

Träume von Treppen kommen in der Traumdeutung häufig vor, und die Deutung hat sich in den Jahrhunderten gewandelt. Griechische und römische Quellen sind sich einig, daß es einen Aufstieg im Rang beziehungsweise in der gesellschaftlichen Stellung symbolisiert, wenn man Treppen oder eine Leiter hochklettert, steigt man dagegen hinunter, bringt das Unglück im häuslichen beziehungsweise geschäftlichen Leben. Spätere europäische Fachleute hielten eine breite Treppe für ein Symbol des Wohlstands. Wenn man eine Treppe hinunterfiel, wies das auf Probleme aufgrund von Bosheit und Neid hin. Die Vorstellung, daß es Gutes für eine Liebesbeziehung künde, wenn man im Traum eine Treppe hochsteigt, kam zuerst im 18. Jahrhundert auf. Freud behauptete später, der gesamte Traum sei ein sexueller Symbolismus: Der Akt des Treppensteigens stelle die Erektion dar und der Abstieg das Erschlaffen des Penis nach dem Orgasmus – das Umgekehrte galt für Frauen.

Trinken

(→ Trunkenheit)

Obwohl viele Fachleute der Ansicht sind, es sei die Art des Getränks, das man im Schlaf sieht, die den Traum bestimme, lautet eine weit verbreitete Interpretation, daß ein Vollrausch im Traum das Symbol für Unzufriedenheit mit dem Leben ist. Klare Getränke sollen Vorzeichen von Leistung sein, während trübe Mixturen Verluste vorhersagen. Eine Frau, die von »ausgelassenem Trinken« träumt, darf – um einen europäischen Almanach zu zitieren – bald eine Affäre erwarten, während ein süßes, sirupartiges Getränk für beide Geschlechter von einer leidenschaftlichen Liebe kündet. Wenn man sich im Traum betrinkt, prophezeit das laut einer amerikanischen Quelle merkwürdigerweise Reichtümer.

Tritt

Wenn man im Traum getreten wird, muß das nicht an der Ruhelosigkeit des Bettnachbarn liegen, sondern kann auch ein Zeichen für mächtige Feinde sein, wie man es seit dem Mittelalter glaubt. Heutige Fachleute deuten diesen Traum etwas nachsichtiger und sagen, es handele sich um Angst, hervorgerufen durch berufliche Probleme. Wenn man in Amerika jemand anderen tritt, weist das seltsamerweise auf finanzielle Gewinne hin.

Trunkenheit

(→ Trinken)

Die Römer glaubten, Trunkenheit im Traum sei ein gutes Zeichen, denn man war ja voll vom Nektar der Götter. Spätere Generationen neigten dazu, das weitaus schärfer zu beurteilen, da man der Meinung war, Trunkenheit künde von einem zügellosen Leben. Seit dem 18. Jahrhundert symbolisiert der Traum angeblich die Sehnsucht des Träumenden nach »verbotenen Vergnügungen«, obwohl man in einigen europäischen Ländern die Ansicht vertritt, ein solcher Traum stelle das Verlangen nach Wissen dar, das andere Menschen für töricht hielten. Heutige Experten vertreten die Ansicht, daß es eine Warnung vor einem Leben im Rausch ist, während eine amerikanische Quelle hinzufügt, es könne auch von finanziellen Schwierigkeiten künden.

Truthahn

Ländliche Kalenderbücher glauben, daß der Truthahn das Symbol für »reiche Gewinne« ist: Ob der Vogel lebt oder bereits auf einer Servierplatte angerichtet ist, stets stehen die Zeichen gut für Glück und Wohlstand. Wenn man in Europa im Traum einen Truthahn verspeist, gilt das seit Jahrhunderten als Hinweis auf ein freudiges Ereignis, obwohl es in Amerika von Untreue kündet! Träumt man in Großbritannien von mehreren Truthähnen, die ihr Futter picken, soll das von einem Streit mit Freunden künden.

Tunnel

Nächtliche Visionen von einem dunklen Tunnel werden heute als Hindernisträume gewertet, und ihre Deutung richtet sich danach, ob der Träumende vor dem Aufwachen wieder aus dem Tunnel herauskommt. Die Römer, die großartige Tunnelbauer waren, hielten den Traum für ein schlechtes Zeichen in Hinblick auf Geschäfte und Herzensangelegenheiten, während spätere Generationen erklärten, ein einstürzender Tunnel sei eine Warnung vor auf der Lauer liegenden Feinden. Europäische Fachleute glauben, wenn man von etwas träumt, das in einen Tunnel hineinfährt – sei es ein Zug oder ein Auto –, so künde das von Krankheit, während amerikanische Quellen behaupten, dieser Traum weise auf die Aufdeckung eines Geheimnisses hin. Die neueste Forschung kommt zu dem Schluß, daß dieser Traum ein Symbol für Schwierigkeiten ist, und daß der Träumende Risiken eingehen muß, um diese Schwierigkeiten zu überwinden.

Türen

(→ Pforte)

Eine Tür ist ein uraltes Traumsymbol. Seine Deutung hängt davon ab, ob es sich um eine offene oder geschlossene Tür handelt. Eine offene Tür mit einer schönen Aussicht dahinter weist auf Erfolg in den Plänen des Träumenden hin, während geschlossene Türen das Symbol für Enttäuschung und verpaßte Gelegenheiten sind. Europäische Quellen behaupten, wenn eine Tür zuschlägt, sei das eine Warnung vor Spekulationen und Glücksspiel. Eine Tür, die aufgebrochen werden muß, künde von Problemen. Mehrere britische Fachleute sind der Ansicht, wenn man nicht in der Lage ist, durch eine offene Tür zu schreiten, ist das ein Zeichen von langem Leben und Glück. Ein Haus, das über eine ganze Anzahl von Türen verfügt, weist den Träumenden darauf hin, daß ihm bei künftigen Plänen mehrere Möglichkeiten offenstehen. Ein alter skandinavischer Almanach vermeldet, daß eine Frau, die im Traum durch eine Tür in den strömenden Regen hinaustritt, ein ausschweifendes Leben führen wird.

Umzug

Aus einem Haus (oder auch aus einer Wohnung) auszuziehen, kommt in der Traumdeutung seit zahlreichen Jahren vor. Ein solcher Traum weist nicht notwendigerweise auf einen wirklichen Umzug hin, sondern verheißt vielmehr die Überwindung einiger Probleme im Leben. Mit anderen Worten, wenn der Umzug problemlos abläuft, dann wird sich eine Reihe von Schwierigkeiten lösen, bleibt der Umzug jedoch unvollständig, wäre eine Neueinschätzung ratsam. Eine europäische Quelle erklärt, wenn man andere Leute im Traum umziehen sieht, dann planen Freunde eine Überraschung. In Amerika kündet ein erfolgreicher Umzug von einem Haus in das andere von der Wiederauffindung einiger vermißter wertvoller Gegenstände.

Unanständig sein

Jeder unanständige Akt im Traum soll den Träumenden darauf hinweisen, auf seine Manieren und sein Temperament ein Auge zu haben. Die vornehmen Kalenderbücher des 17. Jahrhunderts ließen ihre Leser und Leserinnen wissen, daß es gesellschaftliche Entehrung prophezeie, wenn man im Traum unanständig entblößende Kleidung trage, sich einer unfeinen Sprache bediene oder sich auf unanständige Art und Weise verhalte. Eine neuere amerikanische Quelle meldet, wenn sich ein Mann im Traum unanständig verhält, lebt er nur für die Arbeit, und eine Frau wird mehrere unglückliche Liebesaffären durchmachen müssen. Ein bizarres spanisches Traumdeutungsbuch erklärt, daß es von großen Leistungen auf dem beruflichen Sektor kündet, wenn man wegen Unanständigkeit ins Gefängnis kommt!

Unfall

(→ Zusammenstoß)

Träume, in denen Unfälle der einen oder anderen Art geschehen, sind seit ältester Zeit bekannt und werden überall als ein Vorzeichen möglicher Katastrophen betrachtet. Die am häufigsten berichteten Unfallträume beziehen sich auf Reisen, und der beste Rat lautet, das Transportmittel, um das es im Traum geht (Auto, Zug, Flugzeug oder Schiff), mindestens für die nächsten 24 Stunden zu meiden. Einige Traumdeuter sind der Ansicht, daß ein Unfall, der sich auf einem Schiff ereignet, als Hinweis aufgefaßt werden sollte, daß eine Liebesbeziehung ins Wanken gerät, während jede Katastrophe mit Fahrzeugen davor warnt, daß die geschäftlichen Angelegenheiten des Träumenden »von der Straße abkommen«. Eine wunderliche alte amerikanische Sammlung ländlicher Überlieferungen behauptet, jeder Traum, in dem Vieh in einen Unfall verwickelt ist, bedeute, daß man mit aller Kraft um einen Gegenstand kämpfen wird und dann irgendein Freund, der einen dabei unterstützt, Besitz im selben Wert verlieren wird.

Unglücklich sein

(→ Traurigkeit)

Bei einem Traum, in dem man unglücklich ist, handelt es sich um einen klassischen Gegenteiltraum. Die Fachleute sind sich einig: Je elender man sich fühlt, desto besser sind die Aussichten auf Spaß und Vergnügen. Es heißt auch, daß Ehepaare, die im Traum gemeinsam unglücklich sind, in Wirklichkeit viel Freude erleben werden, und wenn man unglückliche Kinder sieht, kündet das von guten Nachrichten, die in einem Brief übermittelt werden. Liebende, die beide unglücklich sind, werden mit der Post eine Einladung zu einem großen gesellschaftlichen Ereignis erhalten – heißt es zumindest in einer neuen amerikanischen Quelle.

Uniform

Seit den Tagen des Römischen Reiches wird eine Uniform für das Symbol gesellschaftlicher Vorrangstellung und großen Glücks gehalten. Im Mittelalter galten Träume, in denen man Menschen in fremden Uniformen sah, als Zeichen eines Krieges oder einer möglichen Auflösung und Trennung der Familie. Wenn man im 18. Jahrhundert von Männern in Uniform träumte, kündete das von einem gesellschaftlichen Aufstieg, obwohl Frauen, die sich selbst in Uniform sahen, davor gewarnt wurden, ihre Gunst unüberlegt zu verschenken. Interessanterweise erklärt ein neuerer amerikanischer Almanach, daß junge Frauen von heute, die im Traum eine Uniform zur Arbeit tragen, davor gewarnt werden, nicht arrogant zu sein. Man ist sich heute darin einig, daß es sich bei diesem Traum um eine Warnung vor blindem Konformismus mit den Ideen anderer handelt, ungeachtet der persönlichen Überzeugung.

Universität

(→ Schule)

Europäische Quellen erklärten schon im Mittelalter jeden Traum von einer Universität für ein gutes Omen, insbesondere wenn der Träumende Student oder Forscher war, denn er galt als vielversprechendes Zeichen für den Erfolg. Auch in Amerika wurde der Traum als angenehme Bestätigung der Talente des Träumenden betrachtet, ungeachtet des Umstands, ob er tatsächlich an einer Universität studierte. Britische Quellen akzeptieren diese Deutung ebenfalls, obwohl sie davon überzeugt sind, daß der Erfolg letztendlich durch Entschlossenheit und Anstrengung unterstützt werden muß.

Untergrund

Es gibt keine Hinweise darauf, ob schon die frühen Höhlenbewohner davon träumten, unter der Erde zu leben, und erst im 17. Jahrhundert wird festgestellt, daß diese Träume Kummer und Angst symbolisieren. Ein deutscher Almanach erklärt, daß ein Traum, in dem man sich unter der Erde befindet, eine Warnung vor Taten darstellt, die den Ruf des Träumenden bedrohen könnten. In einem amerikanischen Traumdeutungsbuch aus dem frühen 20. Jahrhundert heißt es, daß dieser Traum das unterbewußte Verlangen repräsentiert, die Leistungen anderer zu untergraben. Moderne Quellen gehen davon aus, daß ein Traum, in dem man unterirdisch reist – beispielsweise in einer Untergrundbahn oder durch einen Tunnel –, vor riskanten Spekulationen warnt.

Unterrock

Träume von Unterröcken werden seit dem 17. Jahrhundert verzeichnet, und man betrachtet sie als Symbol romantischer Affären. Insbesondere europäische Quellen erklären, daß junge Frauen, die im Traum einen neuen Unterrock tragen, bald auch einen neuen Herzensprinzen finden werden. Wenn der Unterrock im Traum bei einem gesellschaftlichen Anlaß oder bei einem Spaziergang allerdings rutscht, kann das zum Verlust des Liebsten führen. Wer keinen Unterrock – oder einen schmutzigen beziehungsweise zerrissenen Unterrock – trägt, muß damit rechnen, verführt zu werden. Moderne Fachleute halten jeden Traum von einem Unterrock für eine Warnung vor Verschwendungssucht und Eitelkeit.

Unterschrift

(→ Schreiben)

Seit dem Mittelalter werden Träume, in denen Unterschriften vorkommen, als Symbol für die Loyalität von Freunden gewertet. Wenn man im Traum sieht, wie ein Dokument unterschrieben wird, deutet das auf finanziellen Gewinn, ist der Unterzeichnende jedoch ein Richter oder Jurist, dann gilt das als Warnung, sich vor den Machenschaften seiner Feinde zu hüten. Europäische Fachleute glauben, daß der Träumende, der mit seinem eigenen Namen unterschreibt, sich guter Gesundheit erfreut, während ein amerikanischer Almanach erklärt, wenn man ein offizielles Dokument unterzeichnet, ist Vorsicht hinsichtlich des Augenlichts nötig! Eine neuere Umfrage fügt noch hinzu, daß der Traum möglicherweise auch einfach eine Aufforderung darstellt, eine wichtige Vereinbarung bei ihrem Eintreffen sehr sorgfältig durchzulesen.

Unterwäsche

Träume von hübschen und aufregenden Dessous kommen bei beiden Geschlechtern vor, und moderne Quellen bieten eine Reihe von Deutungsvorschlägen. Unterwäsche aus Seide oder Nylon gilt als Symbol für finanzielle Vorteile, Baumwolle stellt Vergnügen dar und Wolle symbolisiert Sicherheit. Wenn man im Traum in neue Unterwäsche schlüpft, kündet das von einem aufregenden Abenteuer, zieht man seine Unterwäsche dagegen aus, so führt das zu mehreren wichtigen Veränderungen im Leben des Träumenden. Wenn man (laut einer amerikanischen Quelle) im Traum einen Striptease hinlegt, weist das darauf hin, daß der Träumende das intensive Verlangen hat, anderen Gutes zu tun.

Untreue

(→ Ehebruch, Eheliche Untreue)

Französische Traumdeutungsbücher aus dem 19. Jahrhundert zweifelten keinen Augenblick daran, daß es sich um einen Gegenteiltraum handelte, wenn man im Traum seinen Liebsten oder Partner untreu werden sah: Schon sehr bald würden sich Beweise seiner Treue zeigen. Spätere europäische Kalenderbücher meldeten, wenn Männer oder Frauen davon träumten, selbst untreu zu werden, dann würden sie in Versuchung geraten und könnten dabei sehr wohl als Verlierer enden. Mehrere moderne Fachleute erklären, der Traum könne auch eine Warnung darstellen, daß jemand – nicht notwendigerweise ein Angehöriger des anderen Geschlechts – das Vertrauen des Träumenden ausnutzt.

Unverständliches

Unverständliche Träume, in denen sich die Menschen in Zeitlupe zu bewegen scheinen und in denen ihre Sprache völlig unverständlich ist, gelten weithin als schlechtes Omen. Vor einem Jahrhundert definierten Kalenderbücher solche Träume als das Ergebnis einer Reihe von Veränderungen im Leben des Träumenden, die zu Erschöpfung und Nervosität geführt hatten. Neuere britische und amerikanische Untersuchungen dieser Art von Traum sind jedoch der Ansicht, daß die Erklärung viel einfacher ist: Der Träumende hat Angst davor, daß ein verborgenes Geheimnis an die Öffentlichkeit gelangt.

Urin

(→ Exkremente)

Die frühesten Aufzeichnungen weisen darauf hin, daß Urin mit Samenflüssigkeit gleichgesetzt wurde und als Symbol kreativer Kraft und Stärke galt. Das assyrische Buch der Träume erklärte, wenn ein Mann im Traum sah, wie sein Urin ein Rinnsal bildete, das eine Mauer traf und dann auf die Straße spritzte, würde er bald Nachwuchs bekommen, und wenn er in den Himmel zielte, würde sein Sohn zu einem wichtigen Mann heranwachsen. Floß sein Urin jedoch in einen Brunnen, mußte er damit rechnen, seinen gesamten Besitz zu verlieren. Sollte der glücklose Träumende sich mit seinem Urin selbst benässen, würde er erkranken. Europäische Fachleute erklärten später, daß jeder Traum, in dem man uriniert, berufliche Erfolge verspricht, und wenn man Kinder pieseln sieht, prophezeit das Wohlstand. Ein wunderliches viktorianisches Traumbuch wußte zu berichten, daß jeder, der im Traum urinierte, häusliche Harmonie erlebte, und wenn man einen Nachttopf neben seinem Bett sah, kündete das von einem stetigen Strom materieller Güter! Obwohl Freud erklärte, daß der Symbolismus des Urins derselbe sei wie der sexuelle Symbolismus, sind sich die meisten Forscher heute einig, daß dieser recht häufige Traum ein Symbol von Potenz und Lebenskraft darstellt.

Vagina

Wenn eine Frau im Traum eine kranke Vagina hatte, galt das im Mittelalter als Warnung vor oberflächlichen sexuellen Beziehungen, und heutige Fachleute sehen keinen Anlaß, dieses Urteil zu ändern. Frühe Autoren glaubten darüber hinaus, wenn eine Frau im Traum ihre Genitalien vorzeigte, sei das eine Warnung vor Indiskretionen. In diesen Zusammenhang gehört auch der Traum, keine Vagina zu besitzen – man hielt diesen Traum ursprünglich für das Symbol von Unfruchtbarkeit, aber die neuere Forschung ist zu dem Schluß gekommen, daß er auf ein Problem im Sexualleben der Träumerin hinweist und sie professionelle Hilfe suchen sollte.

Vampir

Der weltgewandte Vampir aus den modernen Kinofilmen und Büchern hat keinerlei Ähnlichkeit mehr mit dem ausgemergelten Untoten der Legende, und zu den merkwürdigen Deutungen, die diesem Wesen in der Traumdeutung zugeschrieben werden, gehört diejenige, daß er den Wunsch symbolisiert, Geld zu heiraten! Viktorianische Kalenderbücher behaupteten, daß Träume von Vampiren nicht als Alptraum, sondern als Gegenteiltraum gesehen werden sollten: Ihnen würden gute Nachrichten folgen, wahrscheinlich finanzieller Natur. Die moderne Forschung hat herausgefunden, daß jeder Traum von einem vampir-ähnlichen, blutsaugenden Wesen das Symbol einer emotionalen Krise darstellt und professionelle Hilfe erfordert.

Vater

Träume vom lebenden oder toten Vater gelten seit langem als Prophezeiung von Problemen, für deren Lösung der Träumende auf gute Ratschläge angewiesen sein wird. Eine Reihe von britischen Quellen zur Traumdeutung ist der Ansicht, wenn der Vater bereits verstorben ist, künde der Traum von geschäftlichen Sorgen für einen Mann. Wenn dagegen ein Mädchen von ihrem verstorbenen Vater träumt, ist es eine Warnung, daß ihr Liebster untreu ist. In Europa prophezeit ein Traum, in dem der Vater stirbt, während er in Wirklichkeit noch am Leben ist, ebenfalls Probleme bei der Arbeit. Mehrere amerikanische Quellen erklären, daß ein scheltender Vater – oder eine solche Mutter – Streit und Streß prophezeien.

Vergewaltigung

(→ Inzest)

Obwohl bis zum 19. Jahrhundert Hinweise auf Vergewaltigungsträume selten sind, kann es kaum einen Zweifel daran geben, daß eine Frau, der im Traum sexuell Gewalt angetan wird, dies als Warnung vor Verhaltensweisen auffassen muß, die fälschlicherweise als Einladung zu Intimitäten aufgefaßt werden könnten. Viktorianische Kalenderbücher mahnten eisern, daß jede Frau, die von einer Vergewaltigung träumte, ihren Liebsten und ihren Ruf verlieren werde. Ein europäischer Experte vertritt die Ansicht, jeder Traum, in dem eine Vergewaltigung vorkommt, ist eine Warnung davor, daß der Träumende durch das Verhalten eines Freundes schockiert sein wird. Eine neuere britische Umfrage spricht die viel allgemeinere Warnung aus, auf andere Menschen keinen falschen Eindruck zu hinterlassen, und ein deutsches Traumdeutungsbuch fügt noch hinzu, daß ein Mann, der im Traum von einer Frau vergewaltigt wird, zu einem unerwarteten Erbe kommen wird!

Verirren

(→ Labyrinth)

Wenn man sich im Traum verirrt, so ist das ein Gegenteiltraum, denn es kündet von Glück im gesellschaftlichen Leben. Verirrt man sich in Europa im Traum zusammen mit einem Freund, kündet das vom Eintreffen hochwillkommener Neuigkeiten.

Verkehr

Dies ist in starkem Maße ein Traum des 20. Jahrhunderts mit unterschiedlichen Deutungen. Europäische Quellen behaupten beispielsweise, daß es auf bevorstehende glückliche Tage hinweist, wenn man im Traum im Stau steht, während ein derartiger Traum in Amerika ein Symbol der Untreue ist und in Australien finanzielle Verluste symbolisiert. Je stärker der Verkehr, so ein neueres französisches Traumdeutungsbuch, desto aktiver wird das gesellschaftliche Leben sein, das der Träumende führt, und er wird viele neue Freunde gewinnen. Die moderne Forschung erklärt diesen Traum zum Symbol einer zunehmenden Zahl von familiären Problemen. Der Träumende täte gut dran, Hilfe zu suchen, anstatt sich weiter allein abzumühen.

Verkleidung

Träume, in denen man sich in einer Verkleidung sieht, werden erst seit dem letzten Jahrhundert gemeldet und gelten im allgemeinen als Symbol für den unbewußten Wunsch, ein Ziel durch Ausflüchte zu erreichen. Britische Quellen deuten an, daß es dem Träumenden zutiefst peinlich sein könnte, sollte er seinen Plan ausführen. In Amerika verkörpert dieser Traum eine lange Reise und einen möglichen Wohnortwechsel, während jeder Traum, in dem andere verkleidet sind, von einem wichtigen und nützlichen Ereignis kündet. Die Italiener sind der Ansicht, Träume mit Verkleidungen seien eine Warnung, daß jemand versucht, den Träumenden auszutricksen.

Verlassenheit

Die Chinesen verzeichneten als erste Träume, in denen man verlassen wird, und sie behaupteten, sie seien ein Symbol der Unentschlossenheit hinsichtlich der Zukunft. Die Araber hielten einen solchen Traum dagegen für die Prophezeiung eines langen Lebens, und spätere Quellen haben die Deutungen sogar noch weiter variiert. Wenn man im 16. Jahrhundert in Europa träumte, einen Verwandten oder Freund zu verlassen, galt das als Ankündigung einer Krankheit, während es 200 Jahre später eine Warnung vor törichten Handlungen darstellte. In jüngster Zeit behaupten Traumforscher, es handele sich in Wirklichkeit um das genaue Gegenteil: Die Wiedervereinigung mit einem Menschen, dem man einst nahestand, stehe kurz bevor. Ein britischer Experte vertritt die Ansicht, der Träumende habe unterbewußt Angst davor, einen geliebten Menschen zu verlieren, und solle mehr tun, um diese Beziehung zu festigen.

Verleihen

(→ Ausleihen)

Der Akt des Verleihens in einem Traum beschäftigte zahlreiche frühe Fachleute, die zu dem Schluß kamen, es wäre ein Gegenteiltraum, bei dem der Träumende in Wirklichkeit bald selbst in die Lage käme, etwas Geld zu benötigen. Ein gleichermaßen schlechtes Omen ist es, Kleidung zu verleihen, was auf bevorstehende Schwierigkeiten hinweist, oder Haushaltsgegenstände zu verleihen, was zu Familienstreit führt. Eine viktorianische Quelle erklärte, ein Traum, in dem man sich weigerte, überhaupt irgend etwas zu verleihen, bewahre dem Träumenden trotzdem den Respekt von Freunden. Ein amerikanisches Traumdeutungsbuch fügte jüngst hinzu, wenn man im Traum einen Wagen verleihe, führe das zu einer »Umweltveränderung«.

Verletzung

Träumende, die sich im Traum verletzt sehen, werden seit sehr vielen Jahren durch die Interpretation getröstet, daß es sich hierbei um einen Gegenteiltraum handelt und daß die Deutung für die Zukunft sowohl für die Gesundheit als auch für das Wohlbefinden im allgemeinen gut ausfällt. Wenn man im fernen Osten träumt, jemand anderen zu verletzen, gilt das als Warnung, sich vor falschen Freunden zu hüten, während europäische Quellen erklären, daß ein Mann, der im Traum von einem anderen Mann verletzt wird, sehr bald schon mit einem Rivalen in der Liebe rechnen muß. Eine neuere britische Untersuchung kommt jedoch zu dem Schluß, daß der Traum Sorglosigkeit symbolisiert und daß der Träumende dadurch gewarnt sein sollte, bevor er wirklich in Schwierigkeiten gerät.

Verlust

Die Amerikaner glauben, daß es von einem finanziellen Glücksfall kündet, wenn man ein Besitzstück wie beispielsweise ein Auto verliert. Ein ebenso gutes Zeichen ist es, wenn man jemanden im Traum aus den Augen verliert, denn es weist auf eine Wiedervereinigung mit einem alten Freund hin. Pech ist allerdings, im Traum ein Kind zu vermissen – das bedeutet häusliche Probleme.

Versagen

Einer dieser merkwürdigen Träume, die genau das Gegenteil dessen bedeuten, was sie auszusagen scheinen: Je schlimmer das Versagen ist, desto besser die Leistung, die dem Träumenden gelingt. Seit den Tagen des farbenprächtigen Monarchen Karl II. von England haben Traumbücher Liebende, die im Traum in ihrem Wunschpartner kein Verlangen wecken können, dazu ermutigt, im wirklichen Leben durchzuhalten, da ihnen der Erfolg sicher sei. Ein Geschäftsmann, der im Traum versagt, muß sich seinen Plänen nur mit neuer Energie zuwenden, um sofort Erfolg zu haben. Ein Traum von Verwandten, die in einem Projekt versagen, gilt laut einer neueren amerikanischen Quelle allerdings als Warnung für die geschäftlichen Angelegenheiten des Träumenden.

Verspätung

Träume, in denen man zu spät kommt oder frustriert ist, weil man unbedingt irgendwo rechtzeitig ankommen muß, werden in einer ganzen Reihe neuerer Traumuntersuchungen erwähnt. Die Deutung dieser Träume variiert. In Amerika geht man beispielsweise davon aus, daß der Träumende nach seiner Meinung gefragt werden wird, während europäische Quellen die Erklärung bevorzugen, daß das Unterbewußtsein den Träumenden davor warnt, Versprechen zu geben, die er nicht halten kann. Alle Fachleute sind sich jedoch darin einig, daß es von einem finanziellen Verlust kündet, wenn andere sich im Traum verspäten.

Verstecken

Das Gefühl, sich zu verstecken, ist in der Traumdeutung sehr gut bekannt und wird oft zu den Träumen gezählt, die am häufigsten wiederkehren. Viele Jahre lang hielt man diese Träume für ein Symbol dafür, daß der Träumende den Problemen in seinem Leben aus dem Weg ging und daß er Hilfe suchen sollte. Wenn man davon träumt, bestimmte Gegenstände zu verstecken, ist das ein Hinweis darauf, daß man sich heimlichtuerisch verhält, wo gegenüber Familienangehörigen oder Freunden eigentlich Offenheit angebracht wäre. Wenn man im Traum sieht, wie sich andere Menschen versteckten, so ist das laut einer neueren amerikanischen Quelle ein Indiz dafür, daß der Träumende getäuscht wird, entdeckt er dagegen etwas, das versteckt war, ist das ein Zeichen für unerwartete Vergnügungen.

Vögel

Träume von Vögeln waren unter den Fachleuten immer schon Thema hitziger Kontroversen. Viele der antiken Orakel verkündeten, Vögel symbolisierten die Sehnsucht nach Freiheit, während spätere Traumdeuter, einschließlich Freud, sie mit Liebe und Leidenschaft in Zusammenhang brachten. Griechen und Römer behaupteten, je größer der Vogel im Traum sei, desto höher könne der Träumer aufsteigen; besonders farbenfrohe Vögel verkörperten eine leuchtende Zukunft. Im Mittelalter sollte ein junges Mädchen, das von einem Vogel mit herrlichem Gefieder träumte, bald einen geeigneten Partner finden, wenn sie im Traum jedoch einen Vogel fing, galt das als Zeichen einer baldigen Eheschließung. Vögel in Käfigen wiesen laut späteren europäischen Quellen auf Ehestreitigkeiten hin, und tote Vögel kündeten von Trauer und Enttäuschung in Liebesdingen. Freud behauptete, der Vogel sei in Wirklichkeit ein Phallussymbol, und ein Traum von einem Wesen mit Flügeln lege das brennendes Verlangen offen, ein guter Sexpartner zu sein.

Vorhänge

Von Vorhängen zu träumen kann oft extrem frustrierend sein, da der Träumende es nie ganz schafft, durch sie hindurchzugelangen. Seit Generationen warnen Vorhänge vor der Zukunft, und der Träumende ist gut beraten, sich zu bessern, bevor er die Vorhänge öffnet. Mehrere Kalenderbücher sagen die Ankunft unwillkommener Besucher voraus, während der Anblick zerrissener und schmutziger Vorhänge ein Zeichen von Familienstreitigkeiten ist.

Vulkan

(→ *Explosionen*)

Die frühesten Orakel verkündeten, daß ein Traum von einem rauchenden Vulkan eine leidenschaftliche Liebesaffäre symbolisiert – jedoch eine Affäre, die auf Täuschung beruht! Im Laufe der Jahre wurden Vulkane in erster Linie mit Sex in Verbindung gebracht. So erklärte beispielsweise ein Almanach aus dem 18. Jahrhundert, daß eine junge Frau, die von einem aktiven Vulkan träumte, von Selbstsucht und Gier dazu getrieben wurde, »sich durch den Einsatz ihres Charmes auf schamlose Weise einen Ehemann einzufangen«.

Ein Mann, der von einem aktiven Vulkan träumt, steigt Frauen ohne Respekt vor ihren zarten Gefühlen nach, erklärt eine viktorianische Quelle. Ein explodierender Vulkan wird heutzutage von einer Reihe von Traumforschern als Symbol der Lust betrachtet, und ohne ein gewisses Maß an Zurückhaltung kann diese Lust leicht zu einer gefährlichen Besessenheit ausarten.

Waffe

Einige neuere Quellen erklären, daß Waffen entweder den kämpferischen Geist des Träumenden symbolisieren oder ebenfalls ein Sexsymbol darstellen. Die Traumdeuter der letzten 200 Jahre waren allerdings davon überzeugt, Waffen seien ein Vorzeichen künftiger Probleme. Wenn man in Europa träumt, von einer Waffe erschossen zu werden, kündet das von einer ernsten Erkrankung, und erschießt man selbst jemand anderen, bedeutet das, daß ein geliebter Mensch sterben wird. Werden in Anwesenheit des Träumenden andere erschossen, prophezeit das Krankheit, obwohl dieser Traum in Amerika als drohender Rechtsstreit gedeutet wird. Ein britischer Almanach behauptet, wenn eine verheiratete Frau von einer Schießerei träume, werde sie wegen einer anderen Frau ins Unglück gestürzt.

Wahl

Im Traum an irgendeiner Art von Wahl teilzunehmen, ist vergleichsweise neueren Datums. Obwohl das im allgemeinen als gutes Omen betrachtet wurde, glaubten viktorianische Kalenderbücher, ein solcher Traum künde von der Beteiligung an einer Kontroverse, die sich ungünstig für den gesellschaftlichen oder finanziellen Status des Träumenden auswirken wird. Europäische und britische Quellen sind sich mittlerweile darin einig, daß die Vorzeichen auf Erfolg in allen laufenden Plänen deuten. Allerdings behauptete ein amerikanischer Almanach zur Zeit der Jahrhundertwende, daß man sich vor den Ideen eines verräterischen Freundes hüten solle, wenn man im Traum eine Wahl gewinnt!

Wahrsager

(→ Zauberei)

Träume über Wahrsager sind laut mehreren Kalenderbüchern beliebt, haben jedoch genau entgegengesetzte Vorzeichen. Wenn dem Träumenden die Zukunft vorhergesagt wird, dann stehen ihm Probleme bevor, wie auch immer die Wahrsagung im Traum lauten mag. Agiert man dagegen selbst als Wahrsager, dann gibt es gute Neuigkeiten, insbesondere in geschäftlichen Angelegenheiten. Viktorianische Traumdeutungsbücher behaupteten, daß sich junge Damen, denen im Traum die Zukunft vorhersagt wurde, schon bald zwischen zwei Verehrern entscheiden müßten, die um ihre Liebe buhlten. Wenn man in Europa träumt, daß jemand anderem die Zukunft vorhersagt wird, deutet das darauf hin, daß der Rat eines engen Freundes gesucht und befolgt werden sollte, dann werden alle drängenden Probleme gelöst.

Waisen

Im Traum eine Waise zu sein, verfolgte viele viktorianische Kinder. Dieser Traum galt damals als äußerst schlechtes Omen, obwohl Fachleute jahrhundertelang geschrieben hatten, der Traum sei ein Symbol für Mitgefühl und die Sorge für andere. Wenn man im Traum Waisenkindern hilft, kündet das von neuen Verantwortungen, befindet man sich jedoch in einem Waisenhaus, weist das auf eine Veränderung der Umgebung hin. Ein amerikanisches Traumdeutungsbuch, das zwischen den beiden Weltkriegen veröffentlicht wurde, erklärte, wenn man im Traum eine Waise sei, könne das zur Folge haben, daß man von einem Fremden Geld bekommt. Die moderne Forschung vertritt die Ansicht, daß ein solcher Traum eine Warnung vor übermäßiger Ich-Bezogenheit ist, die geschätzte Freunde entfremden könnte.

Wal

Es ist ein gutes Zeichen, daß heutzutage auf internationaler Ebene der Sorge über die Jagd und das Töten dieser riesigen Säugetiere Ausdruck verliehen wird – denn schon seit mehreren Jahrhunderten gelten sie in Träumen als Zeichen des Schutzes. Die Tiere wurden in früheren Zeiten nicht ganz so positiv gesehen – möglicherweise aufgrund ihrer Verbindung zum biblischen Jonas –, und wenn sich im Traum ein Wal einem Schiff näherte, drohte der Verlust von Besitztümern. In nautischen Kalenderbüchern heißt es, wenn ein Schiff von einem Wal angegriffen wurde, werde der Träumende in einen »Wirbelwind von Katastrophen geworfen«. Heute gilt ein Traum von einem Wal als Hinweis auf erfreuliche Leistungen im gesellschaftlichen oder geschäftlichen Leben – trotz beträchtlicher Opposition. Einige Experten behaupten auch, daß der Wal aufgrund seiner enormen Hohlräume auch eine feminine Komponente habe, und wenn man von einem Wal verschlungen und wieder ausgespien wird, kann das auf ein ganz neues Leben hinweisen.

Wald

(→ Dschungel, Forst)

Mittelalterliche britische Aufzeichnungen besagen, daß Träume, in denen man sich in einem Wald verirrt, ein schlechtes Omen sind, denn sie symbolisieren, daß der Träumende einer Menge unerwarteter Hindernisse im Leben begegnet, und dieselbe Quelle fügt hinzu, daß »reiche Menschen, die sich im Traum in einem Wald befinden, Geld verlieren«, während arme Menschen wohlhabend werden. Europäische Fachleute behaupteten jedoch später, wenn man einen Wald voller Bäume sehe, weise das auf eine Reihe angenehmer gesellschaftlicher Verpflichtungen hin, wohingegen ein Waldbrand merkwürdigerweise besage, daß anstehende Pläne reifen werden. In Amerika wird diese Deutung oft umgekehrt, wenn die Bäume sichtlich erst vor kurzer Zeit niedergebrannt sind. Nach Ansicht der meisten Fachleute wird zur Vorsicht in geschäftlichen Angelegenheiten gewarnt, wenn man andere Menschen in einem Wald sieht.

Warteschlange

Schlange stehen gehört nicht gerade zu den erfreulichsten Freizeitbeschäftigungen, außer wenn das Ziel das Warten wert ist. In der Traumdeutung ist diese Erfahrung ein Symbol dafür, Wissen zu erlangen. Sowohl in Großbritannien als auch in Amerika kündete während der harten Jahre in den Zwanzigern und Dreißigern ein Traum, in dem man Schlange stand, von der Wiedervereinigung mit alten Freunden. In Europa durfte eine Frau, die sich selbst in einer Warteschlange sieht, mit einer baldigen Heirat rechnen, während Träumende in Australien, die eine lange Schlange von Menschen sehen, gewarnt werden, daß Klatschmäuler über sie tratschen.

Waschen

(→ Baden)

Sich die Hände zu waschen, ist ebenfalls ein sehr alter Traum und wurde immer schon als Hinweis auf den Anfang einer neuen Freundschaft gesehen. Die frühesten Quellen behaupteten, es sei wichtig, daß das Wasser sauber ist. Kaltes Wasser symbolisierte Zufriedenheit und heißes Wasser Erfolg. Die Menschen des Mittelalters glaubten, ein Traum, in dem man seinen Körper wusch, sei das Symbol unmoralischer Verhaltensweisen, wenn man sich dagegen nur die Füße wusch, galt das als Zeichen von Angst. Die heutige Forschung ist zu der Erkenntnis gelangt, daß jeder, der im Traum seine Kleider wäscht, das als Warnung betrachten muß, sich nicht in die Affären anderer Menschen zu verstricken. Wenn man jedoch im Traum Geschirr spült, ist das überaus glückverheißend und bedeutet, daß bald Freunde zu Besuch kommen!

Wasser

Wasser – der ursprüngliche Schoß und die Quelle des Lebens – ist das Traumsymbol der Fülle, und Wasserträume werden seit den allerersten Aufzeichnungen als überaus glückverheißend gewertet. Klares Wasser ist ein Zeichen für Wohlstand, während schmutziges Wasser von Krankheit kündet. Die frühen Orakel verlautbarten, daß ein Traum, in dem man Wasser pumpt, auf Glück hinweist, wenn man aber Wasser verschüttet, wird das zu einem Streit führen. Eine Überschwemmung gilt als Warnung, auf böse Wege geschwemmt zu werden, wenn man dagegen Wasser verspritzt oder damit spielt, so ist das laut einem viktorianischen Almanach ein Symbol für das »Erwachen von Liebe und Leidenschaft«. Merkwürdigerweise kündet ein Traum von einem Wasserfall von der Verwirklichung eines langgehegten Planes, wenn man sich aber vorstellt, Brunnenkresse zu pflükken, warnt das den Träumenden vor allzu großer sexueller Promiskuität! Heute ist man sich darin einig, daß Wasser das Bindeglied zu dem mütterlichen Unterbewußten symbolisiert und eine Gelegenheit zur Veränderung des Lebens darstellt.

Weben

Im Mittelalter galt ein Traum, in dem man webte, als glücksverheißend und symbolisierte ein glückliches und wohlhabendes Leben. War der Träumende selbst der Weber, kündete das von Seelenfrieden. Stieß man jedoch während der Arbeit am Webstuhl auf Schwierigkeiten, mußte man mit kleineren häuslichen Problemen rechnen, die mit etwas gutem Willen auf seiten aller Familienmitglieder überwunden werden können. Für einen merkwürdigen Almanach aus dem 18. Jahrhundert war der Traum, in dem man Menschen weben sah, ein Zeichen dafür, daß der Träumende »von reichen und energievollen Lebensbedingungen umgeben ist«. Ein amerikanischer Experte hat jüngst erklärt, der Traum sei mit Geldverdienst gleichzusetzen.

Weglaufen

(→ Durchbrennen, Flucht)

Im Traum wegzulaufen ist einer der berühmtesten Träume überhaupt, und obwohl die Fachleute im Laufe der Jahrhunderte dafür viele Deutungen gefunden haben, wird dieser Traum mittlerweile weltweit als Symbol für die Notwendigkeit gesehen, einer schwierigen oder peinlichen Situation zu entfliehen. Damit geht auch das Gefühl einher, sich einfach nicht vom Fleck bewegen zu können – oder nicht schnell genug laufen zu können, um ein bestimmtes Ziel rechtzeitig zu erreichen. Traumforscher halten das für einen Hinweis auf mangelndes Selbstvertrauen bei der Inangriffnahme des Problems. In sehr viel früherer Zeit dachte man, daß ein Traum, in dem man vor einer Gefahr davonläuft, die Angst symbolisiert, seinen Beruf oder sein Vermögen zu verlieren – und das war garantiert der Fall, wenn der Träumende stolperte oder zu Boden fiel. Im 17. Jahrhundert hatte eine junge Frau, die im Traum weglief, laut mehreren europäischen Kalenderbüchern Angst davor, ihre Jungfräulichkeit zu verlieren, und ein Mann fürchtete sich vor Ächtung oder Ausweisung aus seinem Heimatland. In einem Traumdeutungsbuch aus dem 18. Jahrhundert steht zu lesen, daß die Freunde des Träumenden ihn seiner Meinung nach verachteten, wenn er im Traum im Kreis herumrannte, und lief man gar nackt davon, befürchtete man, von Verwandten ausgeraubt zu werden! Die Menschen im viktorianischen Zeitalter behaupteten, ein Traum, in dem eine Menschenmenge in wilder Verwirrung herumrannte, künde von schlechten Nachrichten, und der Träumende, der sich an einem Fleck wie angewachsen sah, mußte mit Krankheit rechnen – eine Deutung, die auch heute noch Gültigkeit hat.

Wein

Griechen und Römer glaubten, daß Wein ein Symbol für Wohlstand und Freundschaft sei, und wenn man Weinfässer in einem Keller sieht, kündet das von glücklichen gesellschaftlichen Ereignissen. Verschüttet man jedoch Wein, gilt das als schlechtes Zeichen und symbolisiert Blutvergießen. Wenn man im Mittelalter davon träumte, Wein herzustellen, prophezeite das Gutes für alle beruflichen Belange – insbesondere wenn es sich um Weißwein handelte. Schüttete man den Wein im Traum von einem Gefäß in ein anderes, deutete das auf eine Reise hin. Moderne Quellen akzeptieren auch heute noch die positive Deutung von Weinträumen, fügen jedoch hinzu, wenn man im Traum eine Flasche zerbricht, ist hinsichtlich eines übermäßig ausschweifenden Sexuallebens Vorsicht angesagt!

Weinreben

Die Römer glaubten, daß Träume von Weinreben ein sehr gutes Zeichen seien, insbesondere wenn sie voller Trauben hingen – denn das galt als Symbol für viele gute Freunde. Üppige und kräftige Weinreben wiesen auf ein aktives Sexualleben hin. Ein verdorrter Weinstock prophezeite, daß harte Zeiten bevorstanden, während ein völlig abgeernteter Weinstock für den Träumenden die Gefahr symbolisierte, das Opfer eines einleuchtenden, aber ungesetzlichen Planes zu werden. Heute erklären Fachleute, daß der Träumende beim Anblick eines verdorrten Weinstocks möglicherweise seine Stärke überschätzt.

Weintrauben

Merkwürdigerweise ist ein Traum von einem Weinberg voller tragender Reben ein Zeichen für ein langes Leben, wenn man die Trauben jedoch tatsächlich ißt, kündet das von Not und Elend. Die Römer berichteten als erste von Weintrauben in ihren Träumen und glaubten, bei weißen Trauben könne der Träumende einen Sieg über seine Feinde erwarten, während blaue Trauben eine Phase der Schwierigkeiten symbolisieren. Europäische Weinanbauländer wie Frankreich, Deutschland, Spanien und Italien haben jeweils ihre eigene Auslegung dieser Träume. Im allgemeinen sind sie sich jedoch einig, daß es auf eine angenehme Zukunft hinweist, wenn man im Traum Trauben in Fülle wachsen sieht oder eine Weinlese beziehungsweise eine Weinkelterung beobachtet. In denselben Ländern sind verkümmerte Weinstöcke ein Hinweis auf finanzielle Verluste. Wenn eine junge Frau in Australien von Weintrauben träumt, kann sie erwarten, einem leidenschaftlichen Liebhaber zu begegnen. In Großbritannien hält man denselben Traum für eine Warnung, sich von sinnlichen Freuden nicht allzu sehr in Beschlag legen zu lassen!

Weltreise

(→ Ausflug, Reise)

Träume von einer Weltreise datieren bis in die Tage der Antike zurück, und es herrscht die einhellige Meinung darüber, daß diese Träume von einem Erbe künden, und nicht davon, daß man sich wirklich auf große Fahrt macht. Merkwürdigerweise scheint in den meisten Träumen die Weltreise allein angetreten zu werden, was kein schlechtes Omen ist, denn laut einer europäischen Quelle weist es, wenn man von einem anderen Menschen – insbesondere von einer Frau – begleitet wird, darauf hin, daß man das Opfer einer ziemlich üblen Klatschkampagne wird.

Wertgegenstände

Träume, in denen man Wertgegenstände wie Handtasche, Geldbeutel, Geld oder ähnliche Dinge verliert, kommen überaus häufig vor. Man sollte beim Aufwachen stets als erstes überprüfen, ob diese Gegenstände wirklich fehlen, denn es könnte sich sehr wohl um einen Fall von unterbewußter Wahrnehmung handeln. Vermißt man den Wertgegenstand tatsächlich, sollte man sich erinnern, wo der Verlust im Traum stattfand und dort mit der Suche beginnen. Frühe Traumdeuter glaubten, dieser Traum sei eine Warnung vor einem künftigen Verlust oder Diebstahl. Im 18. Jahrhundert sah man ihn dagegen mehr als Warnung, die Werte im Leben zu verlieren, nicht nur Geld. Träume, in denen man Geld und Wertgegenstände findet, kommen ebenfalls oft vor, und der Deutung eines solchen Traums – wie beispielsweise dem Fundort – sollte man sofort nachgehen. Wenn der dort gefundene Gegenstand einer anderen Person gehört, sollte man so anständig sein und ihn zurückgeben! Wenn sich nichts findet, dann symbolisiert dieser Traum das Gefühl, von Familienangehörigen oder Freunden nicht richtig »geschätzt« zu werden.

Wettrennen

Die alten Griechen mit ihrer großen Leidenschaft für alles Sportliche verzeichneten als erste Träume von Wettrennen, obwohl das damals nur zum Teil als Wettkampfsportart galt. Laut alten Aufzeichnungen war dieser Traum ein Zeichen, daß auch andere Menschen das anstrebten, worum man sich selbst bemühte, wenn man im Traum an einem Wettrennen teilnahm. Ging man als Sieger aus dem Rennen hervor, durfte man sich auch seines Sieges auf ganzer Linie sicher sein. Im Laufe der Zeit wurde dieser Traum als Hindernistraum klassifiziert, und ungeachtet dessen, ob der Träumende am Rennen teilnahm oder nur zuschaute, war das Ergebnis für die Deutung entscheidend. Europäische Quellen vertreten die Ansicht, daß dieser Traum auch ein aufregendes neues Unterfangen symbolisieren kann, während ein amerikanischer Experte vor kurzem zu dem Schluß kam, ein solcher Traum sei ein Anreiz durchzuhalten – letztendlich werde man Anerkennung erlangen.

Whisky

Whisky galt bei den Schotten immer schon als Symbol für Wohlstand, obwohl er für eine Reihe früherer Traumbücher ein ziemlich schlechtes Omen war. Ein europäischer Experte aus dem 17. Jahrhundert hält beispielsweise einen Traum, in dem man Whisky trinkt, für einen Boten »schlechter Ereignisse, die auf den Träumenden zukommen«, und ein amerikanischer Almanach des nachfolgenden Jahrhunderts behauptete, wenn man im Traum Whisky kauft, würde das zu Schulden und Schwierigkeiten führen. Die Menschen im viktorianischen Zeitalter nahmen diesbezüglich – wie nicht anders zu erwarten – einen moralisierenden Ton an und erklärten, ein Traum, in dem man seinem Liebsten Whisky anbot, würde zu Versuchung führen. Die heutigen Experten halten Whisky für das Symbol von Erfolg – wenn man ihn in Maßen genießt.

Wind

Die Araber hatten den größten Respekt vor dem Wind, denn sie glaubten, daß Pferde – die für sie selbst von so unschätzbarem Wert waren – durch die Verdichtung des Südwindes geschaffen wurden. Daher waren sie der Ansicht, daß jeder Traum von Winden Energie und Wandlungskraft symbolisierte. Auch die Chinesen glaubten, Träume von Winden seien das Symbol für eine Zeit der Veränderung sowie für den geeigneten Moment, um ein neues Unterfangen zu beginnen. Laut europäischen Kalenderbüchern kündet eine sanfte Brise von guten Nachrichten, während ein starker Wind auf bevorstehende harte Arbeit hinweist. Ein stürmischer Wind symbolisiert dagegen eine Phase der Frustration im häuslichen oder beruflichen Lebensbereich.

Windhund

Die Menschen im viktorianischen Zeitalter verzeichneten als erste den Windhund in ihren Traumdeutungen. Wenn man im Traum einen Windhund besaß, sollte das den Träumenden darauf hinweisen, daß er seinen Freundeskreis erweitern würde. Kalenderbücher aus dieser Zeit erklären darüber hinaus, wenn man einen Windhund mit einer Frau sähe, prophezeie das ein Erbe. Wenn man heutzutage im Traum ein Windhundrennen beobachtet, so gilt das als sanfte Warnung, sich nicht allzu vorschnell in ein neues Projekt zu stürzen. Wenn das Tier jedoch stillsteht oder langsam geht, dann werden die Pläne des Träumenden von Erfolg gekrönt sein.

Wirbelsturm

(→ Sturm)

Ein furchteinflößender Traum, der seit ältester Zeit verzeichnet wird und von Problemen im Leben kündet – außer der Träumende zieht eine grundlegende Einstellungsänderung anderen Menschen gegenüber in Betracht. Wenn man einen Wirbelsturm sieht, droht laut amerikanischen Kalenderbüchern ein geschäftlicher Zusammenbruch, obwohl ein solcher Traum in Europa einen unerwarteten Umzug der Familie symbolisiert. Eine neuere Traumuntersuchung kommt zu dem Schluß, daß dieser Traum ein Symbol dafür ist, von Gefühlen der Unzulänglichkeit überwältigt zu sein. In diesem Fall sollte man professionelle Hilfe suchen.

Wirtshaus

Träume von englischen Pubs gibt es seit vielen Jahrhunderten, und obwohl einige wenige Autoren aus dem 19. Jahrhundert behaupteten, ein solcher Traum sei eine Warnung vor »fraglichen Methoden des Fortkommens«, glaubten andere, er symbolisiere die Notwendigkeit von Freundschaft. Mehrere moderne Autoren glauben, wenn man sich im Traum mit Freunden in einer Kneipe befindet, weist das den Träumenden darauf hin, daß er ein höheres Ansehen genießt, als ihm vielleicht klar ist. Handelt es sich dabei nicht um Freunde, sondern um Verwandte, so »stehen aufregende Zeiten bevor«. Eine britische Quelle erklärt darüber hinaus, daß jeder Traum, in dem ein Wirtshaus vorkommt, in Wirklichkeit ein Signal für den Träumenden ist, sich mehr in der Gemeinde zu engagieren.

Wohlstand

Einer der berühmtesten Gegenteilträume: Je wohlhabender sich der Träumende sieht, desto größer ist die Gefahr finanzieller Probleme sowie die Wahrscheinlichkeit von Komplikationen in Herzensangelegenheiten. Sieht man im Traum wohlhabende Menschen, gilt das seit biblischen Zeiten als Garantie dafür, daß der Träumende gute Freunde hat, die ihm in Zeiten der Not zu Hilfe kommen werden. Ein mittelalterliches Dokument behauptet, daß ein Reicher, der im Traum eine Arme heiratet, bald erkranken wird, während mehrere Kalenderbücher aus dem 19. Jahrhundert verkünden, daß der Arme, der im Traum in eine reiche Familie einheiratet, erwarten darf, gutes Geld zu verdienen. Die moderne Forschung erklärt, daß dieser Traum Hoffnungen symbolisieren kann, die über die Fähigkeiten des Träumenden weit hinausreichen.

Wolken

(→ Himmel)

Wolken sind gemäß der neuesten Traumforschung das Symbol für ein Zwischenstadium. Schon seit den Tagen der frühesten Zivilisationen werden die Wolkenarten, die man im Traum sieht, als Vorzeichen der Zukunft gedeutet. Dunkle, dräuende Wolken prophezeien Pech und schlechte Verwaltung, begleitet von prasselndem Regen sind die Zeichen noch düsterer und künden von Krankheit und drohenden Familienproblemen. Weiße Wolken an einem klaren Himmel deuten auf bevorstehende glückliche Zeiten, besonders in bezug auf das andere Geschlecht. Eine Decke aus grauen Wolken ist ein Zeichen dafür, daß der Träumende unnötige

Schwierigkeiten und Probleme erschafft, die ihn davon abhalten, im Leben voranzukommen.

Wurfringspiel

(→ Spiele)

Diesem uralten Spiel wurden im Laufe der Jahre viele verschiedene Deutungen zuteil, und nachdem man es lange mit Pech und Unglück in Verbindung gebracht hat, siedelt man es heute näher bei Liebe und Glück an. Vor 200 Jahren hieß es, daß ein Mann Gefahr lief, seine Arbeitsstelle zu verlieren, wenn er im Traum mit Wurfringen spielte, während eine Frau bald obdachlos würde! In Amerika galten Wurfringspiele zur Jahrhundertwende als Symbol für Einsamkeit und Probleme, kündeten von unangenehmen Aufgaben für Frauen und von zahlreichen Auseinandersetzungen für Männer. Eine neuere Traumuntersuchung kommt jedoch zu dem Schluß, daß sich dieser Traum wahrscheinlich auf Liebesaffären bezieht, und wenn man mit seinen Wurfringen eines der Ziele trifft, wird man einem aufregenden neuen Partner begegnen.

Wüste

Wüstenlandschaften sind ein häufig wiederkehrendes Bild in Träumen und werden seit langem für Anzeichen von Schwierigkeiten gehalten, die ihre Schatten vorauswerfen. Wenn man im Traum sieht, wie man sich durch eine Wüste kämpft, weist das auf Probleme bei wichtigen Plänen hin, kommt dagegen ein Sandsturm auf, besteht die Gefahr, von Freunden enttäuscht zu werden. Eine Anzahl moderner Quellen erklärt, daß die Wüste das verzweifelte Bedürfnis nach Mitgefühl und Verständnis symbolisiert. Wer im Traum in der Wüste verdurstet, hat in Wirklichkeit Schwierigkeiten, mit dem Streß des Alltagslebens zurechtzukommen, und sollte Hilfe suchen.

Xenophobie

Träume von einer Xenophobie – dem Haß auf Ausländer – wurden zuerst im frühen 18. Jahrhundert verzeichnet, als man sie für Gegenteilträume hielt: je stärker der Haß, desto größer das Glück, dessen sich der Träumende erfreuen wird. Die viktorianischen Traumdeutungsbücher führten mehrere Rassen auf, von denen in Xenophobieträumen am häufigsten geträumt wurde (dazu gehörten die Franzosen, die Deutschen und die Juden), erklärten jedoch, daß gleichgültig, von welcher Nationalität man träumte, die Deutung stets dieselbe sei: ein Familienstreit. Ein französischer Almanach behauptete Anfang dieses Jahrhunderts, daß ein Traum, in dem man einen Ausländer beleidigte, von der bevorstehenden Aufdeckung eines Geheimnisses künde, wohingegen eine neuere amerikanische Veröffentlichung erklärt, wenn im Traum ein Ausländer des Landes verwiesen wird, verliert man einen engen Freund.

Z

Zahlen

(→ Nummern)

Im Traum schlagen sich die Menschen häufig mit Zahlen herum – und nicht nur jene, die im Geschäftsleben stehen oder ihren Lebensunterhalt als Buchhalter verdienen. Wenn man davon träumt, mit Zahlen zu kämpfen, ist das ein Zeichen, daß eine schwierige Situation – eine, von der man bereits weiß oder die man erahnt – sich als schwer zu lösen erweisen wird. Chinesische Traumdeuter warnen vor Glücksspiel oder Spekulationen, wenn die Zahlen deutlich zu erkennen sind, da man dabei mit Sicherheit verlieren wird. Wenn man in Europa im Schlaf eine Rechenaufgabe löst, heißt das angeblich, daß man ein drohendes Problem vorhersieht und in der Lage sein wird, es in den Griff zu bekommen. In einer jüngeren amerikanischen Umfrage wird festgestellt, daß jeder, der im Traum mit Hilfe einer Rechenmaschine Zahlen addiert, gute Geschäftskontakte tätigen und dadurch einige potentiell schwierige Probleme vermeiden wird. Ein britischer Experte erklärte vor kurzem, daß ein solcher Traum ein Symbol für Ungeduld ist, insbesondere gegenüber persönlicher Leistung.

Zähne

Herrliche weiße Zähne galten schon immer als Zeichen von Glück und Wohlstand, während faulende Zähne ein Anzeichen von Krankheit sind. Die frühesten Quellen erklären, wenn dem Träumenden die Zähne gezogen werden, ist das in Wirklichkeit ein gutes Omen für geschäftliche Pläne, wenn ihm die Zähne im Traum allerdings ausfallen, weist das auf Tod hin. Viktorianische Fachleute milderten diese letzte Deutung auf schlechte Nachrichten ab und fügten noch hinzu, wenn man schwarze Zähne sah, prophezeie das die Erkrankung eines Verwandten. Seit der Entwicklung der Mundhygiene stellt ein Traum, in dem man eine Zahnfüllung erhält, positive Neuigkeiten dar. Werden dem Träumenden falsche Zähne eingesetzt, führt das zu unerwarteter Hilfe, um aus einer schwierigen Lage herauszukommen, und wenn man im Traum seine Zähne putzt, wird sich ein nicht allzu altes Problem, das viel Angst verursacht hat, in Wohlgefallen auflösen. Moderne Forscher halten einen Traum, in dem man seine Zähne verliert, für eine buchstäbliche Warnung, der Notwendigkeit einer zahnärztlichen Untersuchung nachzugehen. Wenn diese Notwendigkeit nicht gegeben ist, kann ein solcher Traum sehr wohl das Gefühl von »mangelndem Biß« gegenüber den Forderungen und der Vielschichtigkeit des Lebens symbolisieren.

Zauberei

(→ Wahrsager)

Träume, in denen man zaubert, finden sich in Dokumenten seit der Zeit des Römischen Reiches, wo man sie als Symbol für Veränderungen im Leben betrachtete. Wenn man im Traum ein Zauberer war, wies das auf eine unmittelbar bevorstehende angenehme Überraschung hin, beobachtete man im Traum dagegen jemand anderen bei der Durchführung magischer Tricks, durfte man in nächster Zukunft mit einer interessanten Reise rechnen. Britische Quellen behaupten, wenn man im Traum von Magie verzaubert sei, würde das zu einer Wiedervereinigung mit einem lange verlorenen Freund oder dem Wiederaufleben einer alten Liebesbeziehung führen. Nimmt man in Amerika im Traum an der Show eines Zauberkünstlers teil, prophezeit das unerwartet gute Neuigkeiten.

Zeitungen

Obwohl Zeitungen in Träumen seit weniger als 200 Jahren vorkommen, hält man sie dennoch für wichtige Symbole. Europäische Quellen besagen, daß sie auf eine Reise hinweisen, amerikanische Fachleute erklären, ein Todesfall stehe bevor, und in Großbritannien werden sich angeblich Dinge ereignen, die dem Träumenden zum Vorteil gereichen. Die Franzosen behaupten, wenn man einen Angehörigen des anderen Geschlechts im Traum eine Zeitung kaufen sieht, so prophezeit das eine Liebesbeziehung. In einem kanadischen Almanach hieß es vor kurzem, daß ein Traum, in dem andere Menschen die Zeitung lesen, eine Warnung ist, zur Zielscheibe von Klatsch und Tratsch zu werden. Wenn es möglich ist, in der Zeitung einen Namen zu erkennen – einschließlich des eigenen Namens –, dann wird der Betreffende ein klein wenig Ruhm erringen.

Zickzackbewegungen

In einer Zickzacklinie zu gehen oder durch ein Labyrinth zu wandern, kam in den letzten 200 Jahren in mehreren Traumdeutungsbüchern vor, die es als Warnung vor drohenden emotionalen Problemen in der Familie des Träumenden werteten. Ein Kalenderbuch aus dem 19. Jahrhundert ging sogar soweit, diesen Traum für das Symbol von Wahnsinn zu erklären! Die moderne Forschung ist jedoch zu dem Schluß gekommen, daß der Traum Zögerlichkeit und Richtungsverlust im Leben des Träumenden symbolisiert. Daher sollte man sich zu größerer Entscheidungsfreude ermutigen, denn das wird zu einem wirklichen Wendepunkt im Leben führen.

Zigeuner

Träume von Zigeunern kommen in ganz Europa häufig vor, obwohl die Deutungen unterschiedlich ausfallen. Wenn man von einer Gruppe von Zigeunern träumt, kündet das von einer Phase der Ruhelosigkeit, wenn man mit ihnen allerdings einen Handel abschließt – und beispielsweise etwas kauft oder verkauft –, symbolisiert das großes Glück, jedoch nur, wenn die Transaktion auf beiden Seiten fair verläuft. Die Menschen im viktorianischen Zeitalter glaubten, wenn einem jungen Mädchen im Traum von einer Zigeunerin die Zukunft gedeutet werde, führe das zu einer übereilten und unklugen Ehe, und geschieht das einer verheirateten Frau, wird sie grundlos eifersüchtig auf ihren Ehemann.

Zimmer

(→ Kabine)

Nur Träume von unbekannten Räumen haben eine individuelle Bedeutung, denn in vertrauter Umgebung ist es nur eines der Elemente, die zur Deutung des Traums beitragen. Seit dem Mittelalter galt ein reich möblierter Raum als Vorbote eines »plötzlichen Vermögens« für einen Mann und für eine Frau als Hinweis darauf, daß sie bald einen wohlhabenden Fremden treffen werde, der sie um ihre Hand bitten wird. Kleine und spärlich möblierte Zimmer wurden im 17. Jahrhundert als Symbol von Krankheit und Armut definiert, bisweilen sollten sie jedoch auch zur Aufdeckung eines Familiengeheimnisses führen. Einige moderne Fachleute erklären, der Traum habe auch eine sexuelle Komponente: Ein fremdes Zimmer deutet auf die Heimlichkeiten einer außerehelichen Affäre, und ein kleiner Raum symbolisiert die Klaustrophobie, die durch die bei einer solchen Affäre notwendige Täuschung entsteht.

Zirkus

Einen Zirkus zu besuchen ist an sich schon aufregend genug, aber von einem zu träumen, verspricht noch mehr Aufregung und Spaß im Leben des Träumenden. In einer Reihe von Quellen heißt es darüber hinaus, ein solcher Traum künde von dem Besuch eines alten Freundes, und wenn auch noch Kinder in dem Traum vorkommen, dann sei das ein Vorbote finanziellen Glücks. Die einzige Warnung im Hinblick auf solch einen Traum lautet, sorgfältig auf den Eindruck zu achten, den man bei gesellschaftlichen Anlässen auf andere macht.

Zoo

Die Deutungen eines Traums, in dem man einen Zoo besucht, sind unterschiedlich. Einerseits erklären europäische Fachleute, der Traum stelle den Wunsch nach Wissen und nach Reisen an exotische Orte dar, andererseits erklären mehrere Traumforscher in Amerika, daß dieser Traum zur Vorsicht bei der Wahl neuer Freunde mahnt. Einige frühe Quellen glaubten, der Traum symbolisiere Gefahr durch Rivalen im Beruf oder in der Liebe. Nur wenige Experten haben die Behauptung verworfen, daß man stets gute Beziehungen zu kleinen Menschen in seinem Leben haben wird, wenn man mit Kindern in den Zoo geht. Eine neuere Traumuntersuchung hat die Idee aufgebracht, daß der Traum möglicherweise das Gefühl symbolisiert, gefangen zu sein, und die Zeit jetzt reif ist, auszubrechen und eine neue Richtung im Leben einzuschlagen.

Zukunft

Ein beliebtes Traumdeutungsbuch aus dem 19. Jahrhundert führt unter dieser Überschrift folgenden recht amüsanten Eintrag: »Wenn man von der Zukunft träumt, prophezeit das sorgfältige Überlegungen und das Vermeiden von Leichtsinnigkeit.« Die heutige Sicht scheint zu variieren, je nachdem, wo man sich in dem zukünftigen Szenario befindet. In Europa symbolisiert diese nächtliche Vision eine plötzliche und unerwartete Veränderung im Leben, wohingegen man in Amerika davon ausgeht, daß sie dem Träumenden die Gelegenheit bietet, einen alten Streit beizulegen. In Rußland verspricht ein Traum, in dem man künftig in Schwierigkeiten gerät und verarmt, großes Glück in naher Zukunft!

Zusammenstoß

(→ Unfall)

Zusammenstöße im Traum können sehr lebendig und beunruhigend ausfallen und den Träumenden in Sekundenschnelle aufwecken, doch laut den meisten Fachleuten sollte man sie als positives Vorzeichen bedeutender Leistungen werten. Der Zusammenstoß kann im Zug, im Auto oder im Flugzeug erfolgen, und je dramatischer das Geschehen ist, desto besser wird die Leistung sein. Wird man jedoch Zeuge einer Kollision zwischen Fahrzeugen, ist das eine Warnung an den Träumenden, daß es an der Zeit ist, hinsichtlich einiger wesentlicher Punkte in seinem Leben eine Entscheidung zu fällen. Wenn eine junge Frau in Europa im Traum einen Zusammenstoß sieht, heißt das, daß sie zwei Liebhaber findet, zwischen denen sie sich nicht entscheiden kann.

Zwiebel

Die Zwiebel als Traumsymbol kann noch weit über das Mittelalter hinaus zurückverfolgt werden, obwohl die Deutungen variieren. Die frühesten Quellen setzten das Gemüse – aufgrund seiner Fähigkeit, die Augen zum Tränen zu bringen – mit Trauer gleich, und das scheint bis weit in das 19. Jahrhundert hinein Gültigkeit besessen zu haben. Damals hieß es in einem Almanach, wenn man eine bestimmte Menge von Zwiebeln sah, »stellt das die Menge an Gehässigkeit und Neid dar, auf die der Träumende trifft, weil er erfolgreich ist«. Europäische Fachleute behaupteten später, der Genuß von Zwiebeln würde den Träumenden befähigen, alle Widerstände zu überwinden, obwohl man in Amerika glaubte, Zwiebeln symbolisierten zunehmenden Wohlstand. Eine neuere Traumuntersuchung vermeldet, daß die Zwiebel auf eine Phase der Unbeständigkeit hinweist, und wenn man eine Zwiebel schält, ist das ein Zeichen dafür, daß ein Freund, dem man vertraut, keinen Tiefgang besitzt, besonders wenn sich nach dem Abschälen der Zwiebelschichten zeigt, daß das Innere hohl ist.